A ERA DO CAPITAL
IMPRODUTIVO

LADISLAU DOWBOR

A ERA DO CAPITAL
IMPRODUTIVO

SEGUNDA EDIÇÃO

2018
OUTRAS PALAVRAS & AUTONOMIA LITERÁRIA

©Outras Palavras & Autonomia Literária 2018, São Paulo, para a presente edição.
©Ladislau Dowbor 2018.

A publicação deste livro contou com o apoio da Fundação Perseu Abramo, instituída pelo Diretório Nacional do Partido dos Trabalhadores em maio de 1996.

OUTRASPALAVRAS

 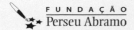

Coordenação editorial:
Antonio Martins; Cauê Seignemartin Ameni & Hugo Albuquerque
Revisão e preparação:
Patricia Cornils
Capa e figuras:
Gabriela Leite
Diagramação:
Manuela Beloni

Dados Internacionais de Catalogação na Publicação (CIP)
Vagner Rodolfo CRB-8/9410

D744e	Dowbor, Ladislau, 1941-
	A era do capital improdutivo: Por que oito famílias tem mais riqueza do que a metade da população do mundo? / Ladislau Dowbor. - São Paulo : Autonomia Literária, 2017. 320 p. ; 14cm x 21cm.
	Inclui índice. ISBN: 978-85-69536-11-6
	1. Economia. 2. Acúmulo de capital. 3. Capital. I. Título.
2017-316	CDD 330.9 CDU 338.1

Índice para catálogo sistemático
1. Economia : Situações e condições 330.9
2. Economia : Desenvolvimento da estrutura econômica 338.1

EDITORA AUTONOMIA LITERÁRIA
Rua Conselheiro Ramalho, 945
01325-001 São Paulo-SP
autonomialiterária@gmail.com
www.autonomialiteraria.com.br

Sumário

Introdução 9

Capítulo 1
A Dimensão dos Desafios 17

Capítulo 2
A Rede Mundial de Controle Corporativo 39

Capítulo 3
Governança Corporativa 55

Capítulo 4
O Processo Decisório e a Diluição de Responsabilidade 69

Capítulo 5
Oligopólio Sistêmico Financeiro 77

Capítulo 6
Os Paraísos Fiscais 83

Capítulo 7
O Controle Financeiro das *Commodities* 93

Capítulo 8
A Captura do Poder Político 115

Capítulo 9
Thomas Piketty: Produção e Apropriação 139

Capítulo 10
Apropriação do Excedente Social pelo Capital Financeiro 153

Capítulo 11
À Procura de Rumos: Caminhos e Descaminhos 169

CAPÍTULO 12
A Dimensão Brasileira: os Quatro Motores da Economia 187

CAPÍTULO 13
A Cronologia do Desastre 221

CAPÍTULO 14
Visão Geral: Recuperar a Produtividade do Sistema 247

CONCLUSÃO...269

ANEXO – ESBOÇO DE UMA AGENDA 270

GLOSSÁRIO 297

BIBLIOGRAFIA..305

Em nenhum lugar estas conexões entre finanças, desigualdade e pobreza são mais evidentes que na provisão de serviços bancários para os pobres e para famílias em dificuldades financeiras.

Roosevelt Institute, Epstein e Montecino, 2016

O Brasil tem há longo tempo algumas das mais altas taxas de juros do mundo. Há um vasto corpo de literatura buscando entender as razões de taxas de juros tão elevadas.

World Bank, 2016

INTRODUÇÃO

Todos temos as nossas crises prediletas. São as crises dos valores, das pandemias, da demografia, da economia, da energia, da especulação financeira, da educação, da pasteurização cultural, de identidades, da banalização da vida, da miséria que explode no mundo, da falta de água que já atinge mais de um bilhão de pessoas. A questão não é mais escolher a crise que nos pareça mais ameaçadora. A verdadeira ameaça vem de uma convergência impressionante de tendências críticas, da sinergia de um conjunto de comportamentos até compreensíveis, mas profundamente irresponsáveis e frequentemente criminosos, que assolam nossa pequena espaçonave.

O objetivo geral aqui não é fazer um muro das lamentações ou um elenco das nossas desgraças. O ser humano de hoje não é significativamente melhor nem pior do que foram as gerações que nos precederam. O central é que as instituições que nos regem, as regras do jogo da sociedade, tanto podem nos levar a dinâmicas extremamente positivas – por exemplo a fase da social-democracia entre 1945 e 1975 nos chamados países desenvolvidos – como pode nos jogar em conflitos absurdos e destrutivos, por mais tecnologia, conhecimento e riqueza que tenhamos.

O caos que progressivamente se instala no mundo está diretamente ligado ao esgotamento de um conjunto de instituições que já não respondem às nossas necessidades de convívio produtivo e civilizado. Criou-se um hiato profundo entre os nossos avanços tecnológicos, que foram e continuam sendo espetaculares, e a nossa capacidade de convívio civilizado, que se estagna ou até regride. Trata-se de uma disritmia sistêmica, um desajuste nos tempos. Este desafio tem sido corretamente conceituado como crise civilizatória.

Faz parte também desta crise civilizatória o desajuste nos espaços. A economia se globalizou, com corporações transnacionais e gigantes financeiros operando em escala mundial, enquanto os governos continuam sendo em grande parte nacionais e impotentes frente aos fluxos econômicos dominantes. Os instrumentos políticos de regulação permanecem fragmentados em cerca de 200 países que constituem o nosso planeta político realmente existente. Com a desorganização que disso resulta, populações inseguras buscam soluções migrando ou apoiando movimentos reacionários que julgávamos ultrapassados.

O mundo está claramente maduro para uma governança planetária, para que volte a haver um mínimo de coerência entre os espaços da economia e os espaços da política. Os fragmentos de governança global que surgiram com a Organização das Nações Unidas (ONU), o Banco Mundial, o Fundo Monetário Internacional (FMI), a Organização Mundial do Comércio (OMC) e semelhantes, ou ainda as reuniões *ad hoc* como as de um G8, G20 ou BRICS, claramente apontam para uma necessidade de repensar a articulação dos espaços e a geração de um sistema diferente de governança.

A política sendo o que é, a tendência mais geral é buscarmos os culpados, sejam eles à direita ou à esquerda. A mídia, que hoje penetra em quase todos os domicílios do planeta, saberá navegar nos ódios que se geram. Confirmar preconceitos rende mais, em pontos de audiência, do que explicitar os problemas. Isso nos leva a personalizar os problemas em vez de compreender as dinâmicas. Um pouco de bom senso sugere a busca de melhor compreensão do que está dando errado e de regras do jogo que nos permitam fazer o planeta funcionar.

Antes de tudo, precisamos com bom senso restabelecer o cuidado com o mau senso na política. De forma geral, política tem mais a ver com emoções, esperanças e temores do que com racionalidade. Hitler era um psicopata? Muito mais importante é entender como os grandes grupos econômicos o apoiaram, como mais da metade dos médicos alemães aderiu ao partido nazista e como a população finalmente votou e o elegeu. A eleição de um Donald Trump me preocupa como preocupa democratas em todo o planeta. Mais preocupante do que o personagem, no entanto, é o fato de uma nação rica, com tantas universidades e cultura pujante como os Estados Unidos o eleger. E as pessoas terem sido sensíveis aos seus argumentos, que afinal não eram argumentos, mas expressões emocionais, inseguranças e ódios com os quais elas puderam se identificar.

Uma governança que funcione não se constrói com ódios. Exige uma visão racional do que pode funcionar, inclusive levando em conta as irracionalidades. Vamos resolver o drama da desigualdade e das migrações construindo um muro? Um condomínio cercado chamado USA? A realidade é que o sistema herdado, o chamado neoliberalismo, já não cabe no mundo contemporâneo. O mundo precisa reinventar os seus caminhos.

O presente livro articula diversas pesquisas que desenvolvi nos últimos anos, aqui ampliadas e reunidas sob uma visão sistêmica. Elas têm como denominador comum ou eixo norteador a busca da governança, de um processo decisório que funcione. Os dados desses estudos anteriores foram atualizados. Pesquisas, estudos e discussões atuais foram acrescentados. Vamos sucessivamente caracterizar os desafios sistêmicos, delinear a nova arquitetura do poder na fase do capitalismo global, analisar os impactos geradores da financeirização para finalmente apresentar como este processo se materializou na crise brasileira mais recente.

Um reparo relativamente à confiabilidade da nossa análise. A área econômica é, hoje, tão vinculada com a política – por sua vez profundamente enraizada nas nossas emoções, heranças familiares, ódios corporativos ou o que seja – , que a informação científica é frequentemente rejeitada em bloco por simples convicção de que se trata de informação inimiga. Este tratamento tribal da análise permite que nos Estados Unidos por exemplo, os democratas considerem o problema climático como real enquanto os republicanos consideram que é uma invenção sem fundamento. Os republicanos seriam menos científicos? Como pode a ciência ser filtrada desta maneira por emoções políticas e por identificações de clãs? A realidade é que é tão fácil considerar racional e científico aquilo que confirma os nossos preconceitos. Não somos naturalmente objetivos. E isso me preocupa.

Duas precauções: primeiro tomei o cuidado neste trabalho de apontar, o mais rigorosamente possível, as fontes primárias das informações. Ou seja, não trabalho com comentários de um jornal que favoreça minha opinião, mas com a fonte primária da instituição que elaborou as estatísticas e que, portanto, tem de responder perante outras instituições de pesquisa. Além disso, cada informação aqui está apresentada junto com o *link* que permite ao leitor verificar na fonte a exatidão ou não dos dados mencionados. Há tempos organizei na Pontifícia Universidade Católica de São Paulo (PUC/SP) um curso sobre *Fontes Primárias de Informação Econômica*, tentando reforçar a capacidade dos futuros economistas trabalharem com dados mais do que com opiniões. Pensar, como se sabe, é trabalhoso. Muitos preferem ter opinião.

Segundo, na medida do possível, busco a objetividade. Isto é escorregadio: como todos nós, tendo a achar mais objetivo o que me convence ou reforça a minha visão. Com os anos, aprendi a importância de prestar atenção aos dados que destoam da minha visão: claramente trata-se de algo que necessita ser checado. Talvez a leitura mais genial nesta área seja o pequeno livro de

Gunnar Myrdal, *A Objetividade na Pesquisa Social*. Antigo, mas excelente. Basicamente, ele mostra que melhor do que pretender apresentar "apenas os fatos" é declarar logo de início nossas convicções e valores, porque isso ajuda muito o leitor a se situar. Livro antigo e muito disponível na nossa biblioteca de emergência que é a *Estante Virtual*.

O que são minhas convicções? O motor que me move é uma profunda indignação. Hoje 800 milhões de pessoas passam fome, não por culpa delas, mas por culpa de um sistema de alocação de recursos sobre o qual elas não têm nenhuma influência. A impotência de não poder prover o alimento ao filho é um sentimento terrível. Milhões de crianças morrem todo ano. Ao dia, cerca de cinco vezes mais do que as vítimas nas Torres de Nova Iorque. A injustiça tão presente e a empáfia dos ricos que ostentam o seu sucesso sem ver as desgraças que reproduzem, francamente, me deixam puto da vida. Por isso, a minha motivação mais poderosa é entender o "porquê", os mecanismos, as alternativas. Até porque eu ficar puto da vida não resolverá grande coisa.

É relativamente fácil apontar os culpados e esperar que eles desapareçam. Mas eles não vão desaparecer, porque o problema não está apenas nas pessoas e sim no sistema, na forma de organização social, no processo decisório que impera numa sociedade, a chamada governança. Na minha convicção, os caminhos estão na construção de uma sociedade mais esclarecida, com governos e empresas legalmente obrigados a funcionar de maneira mais transparente, com sistemas de gestão mais descentralizados e comunidades mais participativas. Em suma, sociedades mais democráticas. Para quem já leu os livros anteriores que escrevi como *A Reprodução Social*, *Democracia Econômica*, *O Mosaico Partido* ou *O Pão Nosso de Cada Dia*, ficará clara a minha visão propositiva. De nada adianta gritar e odiar. Precisamos pensar de maneira organizada como se tomam as decisões no sistema atual e quais alternativas se abrem, nesta era de tanta tecnologia e tanta riqueza mal aproveitadas.

O último ponto desta introdução, a minha trajetória. Trabalhando aos vinte e poucos anos de idade no *Jornal do Commercio* do Recife, ainda nos anos 1960, fiquei abismado com o nível de riqueza e opulência por um lado, e de miséria e truculência por outro. Não há ciência, não há religião, não há ética que justifiquem isso. Decidi estudar economia para tentar entender como podia se manter tanta barbárie e primitivismo e como, ao mesmo tempo, essa situação podia ser apresentada como se fosse natural. A partir daí começaram meus problemas. Lutei contra a ditadura porque achava - e acho - que lutar contra uma ditadura não é só legítimo, é um dever. Exilado, fiz mestrado e doutorado na Polônia socialista, terra dos meus pais. Ali me dei conta das bobagens que se escrevia sobre o socialismo. De certa forma, parei de acreditar nos "ismos" de qualquer gênero e passei a buscar o que funciona.

Ensinei economia do desenvolvimento e finanças públicas na Universidade de Coimbra, depois trabalhei sete anos em diversos países da África, no quadro das Nações Unidas, vínculo profissional que me permitiu avaliar situações econômicas e sociais também na Ásia e em diversos países da América Latina. Passei a acreditar menos ainda em "ismos" e a buscar, cada vez mais, o que efetivamente funciona: um tipo de pragmatismo civilizado pela convicção de que não basta que funcione apenas para as elites. Determinadas coisas não podem faltar para ninguém.

O travamento ideológico, na falta de poder refutar argumentos, tende a refutar a pessoa. É mais fácil. Francamente, eu poderia dizer que não é meu problema. Mas como sei que não haverá soluções se não se ampliar fortemente o número de pessoas que entendem o que está acontecendo, continuo teimoso e sigo organizando e disseminando informação, da forma mais clara possível. E da forma mais honesta que consigo.

Já nos anos 1990, quando a então primeira-dama e antropóloga Ruth Cardoso me pediu para ajudar com a Comunidade Solidária, ajudei durante quatro anos sem remuneração. Na esquerda me criticaram, diziam que eu estava "dormindo com o inimigo". Hoje, tenho como evidente que a política redistributiva e de inclusão dos governos Lula, que apoiei fortemente, constitui um caminho importante, ainda que com limitações estruturais que apresento no texto que se segue. Na direita me criticaram, diziam que sou "petista", o que aparentemente é mais fácil do que enfrentar os argumentos e raciocinar sobre os nossos desafios reais.

Peço que me poupem. Eu sou apenas corintiano, o que nem sempre é fácil. Tenho três quartos de século, dirigi ministérios econômicos em diversos países, fui consultor do Secretário Geral da ONU, tenho mais de quarenta livros escritos. Meu problema não é agitar uma bandeira ideológica ou bater panelas que só ecoam desinformação. Eu apenas faço a lição de casa: leio, estudo, ensino e escrevo. Aproveite.

CAPÍTULO 1
A DIMENSÃO DOS DESAFIOS

Neste primeiro ponto, queremos delinear como se articulam três dinâmicas que desequilibram de maneira estrutural o desenvolvimento e a qualidade de vida no mundo. Em termos simples, estamos destruindo o planeta em proveito de uma minoria, enquanto os recursos necessários ao desenvolvimento sustentável e equilibrado são esterilizados pelo sistema financeiro mundial.

A dinâmica ambiental

Nosso pequeno planeta está claramente sofrendo de um ataque viral chamado *homo sapiens*. Por vezes, da janela do avião, vendo do alto as manchas urbanas que se multiplicam na superfície da terra, cinza em cima do verde, me dá a impressão de uma doença que se espraia, como manchas que podem aparecer na nossa pele. A imensidão das áreas desmatadas, as numerosas colunas de fumaça que se erguem ao longe, fruto das queimadas, só reforçam esta impressão. Realmente, o mínimo que se pode dizer é que não estamos cuidando bem da nossa casa.

O gráfico que apresentamos abaixo constitui um resumo de macrotendências, no período histórico desde 1750 até a atualidade. As escalas foram compatibilizadas e algumas das linhas representam processos para os quais temos cifras apenas mais recentes. Mas no conjunto, o gráfico junta áreas tradicionalmente estudadas separadamente como demografia, clima, produção de carros, consumo de papel, contaminação da água, liquidação da vida nos mares e outros. A sinergia do processo torna-se óbvia, como se torna óbvia a dimensão dos desafios ambientais.

Macrotendências (1750 – 2000)

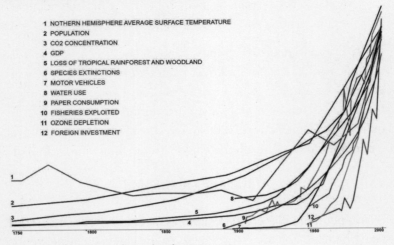

Fonte: New Scientist, 18 de outubro de 2008, p. 40

Aqui pouco importa o gráfico ser de 2008, já que se trata de macrotendências (*megatrends*) que cobrem o período de 1750 até a atualidade, dois séculos e meio, na visão ampla do Antropoceno[1]. O essencial é a curva drasticamente ascendente a partir de 1850, com agravamento no período mais recente. A curva da população (2) no gráfico acima é suficientemente explícita visualmente. Eu a concretizo lembrando do meu pai. Quando ele nasceu, em 1900, éramos 1,5 bilhão no planeta. Hoje, em 2017, somos 7,2 bilhões. Se trata do meu pai, não da pré-história. A população cresce hoje numa taxa inferior, mas sobre uma base muito maior: somos cerca de 80 milhões a mais a cada ano. E todos querendo consumir mais, cada corporação queren-

---

[1] Designa-se por *Antropoceno* a fase recente em que o ser humano gera impactos transformadores no planeta, em várias esferas como clima, biodiversidade e até mudanças geológicas.

do extrair e vender mais, e tecnologias cada vez mais potentes permitindo ampliar o processo. Numa visão sistêmica e de longo prazo, evidentemente, isto não faz sentido.

O comentário do *New Scientist* sobre estas macrotendências foca diretamente nosso próprio conceito de crescimento econômico. É até irônico que o gráfico tenha sido apresentado em plena crise financeira de 2008: "A ciência nos diz que se queremos ser sérios com a visão de salvar a Terra, precisamos dar outra forma à nossa economia. Isso, naturalmente, constitui uma heresia econômica. O crescimento para a maioria dos economistas é tão essencial como o ar que respiramos. Seria, dizem, a única força capaz de tirar os pobres da pobreza, de alimentar a crescente população mundial, de enfrentar os custos crescentes dos gastos públicos e de estimular o desenvolvimento tecnológico – isso sem mencionar o financiamento de estilos de vida cada vez mais caros. Eles não veem limites ao crescimento, nunca. Nas semanas recentes tornou-se claro quão aterrorizados estão diante de governos de qualquer coisa que ameace o crescimento, enquanto derramam bilhões em dinheiro público num sistema financeiro em falência. No meio da confusão, qualquer questionamento do dogma do crescimento precisa ser visto de forma muito cuidadosa. O questionamento apoia-se numa questão duradoura: como conciliamos os recursos finitos da Terra com o fato que à medida que a economia cresce, o montante de recursos naturais necessário para sustentar a atividade também deve crescer? Levamos toda a história humana para a economia atingir a sua dimensão atual. Na forma corrente, levaremos apenas duas décadas para dobrá-la".[2]

A convergência das tensões geradas para o planeta tornou-se evidente. Não podemos mais nos congratular com o aumento da pesca quando estamos liquidando a vida nos mares, ou com

---

[2] *New Scientist*, 18 de outubro, 2008, p. 40

o aumento da produção agrícola quando estamos liquidando os aquíferos e contaminando as reservas planetárias de água doce. Isto sem falar do aumento de produção de automóveis e da expansão de outras cadeias produtivas geradoras de aquecimento climático. É muito impressionante a World Wild Fund for Life (WWF) constatar em 2016 que entre 1970 e 2010, em apenas quarenta anos, destruímos 52% da fauna do planeta.

Mais impressionante ainda é o efeito climático dos gases de estufa ter sido demonstrado em 1859, enquanto a primeira discussão ampla desta ameaça ocorreu em Estocolmo em 1972. Levamos ainda 20 anos mais para apresentar uma primeira convenção sobre o clima em 1992 no Rio de Janeiro. Finalmente, a Conferência de Paris em 2015 decidiu que agora vamos realmente tomar providências. Faltará apenas convencer o novo presidente dos EUA. Curiosamente, pesquisas recentes mostram que a convicção dos americanos sobre a mudança climática não depende do seu nível de conhecimento científico, mas sim do partido ao qual pertencem. Aparentemente, é mais importante o sentimento de pertencer ao "nosso clube" ou à "nossa tribo" do que a pesquisa e as evidências científicas. A verdade é que as ameaças sistêmicas e de longo prazo, ainda que cientificamente comprovadas, ocupam pouco espaço na nossa consciência e nos embates cotidianos. E são ameaças claramente críticas.

Hoje temos estatísticas impressionantemente precisas envolvendo a sobrepesca oceânica, a destruição das florestas, a contaminação e sobre-exploração dos recursos hídricos e semelhantes nos mais diversos setores de atividade. As soluções têm de ser sistêmicas. Uma conscientização mais ampla pode – e apenas pode – viabilizar mudanças mais profundas, ao generalizar o nível de compreensão dos desafios. No nível de tomada de consciência existente e frente à perplexidade que geram as irracionalidades que se acumulam, surge com força a pergunta evidente: Que desenvolvimento queremos? E para este desenvolvimento, que Estado e mecanismos de regulação são necessários? Não há como minimizar a dimensão dos desafios. O nosso planeta mostra toda a sua fragilidade. E nós, a nossa irresponsabilidade ou impotência. Estamos todos à procura de bases políticas que permitam dar sustento a outra governança no planeta, nas nações e inclusive nas cidades onde hoje mora a maioria da população mundial. O processo decisório tem de mudar, a governança precisa se tornar muito mais competente.

A desigualdade crescente

A violência contra o planeta não se limita ao plano ambiental. No plano social, segundo o Banco Mundial, a pobreza diminuiu em cerca de 1 bilhão de pessoas nas últimas décadas, o que representa um grande avanço, ainda que o critério de 1,90 dólar por dia seja absurdamente baixo. Deste 1 bilhão, 700 milhões são chineses.[3] É um progresso, sem dúvida. No conjunto, porém, a realidade é que não enfrentamos o desafio do desenvolvimento equilibrado e inclusivo. E muito menos a desigualdade. O próprio Fórum Econômico Mundial ressalta, em 2017, que "no decorrer dos últimos anos, emergiu um consenso mundial da necessidade de uma abordagem mais socialmente inclusiva na geração do crescimento econômico. No entanto, o crescimento inclusivo e o desenvolvimento continuam sendo apenas uma esperança. Nenhum quadro de referência (*framework*) emergiu para guiar as políticas e a prática." (WEF, 2017, p.v) Aqui, além da constatação óbvia de que vivemos um crescimento que repro-

---

[3] *"For four decades, China, while increasingly integrating its economy with the global economy, grew at double-digit rates and lifted more than 700 million people out of poverty. This successful track record of economic growth is well known."* – The World Bank, *World Development Report 2017*, p. 2 e 3

duz a exclusão, vem a constatação mais grave da ausência de um sistema de governança adequado.

Não há nenhuma razão objetiva para os dramas sociais que vive o mundo. Se arredondarmos o PIB mundial para 80 trilhões de dólares, chegamos a um produto per capita médio de 11 mil dólares. Isto representa 3.600 dólares por mês por família de quatro pessoas, cerca de 11 mil reais por mês. É o caso também no Brasil, que está exatamente na média mundial em termos de renda. Não há razão objetiva para a gigantesca miséria em que vivem bilhões de pessoas, a não ser justamente o fato de que "nenhum quadro de referência emergiu para guiar as políticas e as práticas": o sistema está desgovernado, ou melhor, mal governado e não há perspectivas no horizonte.

Na realidade, a desigualdade atingiu níveis obscenos. Quando oito indivíduos são donos de mais riqueza do que a metade da população mundial, enquanto 800 milhões de pessoas passam fome, francamente, achar que o sistema está dando certo é prova de cegueira mental avançada. Essas oito famílias donas de fortuna produziram tudo isso? Ou simplesmente montaram um sistema de apropriação riqueza por meio de papéis? E como isto é possível? São donos de papéis financeiros que rendem.

A neblina que cerca os mecanismos mais recentes de aprofundamento da desigualdade vem se dissipando nas últimas décadas. A partir dos anos 1980 o capitalismo entra na fase de dominação dos intermediários financeiros sobre os processos produtivos – o rabo passa a abanar o cachorro (*the tail wags the dog*), conforme expressão usada por americanos – e isto passa a aprofundar a desigualdade. Mas apenas a partir da crise de 2008, com o impacto do pânico, é que foram se gerando pesquisas sobre os novos mecanismos de ganhos especulativos e de geração da desigualdade.

Um amplo estudo do Banco Mundial, *Voices of the Poor,* ajudou bastante ao mostrar que basicamente quem nasce pobre permanece pobre e que quem enriquece é porque já nasceu bem. É a chamada armadilha da pobreza, a *poverty trap,* igualmente chamada de pobreza estrutural: a pobreza realmente existente simplesmente trava as oportunidades para dela se libertar. Como estuda uma criança numa casa sem eletricidade? Como se guardam remédios ou alimentos? Com Amartya Sen, passamos a entender a pobreza como a falta de liberdade de escolher a vida que se quer levar, como a privação de opções. O excelente *La Hora de la Igualdad* da CEPAL mostrou que a América Latina e o Caribe atingiram um grau de desigualdade que exige que nossas estratégias de desenvolvimento sejam centradas nesta questão. Isto para mencionar algumas pesquisas básicas.

O retrocesso nos Estados Unidos é particularmente preocupante e explica, sem dúvida, transformações políticas recentes. Um texto curto e de excepcional qualidade traz dados que chocam: "Os nossos dados mostram que a metade na base inferior de distribuição de renda nos Estados Unidos foi completamente excluída do crescimento econômico desde os anos 1970. De 1980 a 2014 a renda média nacional por adulto cresceu 61% nos Estados Unidos. No entanto, a renda média antes da tributação dos 50% com menor renda individual (*individual income earners*) estagnou em cerca de 16 mil dólares por adulto, ajustados à inflação. Em contraste, a renda explodiu (*skyrocketed*) no topo da distribuição de renda, subindo 121% para os 10% no topo, 205% para o 1% no topo, e 636% para o 0,001% no topo". Particularmente importante, a pesquisa mostra que o aumento da riqueza no topo se deve essencialmente ao rendimento de aplicações financeiras, capital improdutivo. As implicações políticas não escapam aos autores: "Uma economia que deixa de assegurar crescimento para a metade da sua população no período de uma geração inteira gerará necessariamente descontentamento com o status quo e uma rejeição das políticas do *establishment*."[4]

A História de Dois Países

A unidade é o indivíduo adulto, rendas de casais são divididas por dois. A partir dos anos 1980, inversão radical da apropriação da renda pelos 50% que ganham menos e o 1% que ganha mais.

Fonte: Thomas Piketty, Emmanuel Saez e Gabriel Zucman, Distributional National Accounts: Methods and Estimates for the United States, 2016, Cambridge, MA: National Bureau of Economic Research: https://goo.gl/qdsba[25]

A concentração de renda é absolutamente escandalosa e nos obriga a ver de frente tanto o problema ético, da injustiça e dos dramas de bilhões de pessoas, como o problema econômico, porque excluímos pessoas que poderiam estar vivendo melhor, contribuindo

---

[4] Thomas Piketty, Emmanuel Saez and Gabriel Zucman – *Economic Growth in the United States: a Tale of Two Countries* - 6 de dezembro, 2016 – Washington Center for Economic Growth (p.3) http://equitablegrowth.org/research-analysis/economic-growth-in-the-united-states-a-tale-of-two-countries/

[5] *Link* original: http://equitablegrowth.org/research-analysis/economic-growth-in-the-united-states-a-tale-of-two-countries/

de forma mais ampla com sua capacidade produtiva e, com sua demanda, dinamizando a economia. Não haverá tranquilidade no planeta enquanto a economia for organizada em função de 1/3 da população mundial. Até quando iremos culpar os próprios pobres pela sua pobreza, pretensa falta de esforço ou iniciativa, sugerindo indiretamente que a riqueza dos ricos resulta de dedicação e merecimento? A desigualdade é fruto de um sistema institucionalizado cuja dinâmica estrutural precisa ser revertida. Os ricos, por seu lado, têm uma impressionante propensão a achar que são ricos por excepcionais qualidades próprias. Não faltam discursos econômicos para louvar esta sabedoria.

Hoje, estudos permitem entender a desigualdade de maneira muito mais sistêmica. Sobre a desigualdade de renda -- o dinheiro que entra no nosso bolso para o gasto privado -- temos todas as informações necessárias. Sabemos, inclusive, que o Brasil se situa entre os dez países mais desiguais do planeta. Mas as famílias também dependem do patrimônio acumulado, como casa e equipamentos domésticos, que qualificamos como riqueza ou patrimônio. Igualmente importante é o salário indireto, constituído pelo acesso a políticas públicas como saúde, educação, segurança, além de infraestruturas como ruas asfaltadas, iluminação pública: um canadense pode ter um salário menor do que o norte-americano, mas ele tem acesso universal gratuito a bens e serviços públicos que mais do que compensam a diferença. Finalmente, as famílias dependem do acesso aos bens comuns como praias abertas, ar limpo, rios não contaminados e assim por diante. O acesso equilibrado aos diversos fatores de bem-estar é essencial para gerar uma governança que faça sentido e assegure uma vida digna.[6]

---

[6] Um exemplo claro é o caso do acesso vital à energia elétrica. A Agência Internacional de Energia informa que em 2016 1,2 bilhão de pessoas não tem acesso à eletricidade, enquanto 2,7 bilhões cozinham ainda com biomassa,

A desigualdade em termos de riqueza ou patrimônio tem sido amplamente divulgada, em particular depois da crise de 2008. Trata-se do patrimônio domiciliar líquido (*net household wealth*), que apresenta desigualdade radicalmente maior do que o acesso à renda. A lógica é simples: quem recebe salário médio ou baixo paga comida e transporte, quem tem alta renda compra casas para alugar, ações e outras aplicações financeiras que rendem. Isto leva a um processo de acumulação de fortuna, ainda mais quando passa de pai para filho, criando castas de ricos. Um exemplo simples ajuda a entender o processo de enriquecimento cumulativo: um bilionário que aplica um bilhão de dólares para render módicos 5% ao ano está aumentando a sua riqueza em 137 mil dólares por dia. Não dá para gastar em consumo esta massa de rendimentos. Reaplicados, os 137 mil irão gerar uma fortuna anda maior. É um fluxo permanente de direitos sobre a produção dos outros, recebido sem tirar as mãos no bolso.[7]

O que tem sido medido tradicionalmente é a desigualdade de renda, por meio do coeficiente de Gini. Quanto mais elevado, maior a desigualdade. Para ter ordens de grandeza, o coeficiente de desigualdade de renda está na faixa de 0,25 na Suécia, 0,45 nos EUA, 0,50 no Brasil e próximo de 0,60 na África do Sul, ainda há pouco submetida ao regime de *apartheid*. Mas a desigualdade de riqueza é incomparavelmente maior, atingindo o absurdo nível de 0,80, uma desigualdade espantosa. Os dados

---

e "*a exposição contínua ao ambiente domiciliar com fumaça é associada é 3,5 milhões de mortes prematuras por ano*". World Energy Report 2016 – IEA 2016 (Summary), p.2 http://www.iea.org/publications/freepublications/publication/ WorldEnergyOutlook2016ExecutiveSummaryEnglish.pdf

[7] A falta de correspondência entre o esforço produtivo e a remuneração está no centro da preocupação do Relatório sobre Desenvolvimento Humano 2015 da ONU, que constata que "*sem políticas adequadas, a desigualdade de oportunidades e de recompensas no mundo do trabalho pode gerar divisões, perpetuando as desigualdades na sociedade.*" A expressão "pode gerar divisões" faz parte da forma moderada como a ONU apresenta problemas críticos.

abaixo fazem parte da pesquisa do grupo financeiro suíço *Crédit Suisse*, instituição insuspeita de antipatia para com os ricos.

A Pirâmide da Riqueza Global

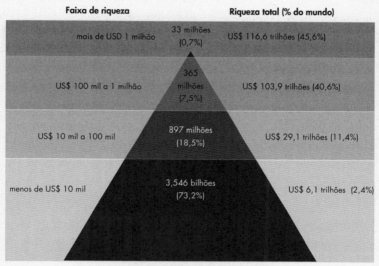

Fonte: James Davies, Rodrigo Lluberas e Anthony Shorrocks, Credit Suisse Global Wealth Databook 2016: https://goo.gl/NBgokb8

A leitura da pirâmide é simples. No topo, os adultos que têm mais de um milhão de dólares são 33 milhões de pessoas, o equivalente a 0,7% do total de adultos no planeta. Somando a riqueza de que dispõem, são 116,6 trilhões de dólares, o que representa 45,6% dos 256 trilhões da riqueza avaliada. É importante lembrar que as grandes fortunas desta parte de cima da pirâmide não são propriamente de produtores, mas de gente que lida com papéis financeiros, fluxos de informação ou intermediação de *commodities*. O topo da pirâmide é particularmente interessante e composto pelos chamados

---
[8] *Link* original: https://www.credit-suisse.com/us/en/about-us/research/research-institute/news-and-videos/articles/news-and-expertise/2016/11/en/the-global-wealth-report-2016.html

ultra ricos (*ultra high net worth individuals*). Se ampliarmos o 0,7% mais ricos para 1%, constatamos que este 1% tem mais riqueza do que os 99% restantes do planeta. Note que parte importante das grandes fortunas não aparece por estar em paraísos fiscais, como salienta James Henry, do Tax Justice Network.[9]

A Oxfam resume a situação herdada e em fase de agravamento: "Embora lideranças mundiais tenham se comprometido a alcançar o objetivo global de reduzir a desigualdade, o fosso entre os ricos e o restante da sociedade aumentou. Essa situação não pode ser mantida. Como o presidente Obama afirmou, no seu discurso de despedida na Assembleia Geral da ONU em setembro de 2016, "um mundo no qual 1% da humanidade controla uma riqueza equivalente à dos demais 99% nunca será estável". No entanto, a crise de desigualdade global continua inabalável:

• Desde 2015, o 1% mais rico detinha mais riqueza que o resto do planeta.

• Atualmente, oito indivíduos detêm a mesma riqueza que a metade mais pobre do mundo.

• Ao longo dos próximos 20 anos, 500 pessoas passarão mais de US$ 2,1 trilhões para seus herdeiros - uma soma mais alta que o PIB da Índia, que tem 1,2 bilhão de habitantes.

---

[9] *Crédit Suisse Global Wealth Report* – 2016 - https://www.credit-suisse.com/us/en/about-us/research/research-institute/news-and-videos/articles/news-and-expertise/2016/11/en/the-global-wealth-report-2016.html; Com diferente metodologia, o WIDER (World Institute for Development Economics Research) da Universidade das Nações Unidas já vinha estudando a concentração de riqueza e concluiu que *"no mundo, estima-se que os 2% mais ricos são donos de mais da metade da riqueza global total, e que esta elite reside quase exclusivamente na América do Norte, Europa Ocidental, e países ricos do Pacífico Asiático".* James B. Davies, *Personal Wealth from a Global Perspective*, 2008 - https://www.wider.unu.edu/publication/personal-wealth-global-perspective

• A renda dos 10% mais pobres aumentou cerca de US$ 65 entre 1988 e 2011, enquanto a do 1% mais rico aumentou cerca de US$ 11.800, ou seja, 182 vezes mais. (Oxfam, 2016, p.2).

A concentração de renda e de riqueza no planeta atingiu níveis absolutamente obscenos.[10] A financeirização dos processos econômicos há décadas se alimenta da apropriação dos ganhos de produtividade, essencialmente possibilitados pela revolução tecnológica, de forma radicalmente desequilibrada. O mecanismo é descrito de maneira particularmente competente por Gar Alperovitz e Lew Daly, no pequeno livro *Apropriação Indébita: Como os Ricos Estão Tomando a Nossa Herança Comum*. Os autores lembram que se não fossem as tecnologias desenvolvidas durante e após a II Guerra Mundial, como o computador, o transistor e outras inovações, um Bill Gates ainda estaria brincando com tubos catódicos na sua garagem. Os avanços tecnológicos são planetários e da sociedade em geral, mas a apropriação é concentrada. Os autores desenvolvem o conceito de "renda não merecida".[11]

Esta concentração não se deve apenas à especulação financeira, mas sua contribuição é dominante. Além disso, é absurdo desviar o capital das prioridades planetárias óbvias. Tentando

---

[10] Há imensa literatura que já vinha alertando sobre o assunto. Uma excelente análise do agravamento destes números pode ser encontrada no relatório *Report on the World Social Situation 2005:The Inequality Predicament,* United Nations, New York 2005. O documento do Banco Mundial, *The Next 4 Billion,* que avalia em 4 bilhões as pessoas que estão *"fora dos benefícios da globalização",* é igualmente interessante – IFC. *The Next 4 Billion,* Washington, 2007. Estamos falando de dois terços da população mundial. Desde o início da crise financeira em 2008, os números vêm se agravando, atingindo agora com força os próprios países ditos desenvolvidos, e em particular os Estados Unidos, gerando um clima amplo de frustração.

[11] Gar Alperovitz e Lew Daly, *Apropriação indébita: como os ricos estão tomando a nossa herança comum* – Ed. Senac, São Paulo 2010. Veja resenha em http://dowbor.org/2010/11/apropriacao-indebita-como-os-ricos-estao-tomando-a--nossa-heranca-comum.html/

entender as dimensões da crise de 2008, a publicação inglesa *The Economist* traz uma cifra impressionante sobre o excedente social, essencialmente gerado por avanços tecnológicos da área produtiva, mas apropriado pelo setor qualificado de "indústria de serviços financeiros". "A indústria de serviços financeiros está condenada a sofrer uma horrível contração. Na América, a sua participação nos lucros corporativos totais subiu de 10%, no início dos anos 1980, para 40% no seu pico em 2007."[12]

Gera-se uma clara clivagem entre os que trazem inovações tecnológicas e produzem bens e serviços socialmente úteis – os engenheiros do processo, digamos assim – e o sistema de intermediários financeiros que se apropriam do excedente e deformam a orientação do conjunto. Os engenheiros do processo criam importantes avanços tecnológicos, mas a sua utilização e comercialização pertencem a departamentos de finanças, de marketing e de assuntos jurídicos que dominam nas empresas, e acima deles os acionistas e grupos financeiros que os controlam. É um sistema que gerou um profundo desnível entre quem contribui produtivamente para a sociedade e quem é remunerado.

Ao juntarmos os dois gráficos -- do *New Scientist* sobre os *megatrends* históricos na área ambiental e da pirâmide do relatório da Oxfam --, chegamos a uma conclusão bastante óbvia: estamos destruindo o planeta para o proveito de quando muito 1/3 da população mundial, e de forma muito particular para o proveito do 1%. Estes são os dados básicos que orientam as nossas ações futuras: inverter a marcha da destruição do planeta e inverter o processo cumulativo de geração da desigualdade. Para isso temos justamente de reorientar a alocação dos recursos financeiros.

---

[12] No original, "*The financial-services industry is condemned to suffer a horrible contraction. In America the industry's share of total corporate profits climbed from 10% in the early 1980s to 40% at its peak in 2007*" The Economist, A Special Report on the Future of Finance, 24 de janeiro, 2009, p. 20

A verdade é que sequer medimos a qualidade da alocação dos recursos. A nossa principal medida de progresso, o PIB, não mede nem o desastre ambiental nem o drama social. Não contabiliza o que se produz, nem a quem vai o produto, nem a redução do capital natural do planeta, além de contabilizar como positiva a poluição que exige grandes programas de recuperação. Na realidade, o PIB apresenta apenas a média nacional de intensidade de uso da máquina produtiva.[13]

Um sistema em que o eixo de motivação se limita ao lucro, sem precisar se envolver nos impactos ambientais e sociais, fica preso na sua própria lógica. Tem tudo a ganhar com a extração máxima de recursos naturais e a externalização de custos, e nada a ganhar produzindo para quem tem pouca capacidade aquisitiva. A motivação do lucro a curto prazo age tanto contra a sustentabilidade como contra o desenvolvimento inclusivo. A deformação é sistêmica. É o próprio conceito de governança corporativa que precisa ser repensado. As regras do jogo precisam mudar. Não se sustenta mais a crença de que se cada um buscar as suas vantagens individuais o resultado será o melhor possível. Não há como escapar da necessidade de resgatar a governança do sistema. E a janela de tempo que temos para fazê-lo é cada vez mais estreita.

---

[13] Ver em particular o relatório de Amartya Sen, Joseph Stiglitz e Jean Paul Fitoussi, *Report by the Commission on the Measurement of Economic Performance and Social Progress*, disponível em www.stiglitz-sen-fitoussi.fr — O desastre ambiental da British Petroleum no Golfo do México elevou o PIB dos EUA, pelo volume de atividades exigidas para limpar o litoral e descontaminar uma grande região. O PIB mede a intensidade de uso de recursos, não a utilidade do que é feito. Veja minha nota técnica sobre esta contabilidade deformada em http://dowbor.org/2009/04/o-debate-sobre-o-pib-estamos-fazendo-a-conta-errada-abr-2.html/

A esterilização dos recursos financeiros

O ponto fundamental é que não é a falta de recursos financeiros que gera as dificuldades atuais, mas a sua apropriação por corporações financeiras que os usam para especular em vez de investir. O sistema financeiro passou a usar e drenar o sistema produtivo, em vez de dinamizá-lo.

A crise de 2008 foi um choque planetário. Em 2017, ainda carregamos os seus impactos, pois o essencial das dinâmicas que a geraram continua presente. Poderia ter sido sem dúvida uma grande oportunidade de voltar a regular o sistema financeiro e devolver aos recursos financeiros a sua utilidade econômica. O marco regulatório geral que estruturou as finanças desde a Crise de 1929 (Lei Glass-Steagall) foi diluído a partir de Reagan e Thatcher nos anos 1980, e a pá de cal foi a sua liquidação por Clinton em 1999. As tentativas de voltar a organizar um sistema regulatório a partir de 2008 por meio da Lei Dodd-Frank simplesmente não funcionaram e o pouco que se conseguiu foi esvaziado. A principal força econômica do chamado mercado roda solta.

A crise foi enfrentada não reduzindo as imensas brechas por onde vazam os recursos, mas transferindo somas gigantescas de recursos públicos para compensar os vazamentos. Esta apropriação dos recursos públicos pelos grupos financeiros recebeu o nome simpático de *quantitative easing,* o *easing* em inglês trazendo a conotação de quem desaperta com satisfação o cinto depois de uma bela refeição. Portanto, podemos voltar a especular, *the happy days are back* (os dias felizes voltaram), como se batizou a nova fase em Wall Street e centros semelhantes.

Com isso os problemas continuam de pé, o gigantesco molusco baseado em fraudes e apropriação indébita de recursos segue descontrolado, com a desvantagem de ter crescido a ponto de ditar ele mesmo as regras do controle. Com a eleição de Donald Trump nos Estados Unidos, estamos vendo se desfazer o pouco de regulação que o governo Obama tentou implantar. Em compensação, a comunidade acadêmica, os centros de pesquisa e até governos decidiram que era tempo de se informar um pouco sobre o funcionamento do sistema financeiro realmente existente.

Vimos acima o dado do Crédit Suisse de que o 1% mais rico detém mais recursos do que os 99% restantes do planeta. São fortunas tão grandes que não podem ser transformadas em demanda, por mais consumo de luxo que se faça. Assim, são reaplicadas em outros produtos financeiros. E a realidade fundamental é que a aplicação financeira rende mais do que o investimento produtivo. O PIB mundial cresce num ritmo situado entre 1% e 2,5% segundo os anos. As aplicações financeiras rendem acima de 5%, e frequentemente muito mais. Gerou-se portanto uma dinâmica de transformação de capital produtivo em patrimônio financeiro: a economia real sugada pela financeirização planetária.

Entraremos mais adiante no detalhe desta transformação, essencial para se entender o marasmo econômico e político planetário e também a crise no Brasil. Por enquanto interessa-nos constatar que os recursos existem, mas a sua produtividade é esterilizada por um sistema generalizado de especulação que drena as capacidades de investir na economia real. Igualmente importante, os próprios recursos públicos, ou seja os nossos impostos, alimentam hoje esta máquina.

As ordens de grandeza são impressionantes. Para efeitos comparativos, lembremos que o imenso esforço global de se enfrentar a mudança climática, desenhado no acordo de Paris em 2015, estabeleceu o ambicioso objetivo de levantar 100 bilhões de dólares anuais para financiar as iniciativas do mundo em desenvolvimento que possam mitigar os impactos. Tal soma de recursos parece importante. No entanto, as pesquisas do Tax Justice Network e outros grupos, a partir da crise de 2008, mostram que só em recursos não declarados colocados em paraísos fiscais – portanto recursos que além de não serem investidos, sequer pagam os impostos devidos – temos entre 21 e 32 trilhões de dólares. *The Economist* arredonda para 20 trilhões e as cifras podem variar um pouco. O fato é que o que roda no mundo especulativo paralegal dos paraísos fiscais representa 200 vezes mais do que o ambicioso objetivo da cúpula mundial de Paris. E se compararmos o estoque de recursos em paraísos fiscais com o PIB mundial, da ordem de 80 trilhões de dólares, não há como não ver o desajuste entre os meios e os fins.

Os Objetivos do Desenvolvimento Sustentável (ODS), desenhados e aprovados em Nova Iorque em 2015, representam sem dúvida um grande avanço. Temos hoje, com os 17 objetivos e 169 metas, um marco para guiar os nossos passos até 2030. Mas os objetivos 16 e 17, que tratam dos meios para se atingir um mínimo de sustentabilidade, representam apenas sonhos, o *wishful thinking* que em inglês tão bem caracteriza o desejo sem dentes.

Menos conhecido do que os ODS é o plano de ação intitulado Agenda de Ação de Adis Abeba 2015, que legalmente faz parte integral do acordo ODS, mas se debruçou especificamente sobre como financiar o desenvolvimento sustentável. Com a devida prudência nas expressões, a conferência constatou que "as falhas de regulação e incentivos desajustados continuam a colocar em risco a estabilidade financeira, inclusive com riscos de espraiamento dos efeitos das crises financeiras para os países em desenvolvimento, o que sugere a necessidade de avançar com mais reformas do sistema financeiro e monetário internacional."[14] Traduzindo, o caos

---

[14] No original: *"Regulatory gaps and misaligned incentives continue to pose risks to financial stability, including risks of spillover effects of financial crises to developing countries, which suggests a need to pursue further reforms of the inter-*

financeiro internacional não permite que os recursos se dirijam para onde são necessários (desajustados, *misaligned* no original inglês) e as soluções exigem reformas do sistema financeiro e monetário. Neste plano não estamos avançando, estamos regredindo.

No seu relatório sobre a situação econômica mundial e perspectivas para 2017, a ONU constata que "o capital internacional permanece volátil, e se estima que os fluxos líquidos para países em desenvolvimento deverão permanecer negativos pelo menos durante 2017, o que ressalta os desafios do financiamento do desenvolvimento sustentável no longo prazo."(p.viii) Os "fluxos líquidos negativos" significam que os pobres estão financiando os ricos, ou seja, o sistema financeiro drena. Quando somos assaltados e nos roubam a carteira, em geral isto significa também um fluxo líquido negativo. A linguagem da ONU é imbatível.[15]

Mais importante ainda é que se trata de um sistema que sequer investe de maneira produtiva os recursos drenados: "O investimento produtivo regrediu nos últimos anos, com grande parte de dívida acumulada canalizada para o setor financeiro e ativos imobiliários, aumentando o risco de bolhas de ativos em vez de estimular a produtividade em geral."(p.33) A mesma análise é apresentada para a dívida das corporações, "que não tem sido utilizada para financiar atividades produtivas, mas sim canalizada essencialmente para alguns poucos setores que apresentam, nos melhor dos casos, um impacto ambíguo sobre a produtividade de longo prazo e o investimento construtivo."(p.89) Tal avaliação do principal relatório econômico da ONU ajuda a fundamentar o eixo do presente estudo: o sistema financeiro não só drena, como não financia a produção. O que nos interessa deixar claro aqui é

---

national financial and monetary system." (105) https://sustainabledevelopment.un.org/frameworks/addisababaactionagenda

[15] UN – *World Economic Situation and Prospects 2017* – New York, 2017 http://www.un.org/en/development/desa/policy/wesp/

que não é a falta de recursos que assola o mundo, e sim o seu uso descontrolado, ou controlado apenas por quem não tem interesse em torná-lo socialmente e economicamente útil.

⁊

Delineamos até aqui esse tipo de Triângulo das Bermudas constituído pelo drama ambiental, a tragédia social e o caos financeiro. Os nossos dilemas não são misteriosos. Estamos administrando o planeta para uma minoria, por meio de um modelo de produção e consumo que acaba com os nossos recursos naturais, transformando o binômio desigualdade/meio ambiente numa autêntica catástrofe em câmara lenta. Enquanto isto, os recursos necessários para financiar as políticas de equilíbrio estão girando na ciranda dos intermediários financeiros, nas mãos de algumas centenas de grupos que sequer conseguem administrar, com um mínimo de competência, as massas de dinheiro que controlam.

O desafio é reorientar os recursos para financiar as políticas sociais destinadas a gerar uma economia inclusiva e, também, financiar a reconversão dos processos de produção e de consumo que permitam reverter a destruição do meio ambiente. Falta convencer, naturalmente, o 1% que controla este universo financeiro, seja diretamente através dos bancos e outras instituições e, cada vez mais, de modo indireto por meio da apropriação dos processos políticos e das legislações. As pessoas não entendem o que é um bilionário. Realmente não é uma questão que faz parte do nosso cotidiano: o rendimento financeiro é de tal volume que se traduz apenas em pequena parte em consumo, mesmo de luxo. A maior parte dos rendimentos é reaplicada e a fortuna se transforma numa bola de neve, gerando os super-ricos, os que literalmente não sabem o que fazer com o seu dinheiro. Evidentemente não faltam assessores, contadores, instituições de aconselhamento para ajudá-los. Como, por exemplo, o próprio Crédit Suisse.

Um mecanismo importante resulta da diferença entre o comportamento econômico dos ricos e dos pobres, ou apenas remediados. Na verdade, quem ganha pouco compra roupa para os filhos, paga aluguel, gasta uma grande parte da sua renda em comida e transporte. Quem ganha pouco não compra belas casas, fazendas e iates, menos ainda faz aplicações financeiras de alto rendimento. O pobre gasta, o rico acumula. O gasto do pobre gera demanda e uma dinâmica econômica mais forte, enquanto a acumulação de papéis financeiros apenas drena a demanda e a capacidade de investimento produtivo. Em suma: sem processo redistributivo, aprofundam-se os dramas ambientais, sociais e econômicos. Não se trata apenas de justiça e de decência moral. Trata-se de bom senso quanto ao funcionamento do sistema.

O desafio central é a geração de uma nova governança, para permitir que os recursos da sociedade voltem a ser produtivos: que as nossas poupanças gerem crédito barato para favorecer o consumo das famílias e a expansão da demanda, que o crédito de médio e longo prazo favoreça o investimento empresarial, que os recursos alocados em dívidas públicas passem a servir o investimento em infraestruturas e políticas sociais. Os recursos têm de voltar a ser produtivos.

A análise que temos pela frente está centrada na governança do sistema. Qualquer que seja o "ismo" que nos atraia, um sistema que remunera os agentes econômicos de maneira profundamente desproporcional relativamente à sua contribuição produtiva é disfuncional. Recompensa quem trava, prejudica quem contribui. O desestímulo à contribuição fica evidente. Ou seja, é central aqui entender como se tomam as decisões, como funciona a nova arquitetura do poder.

CAPÍTULO 2
A REDE MUNDIAL DE CONTROLE CORPORATIVO

Décadas a fio, temos acompanhado as notícias sobre grandes empresas comprando umas às outras, formando grupos cada vez maiores, em princípio para se tornarem mais competitivas no ambiente cada vez mais agressivo do mercado. Mas, naturalmente, o processo tem limites. Em geral, nas principais cadeias produtivas, a corrida termina quando sobram poucas empresas que, em vez de guerrear, descobrem que é mais conveniente se articular e trabalharem juntas, para o bem delas e dos seus acionistas. Não necessariamente, como é óbvio, para o bem da sociedade.

Controlar de forma estruturada e hierárquica uma cadeia produtiva gera naturalmente um grande poder econômico, político e cultural. Econômico, pelo do imenso fluxo de recursos, maior do que o PIB de numerosos países. Político, pelo da apropriação de grande parte dos aparelhos de Estado. E cultural, pelo fato da mídia de massa mundial criar, com pesadíssimas campanhas publicitárias, uma cultura de consumo e dinâmicas comportamentais que lhes interessa, gerando boa parte dos problemas globais que enfrentamos.

Uma característica básica do poder corporativo é o quanto ele é pouco conhecido. As Nações Unidas tinham um departamento, UNCTC (United Nations Center for Transnational Corporations), que publicava nos anos 1990 um excelente relatório anual sobre as corporações transnacionais. Em 1995, com a formação da Organização Mundial do Comércio (OMC), simplesmente fecharam o UNCTC e descontinuaram as publicações. Assim, o que é provavelmente o principal núcleo organizado de poder do planeta – o poder corporativo – deixou de ser estudado, a não ser por pesquisas pontuais dispersas pelas instituições acadêmicas e fragmentadas por países ou setores.

O documento mais divulgado sobre as corporações é o excelente documentário A Corporação (*The Corporation*). Um estudo científico de primeira linha que, em duas horas e doze capítulos, mostra como funcionam, como se organizam e que impactos geram as corporações. Outro documentário excelente, Trabalho Interno (*Inside Job*), que levou o Oscar de 2011, mostra como funciona o segmento financeiro do poder corporativo, mas centrado na geração da presente crise financeira. Temos também o documentário britânico Os Quatro Cavaleiros (*The Four Horsemen*), de 2012, sobre o sistema bancário, com excelentes entrevistas e análise do poder financeiro. Há ainda filmes como O Capital (*Le Capital*), onde a única ficção está nos personagens, sabendo-se que frequentemente recorrer à ficção é a única forma de se aproximar da realidade.

Trabalhos deste tipo nos permitem entender a lógica do sistema, gerando a base do conhecimento disponível. Mas nos faz imensa falta a pesquisa sistemática e a publicação de dados empíricos sobre como as corporações funcionam, como se tomam as decisões, quem as toma, com que legitimidade. O fato é que ignoramos quase tudo do principal vetor de poder mundial, as corporações.

É natural e saudável que tenhamos todos uma grande preocupação para não inventarmos conspirações diabólicas, maquinações maldosas. Mas, ao vermos como nos principais setores as atividades se concentraram no topo da pirâmide, com poucas empresas extremamente poderosas, começamos a entender que se trata sim de poder no sentido amplo. Agindo no espaço planetário, na ausência de governo/governança mundial, frente à fragilidade do sistema político multilateral, as corporações manejam grande poder sem nenhum contrapeso significativo.

Uma pesquisa do ETH (Instituto Federal Suíço de Pesquisa Tecnológica), de 2011, iluminou pela primeira vez o sistema global nesta escala, com dados concretos. Vale apresentá-la com algum detalhe. O título da pesquisa é "A Rede de Controle Corporativo Global" [16] e as citações abaixo são todas referentes ao mesmo documento.

A metodologia é muito clara: selecionaram as 43 mil corporações mais importantes no banco de dados Orbis 2007, composto por 30 milhões de empresas, e passaram a estudar como elas se relacionam: o peso econômico de cada entidade, a sua rede de conexões, os fluxos financeiros e em que empresas têm participações que permitem controle indireto. Em termos gráficos e estatísticos, a análise resulta um sistema em forma de *bow-tie* ou "gravata borboleta". Temos um grupo de corporações no "nó" da gravata, e ramificações que de um lado que apontam as corporações que o "nó" controla, e de outro lado ramificações que apontam as empresas com participações no "nó'.

A inovação é que a pesquisa do ETH realizou este trabalho para o conjunto das principais corporações do planeta, e traçou o mapa de controle global. Este mapa inclui os degraus que às vezes corporações menores têm numa escada de poder, ao controlarem um pequeno grupo de empresas que, por sua vez, controlam uma

---

[16] S. Vitali, J.B Glattfelder e S. Battiston – *The Network of Global Corporate Control* - Chair of Systems Design, ETH Zurich – corresponding author sbattiston@ethz.ch – O texto completo foi disponibilizado em arXiv em pré--publicação, e publicado pelo PloS One em 26 de outubro de 2011. http://www.plosone.org/article/related/info%3Adoi%2F10.1371%2Fjournal.pone.0025995;jsessionid=31396C5427EB79733EE5C27DAFBFCD97. ambra02 A ampla discussão internacional gerada, com respostas dos autores da pesquisa, pode ser acompanhada em http://j-node.blogspot.com/2011/10/network-of-global-corporate-control.html

série de outras empresas e assim por diante. O que temos é exatamente o título da pesquisa: "A rede de controle corporativo global".

Em termos ideológicos, o estudo está acima de qualquer suspeita. O ETH de Zurich faz parte da nata da pesquisa tecnológica no planeta, em geral colocado em segundo lugar depois do Massachusetts Institute of Technology (MIT) dos Estados Unidos. Seus pesquisadores receberam 31 prêmios Nobel, a começar por Albert Einstein. A equipe que trabalhou no artigo entende tudo de mapeamento de redes e da arquitetura que resulta. O artigo de apresentação da pesquisa, com 10 páginas, curto para uma pesquisa deste porte, é acompanhado de 26 páginas de metodologia, de maneira a deixar transparentes todos os procedimentos. Em nenhum momento tiram conclusões políticas apressadas: limitam-se a expor de maneira muito sistemática o mapa do poder das corporações, apontando as implicações.

A leitura talvez um pouco difícil para leigos. No entanto, a pesquisa permite compreendermos como se organiza o poder corporativo do planeta. Seu resultado é claro: "A estrutura da rede de controle das corporações transnacionais impacta a competição de mercado mundial e a estabilidade financeira. Até agora, apenas pequenas amostras nacionais foram estudadas e não havia metodologia apropriada para avaliar globalmente o controle. Apresentamos a primeira pesquisa da arquitetura da rede internacional de propriedade, junto com a computação do controle que possui cada ator global. Descobrimos que as corporações transnacionais formam uma gigantesca estrutura em forma de gravata borboleta (*bow-tie*), e que uma grande parte do controle flui para um núcleo (*core*) pequeno e fortemente articulado de instituições financeiras. Este núcleo pode ser visto como uma 'superentidade' (*super-entity*), o que levanta questões importantes tanto para pesquisadores como para os que traçam políticas." (p.1)

O controle corporativo é definido como participação dos atores econômicos nas ações, correspondendo "às oportunidades de ver os seus interesses predominarem na estratégia de negócios da empresa". Ao desenhar o conjunto da teia de participações, chega-se à noção de controle em rede. Esta noção define o montante total de valor econômico sobre o qual um agente tem influência. Veremos adiante a pirâmide de poder que este sistema permite.

O modelo analisa o rendimento operacional e o valor econômico das corporações, detalha as tomadas mútuas de participação em ações (*mutual cross-shareholdings*) identificando as unidades mais fortemente conectadas dentro da rede. "Este tipo de estrutura, até hoje observado apenas em pequenas amostras, tem explicações tais como estratégias de proteção contra tomadas de controle (*anti-takeover strategies*), redução de custos de transação, compartilhamento de riscos, aumento de confiança e de grupos de interesse. Qualquer que seja a sua origem, no entanto, fragiliza a competição de mercado... Como resultado, cerca de ¾ da propriedade das firmas no núcleo ficam nas mãos de firmas do próprio núcleo. Em outras palavras, trata-se de um grupo fortemente amarrado (*tightly-nit*) de corporações que cumulativamente detêm a maior parte das participações umas nas outras". (p.5)

Este mapeamento leva por sua vez à análise da concentração do controle. À primeira vista, sendo firmas abertas, com ações no mercado, imagina-se um grau relativamente distribuído do poder de controle. O estudo buscou "quão concentrado é este controle e quem são os que detêm maior controle no topo". Isto é uma inovação relativamente aos numerosos estudos anteriores, que mediram a concentração de riqueza e de renda.

Segundo os autores, não há estimativas quantitativas anteriores sobre o controle. O cálculo consistiu em identificar qual a fração de atores no topo que detém mais de 80% do controle de toda a rede. Os resultados são fortes: "apenas 737 dos principais atores (*top-holders*) acumulam 80% do controle sobre o valor de todas as empresas transnacionais (ETN). Isto significa que o controle em rede (*network control*) é distribuído de maneira muito mais desigual do que a riqueza. Em particular, os atores no topo detêm um controle dez vezes maior do que o que poderia se esperar baseado na sua riqueza". (p.6) Este último dado é de grande importância para o próprio conceito de arquitetura do poder.

Na imagem abaixo, um exemplo de algumas conexões financeiras internacionais. Os círculos representam grupos europeus; os losangos, norte-americanos; outros países são os triângulos. A dominância dos dois primeiros é evidente e muito ligada à crise financeira mundial atual. Somente uma pequena parte dos links é aqui mostrada:

Conexões Financeiras Internacionais

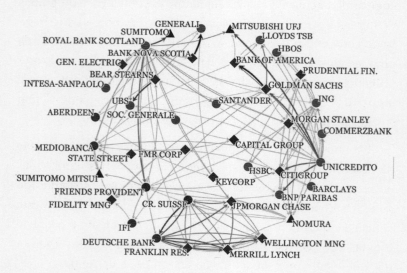

Fonte: S. Vitali, J.B Glattfelder e S. Battiston: https://goo.gl/9oj8no17

---

[17] *Link* original: http://j-node.blogspot.com.br/2011/10/network-of-global-corporate-control.html

Combinando o poder de controle dos atores no topo (*top ranked actors*) com as suas interconexões, "encontramos que, apesar de sua pequena dimensão, o núcleo detém coletivamente uma ampla fração do controle total da rede. No detalhe, quase 4/10 do controle sobre o valor econômico das ETNs do mundo, por meio de uma teia complicada de relações de propriedade, está nas mãos de um grupo de 147 ETNs do núcleo, que detêm quase pleno controle sobre si mesmas. Os atores do topo dentro do núcleo podem assim ser considerados como uma "superentidade" na rede global das corporações. Um fato adicional relevante neste ponto é que ¾ do núcleo são intermediários financeiros".

Os números em si são muito impressionantes, geraram impacto no mundo científico, e repercutem inevitavelmente no mundo político. Os dados não só confirmam como agravam as denúncias dos movimentos de protesto que se referem ao 1% que brinca com os recursos dos outros 99%. O *New Scientist* (2011) reproduz o comentário de Glattfelder, um dos pesquisadores, que resume a questão: "Com efeito, menos de 1% das empresas consegue controlar 40% de toda a rede". A maioria é composta de instituições financeiras como Barclays Bank, JP-Morgan Chase&Co, Goldman Sachs e semelhantes.[18]

Andy Haldane, diretor executivo de estabilidade financeira no Bank of England em Londres, comenta que o estudo do ETH "nos deu uma visão instigante do melhor dos mundos para as finanças. Uma análise como a da 'rede que conduz o mundo' é bem-vinda porque representa um salto para frente. Um ingrediente chave para o sucesso em outras áreas tem sido uma

---

[18] New Scientist (em português) http://www.inovacaotecnologica.com.br/noticias/noticia php?artigo=rede=-capitalista-domina-mundo&id-010150111022&mid=50 – Veja o original em inglês em http://www.newscientist.com/article/mg21228354.500-revealed--the-capitalist-network--that-runs-the-world.html?DCMP=OTC-rss&nsref=online-news

linguagem comum e acesso compartilhado de dados. No presente momento, as finanças não dispõem de nenhum dos dois".

Haldane também comenta a enorme escala do problema: "O crescimento em certos mercados e instrumentos financeiros tem ultrapassado de longe a Lei de Moore que previu que o poder dos computadores dobraria a cada oito meses. O estoque de contratos financeiros emitidos (*outstanding financial contracts*) atinge agora cerca de 14 vezes o PIB anual global".[19] (NS, 2012, p.9)

Algumas implicações são bastante evidentes. Ainda que na avaliação de alguns analistas, citados pelo *New Scientist*, as empresas se comprem umas às outras por razões de negócios e não para "dominar o mundo", não ver a conexão entre esta concentração de poder econômico e o poder político constitui ingenuidade ou evidente falta de realismo.

Quando numerosos países, a partir dos anos Reagan e Thatcher, reduziram os impostos sobre os ricos, lançando as bases do agravamento recente da desigualdade planetária, não há dúvidas quanto ao poder político por trás das iniciativas. A lei provada nos Estados Unidos em 2010, liberando o financiamento de campanhas eleitorais por corporações, tem implicações igualmente evidentes. O desmantelamento das leis que obrigavam as

---

[19] Andy Haldane, *The Money Forecast,* New Scientist, 10 December 2012; o fato deste "mercado de papel" que gira no sistema caótico e não regulado atingir este volume é simplesmente assustador. Sobre os mercados de derivativos, veja-se a excelente apresentação *The Mechanics of the Derivatives Markets.* Este último estudo traz uma clara definição da especulação financeira: *"Speculators use derivatives to seek profits by betting on the future direction of market prices of the underlying asset. Hedge funds, financial institutions, commodity trading advisors, commodity pool operators, associate brokers, introducing brokers, floor brokers and traders are all considered to be speculators"* – IEA – p. 9, abril 2011. O BIS de Basiléia apresenta um volume da ordem de 540 trilhões de dólares de derivativos emitidos (situação em Fev.de 2017) para um PIB mundial da ordem de 75 trilhões, 7,5 vezes mais.

instituições financeiras a fornecer informações e que regulavam as suas atividades passa a ter origens claras.[20]

Outra conclusão importante da pesquisa do ETH refere-se à fragilidade sistêmica que geramos na economia mundial. Quando há milhões de empresas, há concorrência real. Ninguém consegue "fazer" o mercado, ditar os preços e muito menos ditar o uso dos recursos públicos. Com grande número de pequenas e médias empresas, os desequilíbrios de poder se ajustam com inúmeras alterações pontuais, assegurando uma certa resiliência sistêmica. Com a escalada atual do poder corporativo, as oscilações adquirem outra dimensão, tornam-se estruturais. A volatilidade dos preços de petróleo, em particular, com efeitos dramáticos sobre a organização da política econômica de numerosos países, está diretamente conectada a estas estruturas de poder.[21]

Os autores trazem também implicações para o controle dos trustes, já que as políticas de controle de cartéis operam apenas no plano nacional: "Instituições antitruste ao redor do mundo acompanham de perto estruturas complexas de propriedade dentro das suas fronteiras nacionais. Séries com dados internacionais, bem como métodos de estudo de redes amplas, se tornaram acessíveis apenas recentemente. Isso pode explicar como esta evidência não foi notada durante tanto tempo". (p.7) Em termos claros: essas corporações atuam no mundo, enquanto as instâncias reguladoras

---

[20] Hazel Henderson comenta este impacto para a democracia americana com um artigo forte: *The Best Congress Money can Buy, www.*ipsnews.net/columns.asp?idnews=50338 . Paul Krugman e Robin Wells, por sua vez, lembram que "é difícil encontrar um sentido na capacidade crescente dos banqueiros de conseguir que as regras sejam reescritas a seu favor, se não se menciona o papel do dinheiro na política, e como este se expan*diu com um câncer nos últimos 30 anos*". Paul Krugman e Robin Wells, *Por Qué las Caídas son Cada Vez Mayores? Nueva Sociedad* N. 236, nov-dic. 2011, www.nuso.org

[21] O aumento do risco sistêmico nos grandes sistemas integrados é estudado por Stiglitz em *Risk and Global Economic Architecture,* 2010, http://www.nber.org/papers/w15718.pdf

estão fragmentadas em 200 países, sem contar o impacto de desorganização que resulta da existência dos paraísos fiscais.

Outra implicação é a instabilidade financeira sistêmica gerada. Estamos acostumados a dizer que os grandes grupos financeiros são demasiado grandes para quebrar. Ao ver como estão interconectados, a imagem muda. É o sistema que é grande e poderoso demais para que não sejamos todos obrigados a manter os seus privilégios. Por outro lado, "trabalhos recentes mostram que quando uma rede financeira é muito densamente conectada fica sujeita ao risco sistêmico. Com efeito, enquanto em bons tempos a rede parece robusta, em tempos ruins as empresas entram em desespero simultaneamente. Esta característica de 'dois gumes' foi constatada durante o recente caos financeiro."(p.7)

Ponto chave: os autores apontam para o efeito de poder do sistema financeiro sobre as outras áreas corporativas. "De acordo com alguns argumentos teóricos, em geral, as instituições financeiras não investem em participações acionárias para exercer controle. No entanto, há também evidência empírica do oposto. Os nossos resultados mostram que, globalmente, os atores do topo estão no mínimo em posição de exercer considerável controle, seja formalmente (por exemplo, votando em reuniões de acionistas ou de conselhos de administração) ou por meio de negociações informais". (p.8)

Finalmente, os autores abordam a questão óbvia do clube dos super-ricos. "Do ponto de vista empírico, uma estrutura em 'gravata borboleta' com um núcleo muito pequeno e influente constitui uma nova observação no estudo de redes complexas. Supomos que esteja presente em outros tipos de redes onde mecanismos de 'ricos-ficam-mais-ricos' (*rich-get-richer*) funcionam... O fato do núcleo estar tão densamente conectado poderia ser visto como uma generalização do fenômeno de clube dos ricos (*rich-club phenomenon*)." (p.8)

A presença esmagadora dos grupos europeus e americanos neste universo sem dúvida também ajuda nas articulações e acentua os desequilíbrios. Obviamente se trata de um clube de ricos - e de muito ricos - que se apropriam de recursos produzidos pela sociedade em proporções inteiramente desproporcionais relativamente ao que contribuem. Trata-se também de pessoas que controlam a aplicação de gigantescos recursos, muito além de sua capacidade de gestão e de aplicação racional.

Um efeito mais amplo é a tendência de dominação geral dos sistemas especulativos sobre os sistemas produtivos. As empresas efetivamente produtoras de bens e serviços úteis à sociedade teriam todo interesse em contribuir para um sistema mais inteligente de alocação de recursos, pois são em boa parte vítimas indiretas do processo. Neste sentido, a pesquisa do ETH aponta para uma deformação estrutural do sistema, que terá de ser enfrentada em algum momento.[22]

A grande realidade que sobressai da pesquisa do ETH é que nenhuma conspiração é necessária. Nesta articulação em rede, com um número tão diminuto de pessoas no topo, não há nada que não se resolva no campo de golfe no fim de semana. Esta rede de contatos pessoais é de enorme relevância. Sobretudo, sempre que os interesses convergem, não é necessária nenhuma conspiração para que os membros deste "clube de ricos" sejam defendidos solidariamente. Exemplos não faltam. Um deles é a

---

[22] Krugman e Wells resumem bem a questão central que é a do desvio de recursos necessários ao fomento da economia para atividades especulativas: *"Apesar de ciertas reivindicaciones académicas (originadas en su mayoría en las escuelas de negocios), las enormes sumas de dinero canalizadas a través de Wall Street no produjeron una mejora en la capacidad productiva de EEUU mediante la 'asignación eficiente de capital para su mejor aprovechamiento'. Por el contrario, la productividad del país disminuyó al dejar el capital librado a la argucia financiera, los paquetes de compensación absurdos y las valuaciones bursátiles infectadas por la burbuja"* – Paul Krugman e Robin Wells, *Por qué las Caídas Son Cada Vez Mayores*, Nueva Sociedad N. 236, Nov.-Dic. 2011, p. 212 – www.nuso.org

batalha, já mencionada, para se reduzir os impostos que pagam os muito ricos, para evitar taxação sobre transações financeiras, ou ainda para evitar o controle dos paraísos fiscais.

O resultado é uma dupla dinâmica de intervenção organizada para a proteção dos interesses sistêmicos, resultando em corporativismo poderoso, e o caos competitivo que trava qualquer organização sistêmica racional. O gigante corporativo, que abraça muito mais recursos do que a sua capacidade de gestão, é demasiado fechado e articulado para ser regulado por mecanismos de mercado, e poderoso demais para ser regulado por governos eleitos. Veremos adiante os desmandos que provoca este gigantismo em termos de capacidade de gestão. O resultado é que o sistema financeiro mundial gira solto, jogando com valores que representam muitas vezes o PIB mundial.[23]

No pânico mundial gerado pela crise financeira, em 2008, debateram-se as políticas de austeridade, as dívidas públicas e a irresponsabilidade dos governos, deixando na sombra o ator principal: as instituições de intermediação financeira. No início da crise, uma publicação do FMI *Finance & Development* estampou na capa em letras garrafais a pergunta *"Who's in Char-*

---

[23] Haldane, no artigo citado acima, reforça bem esta ausência de organização sistêmica do mundo financeiro: *"Historicamente, as finanças não foram pensadas como um sistema. Em vez disto, a teoria financeira, a regulação e a organização de dados se focaram em firmas individuais. Juntar os pontos nunca foi a tarefa de ninguém. A ciência econômica sempre esteve desesperada em lustrar as suas credenciais científicas e isto significava ancorá-la nas decisões de pessoas individuais. O erro vem de se pensar que o comportamento do sistema era apenas uma versão agregada do comportamento do indivíduo. Quase por definição, sistemas complexos não se comportam assim. As interações entre os agentes são o que importa."* – Andy Haldane, *The Money Forecast, New Scientist* 10 de dezembro, 2011, p. 28 – Caótico na busca da maximização dos lucros e de emissão de papéis cada vez mais frágeis, mas com reação sistêmica poderosa frente a qualquer tentativa de regulação externa ou de tributação, trata-se de um novo espécimen de agente econômico, e perigoso.

ge?", insinuando que ninguém está coordenando nada. Para o bem ou para o mal, a pergunta está respondida.

Confira abaixo a lista das primeiras 50 corporações listadas na pesquisa do ETH. Note-se que na classificação por setor (NACE Code), os números que começam por 65, 66 e 67 correspondem a instituições financeiras. Lehman Brothers, que faliu em 2008, tem direito a uma nota a parte dos autores. Lembremos que o dinheiro sendo imaterial – hoje apenas sinais magnéticos – e a conectividade sendo planetária, o "território" deixa de existir como limitante de atuação. Na expressão que utilizam, *space is dead,* o espaço morreu.

Rank	Economic actor name	Country	NACE code
1	BARCLAYS PLC	GB	6512
2	CAPITAL GROUP COMPANIES INC, THE	US	6713
3	FMR CORP	US	6713
4	AXA	FR	6712
5	STATE STREET CORPORATION	US	6713
6	JPMORGAN CHASE & CO.	US	6512
7	LEGAL & GENERAL GROUP PLC	GB	6603
8	VANGUARD GROUP, INC., THE	US	7415
9	UBS AG	CH	6512
10	MERRILL LYNCH & CO., INC.	US	6712
11	WELLINGTON MANAGEMENT CO. L.L.P.	US	6713
12	DEUTSCHE BANK AG	DE	6512
13	FRANKLIN RESOURCES, INC.	US	6512
14	CREDIT SUISSE GROUP	CH	6512
15	WALTON ENTERPRISES LLC	US	2923
16	BANK OF NEW YORK MELLON CORP.	US	6512

Rank	Economic actor name	Country	NACE code
17	NATIXIS	FR	6512
18	GOLDMAN SACHS GROUP, INC., THE	US	6712
19	T. ROWE PRICE GROUP, INC.	US	6713
20	LEGG MASON, INC.	US	6712
21	MORGAN STANLEY	US	6712
22	MITSUBISHI UFJ FINANCIAL GROUP, INC.	JP	6512
23	NORTHERN TRUST CORPORATION	US	6512
24	SOCIÉTÉ GÉNÉRALE	FR	6512
25	BANK OF AMERICA CORPORATION	US	6512
26	LLOYDS TSB GROUP PLC	GB	6512
27	INVESCO PLC	GB	6523
28	ALLIANZ SE	DE	7415
29	TIAA	US	6601
30	OLD MUTUAL PUBLIC LIMITED COMPANY	GB	6601
31	AVIVA PLC	GB	6601
32	SCHRODERS PLC	GB	6712
33	DODGE & COX	US	7415
34	LEHMAN BROTHERS HOLDINGS, INC.	US	6712
35	SUN LIFE FINANCIAL, INC.	CA	6601
36	STANDARD LIFE PLC	GB	6601
37	CNCE	FR	6512
38	NOMURA HOLDINGS, INC.	JP	6512
39	THE DEPOSITORY TRUST COMPANY	US	6512
40	MASSACHUSETTS MUTUAL LIFE INSUR.	US	6601
41	ING GROEP N.V.	NL	6603
42	BRANDES INVESTMENT PARTNERS, L.P.	US	6713
43	UNICREDITO ITALIANO SPA	IT	6512

Rank	Economic actor name	Country	NACE code
44	DEPOSIT INSURANCE CORPORATION OF JP	JP	6511
45	VERENIGING AEGON	NL	6512
46	BNP PARIBAS	FR	6512
47	AFFILIATED MANAGERS GROUP, INC.	US	6713
48	RESONA HOLDINS, INC.	JP	6512
49	CAPITAL GROUP INTERNATIONAL, INC.	US	7414
50	CHINA PETROCHEMICAL GROUP CO.	CN	6511

Fonte: S. Vitali, J.B Glattfelder e S. Battiston, The Network of Global Corporate Control

Este estudo sobre a rede mundial de controle corporativo, ainda que seja de 2011, nos oferece a principal visão de conjunto deste novo animal econômico que herdamos de décadas de concentração econômica e de expansão do poder financeiro mundial articulado em rede. Para entender a nova arquitetura do poder, trata-se de um aporte essencial. Desde então foram desenvolvidas pesquisas sobre como funciona este gigantesco molusco com inúmeros e confusos tentáculos. São pesquisas recentes e confiáveis, que nos permitem entender melhor como funciona a chamada governança corporativa.

CAPÍTULO 3
GOVERNANÇA CORPORATIVA

Estamos lentamente progredindo na compreensão da complexidade do sistema corporativo que, para o bem ou para o mal, hoje nos rege. De um lado, no plano *intra*corporativo, da gestão interna, o gigantismo leva a burocracias inextricáveis, comportamentos caóticos e riscos sistêmicos. De outro, os mesmos gigantes estão se dotando de estruturas de articulação *inter*corporativas que muito se assemelham a governos no sentido de exercício de poder político direto. O que aqui vemos é uma articulação duplamente preocupante, tanto *intra* como *inter* empresarial. Entender este mundo de gigantes é hoje vital. Eles constituem a dinâmica estruturante mais poderosa na sociedade global moderna.

Quando na capa do *The Economist* aparece o nome da empresa BlackRock e seu faturamento de 14 trilhões de dólares, quase equivalente ao PIB dos Estados Unidos, temos de reajustar nossos conceitos. Foi realmente o Estado que se tornou um gigante sem controle? O que muda quando corporações se tornam financeiramente mais importantes do que os Estados? Fechando o ano de 2015, *The Observer* constatou que "tomadas de controle, essencialmente originadas nos Estados Unidos ou no Extremo Oriente, quebraram recordes em termos de valor de negócios realizados, atingindo um valor total de 4,6 trilhões de dólares no início de dezembro. De acordo com dados do Dealogic, houve nove negócios de mais de 50 bilhões de dólares cada em 2015, cinco mais que em 2014". (*The Observer*, 28/12/2015).

A fusão da Bayer e da Monsanto em 2016, para dar um exemplo, gera um imenso poder sem contrapesos no universo da

| 55

agricultura mundial. Com tantos anos de concentração corporativa e por meio de fusões e incorporações, criaram-se gigantes com grande poder de controle mas, pelo próprio gigantismo, em grande parte descontrolados. As medidas de regulação pós-2008, como a Lei Dodd-Frank, pouco trouxeram de novo, e o governo Trump está desestruturando o pouco que se alcançou.

O impacto mundial da crise de 2008 favoreceu o lançamento de uma série de estudos sobre as dinâmicas corporativas. Estamos começando a compreender os mecanismos e a lógica de funcionamento dos gigantes corporativos e da nova configuração geopolítica e geoeconômica. A partir da pesquisa do Instituto Federal Suíço de Pesquisa Tecnológica, conforme vimos antes, pode-se identificar os 147 grupos - 75% deles bancos - que controlam 40% do sistema corporativo mundial. Também temos uma visão mais clara sobre os *traders,* 16 grupos que controlam a quase totalidade do comércio de *commodities* no planeta, com raras exceções sediados na Suíça. Esses grupos são responsáveis pelas dramáticas variações de preços de produtos básicos de toda a economia mundial, como grãos, minerais metálicos e não metálicos, e energia – ou seja, o sangue da economia do planeta.

Lembremos ainda que os dados do Crédit Suisse para 2016 mostram que oito famílias detêm um patrimônio igual ao da metade mais pobre da população mundial, resultado direto dos mecanismos financeiros, e o 1% mais rico controla mais da metade da riqueza mundial, ou seja, 1% tem mais patrimônio que os 99% de comuns mortais. O poder extremamente concentrado dos grandes grupos corporativos, o poder do sistema financeiro no centro e a extrema concentração da riqueza no planeta pertencem a uma dinâmica articulada. Funciona sem dúvida para o 1%, de maneira como nunca antes na história. Mas não funciona para o planeta, nem no plano ambiental, nem no plano social, e muito menos no plano político. Pior, nem no plano econômico funciona.

Numerosos estudos teóricos delinearam esta dinâmica preocupante. Entre eles, o trabalho precursor desta nova geração de estudos, de David Korten, o já clássico *When Corporations Rule the World* de 1995, traduzido no Brasil como *Quando as Corporações Regem o Mundo,* que apresenta de forma extremamente clara o novo desenho estrutural do capitalismo na quebrada do milênio.[24] O trabalho de Thomas Piketty, *O Capital no Século XXI,* com grande impacto não só pela qualidade literária e científica, mas por desvendar as engrenagens do caos organizado que nos rege, mostra que estamos enfrentando uma nova lógica política, econômica e cultural. Igualmente essenciais são os trabalhos de François Chesnais, em particular sobre o capital financeiro.

Aqui nos interessa a pesquisa *The Intrafirm Complexity of Systemically Important Financial Institutions*, (*A Complexidade Intrafirma das Instituições Financeiras Sistemicamente Importantes*), coordenada por R. L. Lumsdaine (e outros), envolvendo várias instituições como a Universidade de Oxford e outras. O estudo abre uma janela preciosa sobre como funcionam esses gigantes corporativos, dinâmica que tem pouco a ver com o que imaginamos como o tradicional empreendedor produtivo, o *homo faber* que nos apresentam as revistas de negócios. Chegamos cada vez mais perto de entender não só a teoria geral da financeirização como as engrenagens do seu funcionamento, nomes e valores.

Uma palavra sobre o conceito de *Systemically Important Financial Institutions, SIFIs:* trata-se das 28 principais instituições

---

[24] Mais recentemente, em 2009 e portanto em plena crise, Korten publicou um pequeno estudo muito rico, *An Agenda for a New Economy,* veja resenha em português em http://dowbor.org/2009/02/agenda-for-a-new-economy-2.html/ Igualmente interessante é o seu livro O *Capitalismo Pós-Corporativo,* de 2001, resenhado em http://dowbor.org/2000/05/o-mundo-pos-corporativo-2.html/

financeiras mundiais, o "núcleo do núcleo" relativamente às 147 corporações estudadas acima pelo ETH suíço. Elas foram individualizadas pelo peso que representam na economia. O que com elas acontece e as iniciativas que tomam repercutem sobre todo o sistema econômico mundial. Trata-se de instituições "cuja falência desordenada, por causa das suas dimensões, da sua complexidade e interconexões sistêmicas, causaria transtornos (*disruptions*) significativos ao sistema financeiro mais amplo e às atividades econômicas". Os pesquisadores se debruçaram essencialmente sobre o processo decisório interno destas galáxias econômicas, em particular a hierarquia de controle: "A hierarquia de controle constitui uma representação em rede da instituição e das suas subsidiárias" (Lumsdaine, p.1) Relativamente ao gráfico de 'bolinhas' que vimos anteriormente, e que mostra as relações entre corporações, trata-se agora de abrir as "bolinhas" e estudar a sua complexidade interna.

A pesquisa mostra o universo extremamente complexo que cada corporação constitui em si. Uma empresa do setor alimentar pode, por exemplo, comprar uma mineradora e dezenas de outras empresas dos mais variados setores simplesmente porque são fonte de lucro, sem ter nenhuma expertise particular nas atividades em que investe. Isto nos leva ao conceito de "*intraconnectedness of a firm*", outro conceito chave na metodologia adotada. (Lumsdaine, p.2) "A nossa abordagem é inovadora por utilizar a estrutura em rede interna da hierarquia de controle. Ao fazê-lo, sublinhamos portanto a importância de se considerar a complexidade intraempresarial, em complemento à complexidade interempresarial mais frequentemente estudada". (Lumsdaine, p.3)

As 28 corporações financeiras classificadas no SIFI (*Systemically Important Financial Institutions*) trabalham cada uma com um capital consolidado médio (*consolidated assets*) da ordem de 1.82 trilhões de dólares para os bancos e 0,61 trilhão de dólares para as seguradoras analisadas (p.11). Para efeitos de comparação, lembremos que o PIB norte-americano é da ordem de 15 trilhões de dólares; o PIB do Brasil, 7ª potência mundial, da ordem de $1,6 trilhões. Mais explícito ainda é lembrar que, de acordo com os dados de Jens Martens, o sistema das Nações Unidas dispõe de 40 bilhões dólares anuais para o conjunto das suas atividades.[25] (GPF, 2015)

Na ausência de governo/governança mundial e com a fragmentação da capacidade pública entre 200 nações, qualquer regulação ou ordenamento do que acontece no planeta parece estar fora do nosso alcance, o que abre espaço para o vale-tudo global. São trilhões de dólares em mãos de grupos privados que têm como campo de ação o planeta, enquanto as capacidades de regulação mundial mal engatinham. O poder mundial realmente existente está em grande parte nas mãos de gigantes que ninguém elegeu e sobre os quais há cada vez menos controle. Nunca é demais lembrar que com as tecnologias digitais a gestão em escala mundial se tornou muito mais acessível. A conectividade assegura contatos instantâneos e seguimento em tempo real, e o poder de tratamento da informação por algoritmos gera um novo contexto de gestão corporativa, para o bem e para o mal.

Como são administradas estas instituições tem enorme importância. No conjunto, manejam algo como 50 trilhões de dólares, o equivalente à totalidade das dívidas públicas do planeta e a três quartos do PIB mundial. A dimensão, complexidade e falta de transparência faz com que se trate de um universo opaco e a pesquisa que aqui resumimos se torna muito importante. Aliás, sequer uma taxa mínima sobre as transações que

---

[25] Barbara Adams and Jens Martens – *Fit for Whose Purpose?* – Global Policy Forum, New York, Sept. 2015 - https://www.globalpolicy.org/images/pdfs/images/pdfs/Fit_for_whose_purpose_online.pdf

permitisse mapear os fluxos é aceita. Mas também descobrimos, nesta pesquisa, a que ponto as pessoas no topo das pirâmides corporativas estão limitadas na compreensão do que está acontecendo na própria casa, pelo próprio gigantismo, dispersão e diversidade de atividades.

A imagem da árvore abaixo ajuda a entender a lógica da pesquisa:

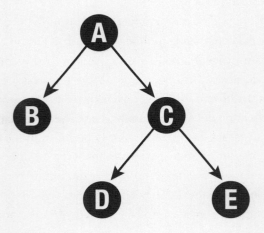

Numa corporação dada, a empresa marcada como A representa a raiz do grupo que controla duas subsidiárias B e C, sendo que a subsidiária C controla por sua vez as subsidiárias D e E. Estas duas, como não controlam outras empresas, são chamadas de "folhas", a extremidade externa da árvore. Já as subsidiárias B e C são chamadas de "filhotes" relativamente a A, que é a empresa "mãe". Esta estrutura é regular, com cada unidade controlando duas abaixo e tem uma profundidade "dois", distância de A para os nodos B e C. Assim podemos ter uma estrutura com mais ou menos profundidade, mais ou menos "folhas" dispersas, mais ou menos controles cruzados ou sobrepostos, o que é muito frequente. (Lumsdaine, p.27)

Para se ter uma ideia da complexidade, "o número de nodos numa árvore varia de 330 a 12.752, enquanto o número de países distintos e de códigos SIC (Standard Industrial Classification) varia de 23 a 86 e de 27 a 164 respectivamente". (Lumsdaine, p.10) Ou seja, trata-se de corporações que controlam milhares de empresas, em dezenas de países e ultrapassando frequentemente a centena de setores de atividade econômica. São galáxias com capacidade extremamente limitada de acompanhamento interno, o que faz com que o resultado financeiro seja o único critério acompanhado, por exemplo, a partir da empresa "mãe" situada nos Estados Unidos ou na Suíça.

Essas corporações enfrentam, assim, um problema de governança, fraudes, corrupção e desorganização de dar inveja a qualquer setor público. Prova disso é que praticamente todas elas estão pagando bilhões de dólares de multas por atividades ilegais em grande escala. Encarregados do comando destas corporações dizem que "não sabiam" das fraudes, o que pode ser uma evasiva. Mas o mais preocupante é que é perfeitamente possível que eles realmente não saibam o que acontece nos gigantes que, teoricamente, dirigem.

Temos, portanto, todo o peso do gigantismo burocrático sem controle político mínimo que uma democracia permitiria sobre essas corporações. Voltaremos a este tema ao analisar, mais adiante, a captura do poder político pelas corporações.

Entre as 28 grandes instituições sistemicamente significativas, estamos falando de uma profundidade de mais de sete níveis hierárquicos: "ademais, 11 firmas agora têm mais de sete níveis enquanto apenas dois anos antes nenhuma delas tinha. No conjunto das empresas da amostra, em 2013 cerca de 25%

dos nodos estavam em nível mais profundo do que o terceiro. Assim, do ponto de vista da supervisão consolidada, os desafios associados com a avaliação (*assessing*) destas firmas aumentaram dramaticamente, com muitas entidades na organização ficando muito mais distanciadas da empresa mãe". (Lumsdaine, p.11)

Em outros termos, os gigantes corporativos financeiros estão se tornando mais centralizados e burocráticos. "O grau crescente de profundidade indica um deslocamento no sentido de uma estrutura organizacional mais burocrática" (*The increased degree depth is an indication of a shift toward a more bureaucratic organizational structure*)". (Lumsdaine, p.14)

Confira na imagem abaixo a imensa complexidade do sistema de governança corporativa:

Rede de controle

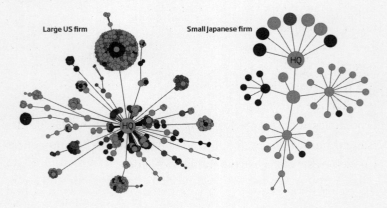

Fonte: Jacob Aron, Capitalism's Hidden Web of Power, New Scientist, maio de 2015

Como clientes e simples mortais, só vemos a unidade na ponta, no cartão de crédito que temos nas mãos, no produto que vemos numa gôndola de supermercado ou ainda a atendente na agência bancária. O produto nos parece razoavelmente simples, mas escapa-nos o gigantesco emaranhado burocrático e o descontrole que se verificam no conjunto. Além do mais, o número de setores controlados por um só grupo (manufatura, mineração, comércio, planos de saúde, telefonia, finanças e seguros, administração pública etc.), entre 27 e 164 como vimos antes, é espantoso.

Considere uma imagem piramidal do processo decisório corporativo. "Uma instituição que concentra o seu processo decisório em apenas alguns gestores *senior*, por sua vez responsáveis por amplas porções da firma, precisaria ter uma maior proporção de nodos em níveis mais baixos da árvore. Uma árvore difusa deste tipo pode igualmente ser encontrada em organizações que experimentaram um crescimento por aquisições significativo, tal como é o caso de instituições financeiras na década que precedeu a crise financeira recente, em que a árvore de uma organização complexa adquirida pode ter sido conectada à árvore da mãe em algum lugar abaixo do nível mais alto, criando uma estrutura hierárquica de grande profundidade (uma estrutura 'burocrática')". (Lumsdaine, p.10) Estamos aqui no centro do problema da burocratização estrutural que permeia todo o processo decisório dentro de uma corporação. Na impossibilidade de se conhecer efetivamente o que acontece, as corporações recorrem à gestão por algoritmos, tomadas de decisão automatizadas e simplificadas para que os computadores otimizem resultados estreitamente definidos.

Quando aparecem escândalos como da Volkswagen com a enganação sistêmica da população e dos governos, da Enron, do HSBC, da GSK, do Barclays, da Goldman&Sachs, do Deutsche Bank, da Wells Fargo, dos grandes grupos farmacêuticos (o *Big Pharma*), nós nos perguntamos como são tomadas as decisões. E o que dizer das iniciativas de impacto planetário, como a batalha da Halliburton para estimular a invasão do Iraque? Das décadas de luta dos grupos do tabaco para negar a relação com o câncer? Como não se consegue controlar o uso generalizado de antibióticos como fator que acelera a engorda na cadeia da carne, ainda que esteja comprovada a multiplicação de bactérias resistentes e outras disfunções digestivas?

A lista atinge praticamente todos os grandes grupos corporativos. Em 2014, no artigo "A América Corporativa Acha Cada Vez Mais Difícil Ficar do Lado Certo da Lei", *The Economist* constata a existência de 2.163 condenações corporativas desde o ano 2000 e alerta: "o número de condenações e o tamanho das multas cresceu de forma impressionante durante o período" (*The Economist*, 30 de agosto de 2014). Isto apenas no âmbito dos processos federais.

Ao priorizar a análise da complexidade administrativa e de controle do que acontece, mais do que propriamente o tamanho, o estudo de Lumsdaine mostra que, no quadro dos marcos regulatórios de Basel II, Basel III e da Lei Dodd-Frank, "em termos gerais o tamanho é normalmente considerado em termos financeiros (por exemplo dólares), mais do que em termos de traços de estrutura organizacional", ou seja, da complexidade e burocratização interna. Segundo os autores da pesquisa, ainda que o tamanho da corporação seja evidentemente importante, esta visão é insuficiente. "Apesar da facilidade de implementação, um patamar baseado no tamanho é insatisfatório em vários aspectos, precisamente porque não leva em consideração o nível de complexidade das atividades de negócios da firma". (Lumsdaine, p.15)

Entre a árvore perfeita, em que a corporação opera em um país e em um setor (SIC), recebendo a nota 1, e a complexidade total, com nota zero (muitos setores, muitos países, hierarquias complexas), podemos encontrar todas as situações intermediárias, classificadas as firmas em termos de número de nodos, número de países, diversidade de setores e números de níveis (profundidade) da hierarquia corporativa (Lumsdaine, p.10). Isto permite uma razoável quantificação da complexidade de uma corporação que trabalha em numerosos países, em numerosos setores de atividade, com inúmeras unidades empresariais dispersas, com crescente número de níveis hierárquicos e em numerosos e complexos marcos jurídicos de diferentes países.

Abaixo temos a lista das firmas analisadas. Aquelas que pertencem ao grupo das 28 firmas financeiras sistemicamente importantes (SIFIs) estão assinaladas com asterisco. Para manter a lista mais completa, incluímos algumas não analisadas na pesquisa. As tabelas de classificação (que não apresentamos aqui pela dimensão) não identificam as firmas, preservando o anonimato, ainda que uma firma específica tenha facilidade em se reconhecer nos números. São elas:

Bancos e Companhias de Seguros
*Bank of America (US)
Allianz (DE)
*Citigroup (US)
Aviva (GB)
*Goldman Sachs (US)
Axa (FR)
*JP Morgan Chase (US)
Swiss Re (CH)
*Morgan Stanley (US)
Zurich (CH)
*Royal Bank of Canada (CA)
*Barclays PLC (GB)
*HSBC Holdings PLC (GB)
*Royal Bank of Scotland PLC (GB)
*Standard Chartered (GB)

*Credit Suisse AG (CH)

*UBS AG (CH)

*BNP Paribas SA (FR)

*Société Générale SA (FR)

*BBVA (ES)

*Banco Santander SA (ES)

*Mitsubishi UFJ FG (JP)

*Mizuho FG (JP)

*Nomura (JP)

*Sumitomo Mitsui FG (JP)

*Banca Intesa (IT)

UniCredit (IT)

*Deutsche Bank AG (DE)

*ING Groep NV (NL)

SIFIs não incluídas na base de dados:

[Wells Fargo (US)*]

[Lloyds (GB)*]

[Banque Populaire (FR)*]

[Crédit Agricole (FR)*]

[Commerzbank (DE)*]

[Dexia (BE)*]

[Bank of China (CN)*]

[Nordea (SW)*]

O gigantismo corporativo gerou uma inoperância interna preocupante, que explica em boa parte o fato de estarem rigorosamente todas pagando gigantescas multas com condenações que variam desde desrespeito aos direitos humanos até fraudes sistêmicas na área financeira, bem como enganação pura e simples de clientes, como se constata com o Deutsche Bank, Wells Fargo e outros condenados em 2016.

O mais importante é que nas dezenas de setores completamente diferentes de atividades em que participam, em dezenas de países e com milhares de empresas controladas, o denominador comum é o resultado financeiro. Uma Samarco tem de render, ponto final. A Billiton na Austrália mal sabe onde a mineradora fica e os grupos financeiros no Brasil apenas olham o resultado em termos de lucros a distribuir.

Esses grupos financeiros estão no centro da dinâmica que mais nos interessa esclarecer no presente trabalho: a complementação entre a forma tradicional de extração da mais-valia numa empresa produtiva – por meio de baixos salários – e processos mais sofisticados, baseados na financeirização, que se tornaram hoje dominantes. E esta apropriação do produto social se realiza por meio de mecanismos globais, acima do poder regulador dos Estados. Voltaremos mais adiante à discussão deste tema essencial, mas é particularmente interessante entender como o gigantismo gera a erosão de responsabilidade (*accountability*) que se generalizou no mundo corporativo.

CAPÍTULO 4
O PROCESSO DECISÓRIO E A DILUIÇÃO DE RESPONSABILIDADE

A partir de certo número de níveis hierárquicos e de complexidade organizacional, no topo da corporação se imagina que na base da firma as instruções são cumpridas. Enquanto isso, na base da pirâmide, na empresa fisicamente produtora de alguma coisa, imagina-se que lá no topo, na sede de controle financeiro do conglomerado, alguém sabe o que realmente acontece, por exemplo, em termos de impactos sociais ou ambientais. Porém, dado o gigantismo, ocorre um processo muito amplo de diluição de responsabilidade: nunca se sabe realmente quem foi responsável por determinado crime corporativo, quem alertou para algum problema.

Quando se decretou no Brasil que os sucos de fruta que compramos nos supermercados precisariam ter um mínimo de 15% de "suco de fruta", as empresas passaram a manter um nível ridículo de fruta e renomearam as caixinhas como "néctar", termo não categorizado legalmente. Se alguém reclamasse e buscasse os responsáveis por esta decisão seria levado a sucessivos níveis complexos de propriedade e controle da empresa. Até chegar no topo, em algum país distante, onde os advogados da firma diriam que não estão autorizados a divulgar nomes por sigilo profissional. Não estamos falando apenas do "pobre cliente" que ficará ouvindo "a sua ligação é muito importante para nós" no telefone, mas de instituições de fiscalização do governo ou de ONGs especializadas.

O fator principal da deformação sistêmica dos gigantes corporativos tem muito a ver com a impotência administrativa. Gestores no topo da pirâmide que têm sob sua responsabilidade milhares de empresas, em diversos setores de atividade e em diferentes países, reduzem simplesmente a medida de seu sucesso a um único critério: o resultado financeiro. Não só porque esta é a lógica dominante da empresa mas porque é o único que conseguem medir, e porque é o principal instrumento de poder. A uma distante filial, subordinada a um quinto ou sexto nível de *holdings* financeiras, esses gestores impõem a rentabilidade que ela deverá atingir. Pouco importa o resto.

Os critérios de remuneração e os bônus das diversas diretorias distantes ou intermediárias passam diretamente por este critério de rentabilidade. Isto verticaliza o critério de maximização dos resultados financeiros de alto a baixo da pirâmide, gerando um processo ao mesmo tempo coerente e absurdo. O Banco do Brasil, para dar um exemplo, teve uma iniciativa inovadora e importante com o Desenvolvimento Regional Sustentável. No entanto, a pontuação dos gerentes de crédito e das agências continuou a ser a maximização da captação e a minimização de riscos. Nenhum deles iria arriscar sua remuneração com iniciativas de fomento de pequenas empresas no seu município, aumentando o risco. O objetivo dominante digere os outros. E quando são as instituições financeiras que ao fim e ao cabo estão no topo, o resto finalmente não importa muito.

Quando uma Volkswagen gera os absurdos escancarados em 2016, montando uma estratégia de enganação planetária e fraudando testes sobre a emissão de poluentes de seus carros, trata-se apenas de uma prática corrente. Uma fraude da qual tomamos conhecimento porque o caso foi particularmente divulgado. Aliás, a detecção da fraude não foi feita por mecanismos internos da firma, nem pelos órgãos de controle do governo, mas por uma ONG que não tem contas a prestar nem a uns nem a outros. Na realidade, a questão não está apenas nas fraudes, mas no fato delas constituírem prática comum e corrente por parte de gente bem remunerada, com formação superior, devidamente educadas. Pessoas que entendem perfeitamente a fraude, que a praticam e criam blindagens éticas para dormir em paz. E muitas sentem sim as contradições do que fazem, mas se veem impotentes dentro do sistema.[26]

O estudo de Lumsdaine nos faz entender melhor esta diluição sistêmica de responsabilidade, pela complexidade e fragmentação dos gigantes. Há, porém, um vazio a se preencher em termos de pesquisa sobre a governança corporativa que o estudo não cobre: os equilíbrios internos de poder entre a esfera técnica, de pessoas que entendem do produto real que chegará ao consumidor, e a esfera de negócios. Na prática, quem acaba mandando nas corporações é o departamento financeiro, apoiado no poderoso departamento jurídico – autêntico ministério interno – e o departamento de marketing, que cuida da imagem. Não se manifesta, e isto é central, o critério da contribuição da corporação para a sociedade. Para isto temos o marketing, as relações públicas e a imagem que se vende. O fato da mídia depender desta publicidade para viver também ajuda: raras vezes encontramos alguma investigação jornalística ou artigo crítico sobre as corporações. Desancar o governo é menos arriscado.

Entre o engenheiro da Samarco que sugere o reforço na barragem em Mariana (MG) e a exigência de rentabilidade da Billiton, da Vale, da Valepar e do Bradesco, a relação de forças é radicalmente desigual. O que o gestor da Billiton na Austrália, gigante que controla inúmeras mineradoras no mundo, sabe da

---

[26] Joris Luyendijk, cujo trabalho veremos mais adiante, traz uma excelente análise de como executivos lidam com este dualismo ético, de terem de apresentar resultados financeiros aos acionistas fazendo de conta que desconhecem as ilegalidades e impactos sociais negativos. Alguns não aguentam e se demitem, outros racionalizam, outros ainda optam pelo cinismo total. Suicídios não são raros. *Swimming with Sharks, The Guardian*, 2015

Samarco e do Rio Doce, onde eu brincava quando criança catando cascudos nas pedras?

Outro exemplo. Sexto grupo farmacêutico do mundo, a GSK está pagando 3 bilhões de dólares de multas por fraudes de diversos tipos em medicamentos. É uma empresa tecnicamente muito competente nas suas dimensões propriamente produtivas, com excelentes laboratórios e pesquisadores, que foram se multiplicando à medida em que o grupo foi comprando empresas pelo mundo afora.

A GSK vendeu Wellbutrin, um poderoso antidepressivo, como pílula de emagrecimento, o que é criminoso. Vendeu Avandia, escondendo os resultados das suas pesquisas que apontavam o aumento de riscos cardíacos provocados pelo medicamento. Vendeu Paxil, um antidepressivo usado para jovens com tendências ao suicídio que, na realidade, não tinha efeito mais pernicioso do que qualquer placebo, com efeitos desastrosos. A condenação da empresa só aconteceu porque quatro técnicos da GSK fizeram uma denúncia. Eles entendem de medicamentos, enquanto a cúpula da empresa entende apenas de negócios. (*Time*, 2012)

Como uma empresa especializada em saúde conseguiu manter uma imensa fraude em diversos produtos e em grande escala, durante anos de sucessivas gestões? Depois da condenação, das manifestações de indignação de usuários enganados e dos artigos na mídia, as ações da empresa subiram, contrariamente ao que se esperaria se a empresa fosse julgada pelas suas contribuições para a saúde. Com essas fraudes, a GSK obteve lucros incomparavelmente superiores aos custos do acordo judicial obtido em 2012, e os grandes investidores institucionais que detêm o grosso das ações, reagiram positivamente. Em outros termos: o poder financeiro no topo impõe ao grupo os seus critérios de rentabilidade. Critérios que são replicados nos diversos níveis da pirâmide corporativa.

Na publicidade da GSK, o que veremos são fotos de laboratórios com técnicos de bata branca, quando não uma mãe com um bebê nos braços, com mensagem de segurança e proteção. E como a publicidade faz viver a mídia, que se adapta e pouco informa, o círculo se fecha. Em termos de justiça e do julgamento do crime, a prática generalizada hoje é que os responsáveis não precisam reconhecer a culpa, recorrendo-se ao chamado *settlement*, o acordo judicial, neste caso 3 bilhões de dólares. Em 2015, assumiu um novo presidente na GSK, por acaso antigo presidente do escandaloso Royal Bank of Scotland. Não entende nada de farmácia, nem precisa. Não é este o negócio.

Com o poder muito mais nas mãos dos gigantes financeiros do que nas mãos das empresas produtoras, passou-se a exigir resultados de rentabilidade financeira. Isso impossibilita as iniciativas no nível técnico, por parte das pessoas que conhecem os processos produtivos da economia real e que poderiam preservar um mínimo de decência profissional e de ética corporativa. Gera-se um caos em termos de coerência com os interesses de desenvolvimento econômico e social, mas um caos muito direcionado e lógico quando se trata de assegurar um fluxo maior de recursos financeiros para o topo da hierarquia.

Criou-se um grande distanciamento entre a empresa que efetivamente produz um alimento por exemplo, e os diversos níveis de *holdings* a que ela pertence. Os investidores institucionais como fundos de pensão e outros, que pouco se interessam se existem ou não agrotóxicos ou antibióticos nos produtos vendidos, acompanham apenas o rendimento do *mix* de ações da sua carteira de aplicações. Com tal grau de concentração, hierarquização, burocratização e gigantismo, os grupos econômicos ditos "sistemicamente significativos" são simplesmente ingovernáveis em termos de assegurar a coerência das atividades com os interesses da sociedade. Eles tropeçam de processo em processo judicial, de crise em crise, tendo como único denominador comum de racionalidade a maximização dos resultados financeiros. Na visão de Joseph Stiglitz, trancaram-se em objetivos estreitos e de curto prazo, travando a economia.

Um fator muito importante da crise de responsabilidade é o ambiente fechado em que vivem essas corporações. Elas estão muito presentes na mídia, mas por meio da publicidade, que visa criar uma imagem positiva do grupo. Ao mesmo tempo, elas travam qualquer iniciativa da mídia de divulgar o que acontece nas empresas. A rigorosa proibição dos empregados de divulgarem o que se passa no interior do grupo, inclusive depois de dele saírem; a justificativa do segredo sobre os processos tecnológicos; a perseguição que sofrem os eventuais *whistleblowers* – empregados que denunciam atividades prejudiciais aos consumidores ou ao meio ambiente – tudo isso gera um ambiente fechado, sem nenhum controle externo ou transparência. Neste ambiente, fica extremamente difícil as corporações se sanearem internamente, reduzirem as burocracias, corrigirem as ilegalidades. Não há governança corporativa decente sem transparência. A autorregulação é uma ficção.

Esta fratura da cadeia de responsabilidade muda profundamente o mundo dos negócios. De certa maneira, numa empresa dos Ermírio de Moraes sabia-se quem era o responsável. Hoje, enfrentamos um departamento jurídico, isto depois de enfrentar o departamento de relações públicas. E descobrimos que há inúmeros níveis hierárquicos e finalmente pouca corda para segurar e puxar. Tudo é fluido. São gigantescos moluscos onde qualquer argumento penetra em meandros intermináveis e se perde no sorriso de um funcionário que diz que não é sua culpa. Na realidade, a culpa está diluída numa massa informe, o sistema.

O princípio básico que fazia o sistema funcionar era a concorrência. De certa forma, uma empresa tinha de ganhar a confiança do consumidor, responder melhor às suas necessidades, originando uma saudável competição para servir melhor. Neste nível de gigantes corporativos, acordos são mais lucrativos do que guerras. Quando há guerra, é para impor um padrão único, do vencedor, e reforçar a dimensão de oligopólio. Um gigante como BlackRock, com seus trilhões de dólares aplicados em processos especulativos com crédito, câmbio e *commodities*, terá impacto no fim da linha sobre nós, os modestos consumidores. Alguém tem como influenciar a BlackRock, de quem você provavelmente nunca ouviu falar ainda que retire dinheiro do seu bolso por meio de variações de preços e de juros incorporados na cadeia produtiva? O sistema financeiro, que hoje mais depena as famílias e as empresas do que as serve, constitui um bom exemplo da deformação sistêmica do conjunto.[27]

As tensões e as guerras entre corporações são reais, por exemplo, pela conquista de mercados ou domínio de tecnologias. Neste equilíbrio instável, o Estado poderia ter espaço para introduzir mecanismos de contrapesos e regulação. Porém, quando se trata de proteger o lucro, manter a opacidade, reduzir ou anular impostos sobre lucros financeiros ou regular os paraísos fiscais, as grandes corporações reagem como um corpo só através das instituições e representações que veremos em seguida. Neste caso os Estados, fragmentados e limitados na sua competência pelas fronteiras nacionais, não têm peso suficiente para enfrentar a ofensiva, por mais nefasta que ela seja para o desenvolvimento do país e as populações. Gigantes que geram o

---

[27] Um texto curto e divertido nos permite colocar os pés no chão em termos do que é um grande corporação financeira: veja o exemplo do HSBC, no resumo de Vladimir Safatle http://www.cartacapital.com.br/revista/837/quem-nos-governa-9428.html

caos nas suas atividades, que se unem e arreganham os dentes quando ameaçadas nos seus privilégios, as corporações criaram simplesmente uma nova realidade política. Estamos cada vez mais perto do que David Korten formulou tão claramente: *When Corporations Rule the World.*

CAPÍTULO 5
OLIGOPÓLIO SISTÊMICO FINANCEIRO

François Morin, ex-conselheiro da Banque de France, autor de uma dezena de livros sobre a organização dos sistemas financeiros, entende realmente do assunto. Ele escreveu um pequeno livro, *L'Hydre Mondiale: L'Oligopole Bancaire,* que é uma pérola para compreendermos como funciona o oligopólio dos gigantes financeiros do planeta. Extremamente claro e didático, com tabelas simples, Morin explicita os mecanismos de poder que os grupos utilizam.

Na pesquisa de Robin Lumsdaine que vimos no Capítulo 3 aparece o gigantismo e o problema de articulação interna destas estranhas e novas criaturas financeiras, que controlam milhares de empresas das mais variadas áreas e dispersas pelo mundo, navegando na conectividade planetária e transacionando dinheiro virtual por meio de tecnologias digitais. Na análise de Morin, aparece a organização do sistema *inter*corporativo, ou seja, como elas se relacionam. "Atores que adquiriram dimensão mundial, estes bancos se transformaram, nos anos 1990, em oligopólio em razão das posições dominantes que ocupavam nos maiores mercados monetários e financeiros. Este oligopólio se transformou, por sua vez, em 'oligopólio sistêmico' quando, a partir de 2005, os bancos que o constituem abusaram das suas posições dominantes, multiplicando acordos fraudulentos. Como se surpreender nestas condições que frente a este oligopólio sistêmico, tão novo e tão poderoso, os Estados se tenham visto ultrapassados, ou até se tenham tornado reféns?" (Morin, p.115)

Ao longo de anos de fusões e aquisições, qualquer pessoa informada já podia entender a transição do capitalismo concorrencial para um sistema de oligopólios nas diversas cadeias produtivas. Com o controle dos grupos financeiros sobre o conjunto, frequentemente milhares de empresas produtivas, a visão se desloca. O interessante neste estudo de Morin é que dá visibilidade e explicita a engrenagem. E uma vez que se percebe o funcionamento, não há como não se dar conta do quanto é disfuncional um sistema que vive da instabilidade geral e do dreno dos recursos da economia real para a área especulativa. Trata-se de um sistema que, ao mesmo tempo, provoca a instabilidade econômica geral e se dota de instrumentos políticos de controle que impedem qualquer forma séria de regulação. A instabilidade é o seu habitat natural. E como bem sentimos no Brasil, a instabilidade econômica gera naturalmente a instabilidade política.

Na análise de Morin estão todos: JPMorgan Chase, Bank of America, Citigroup, HSBC, Deutsche Bank, Santander, Goldman Sachs e outros, com um balanço de mais de 50 trilhões de dólares em 2013, quando o PIB mundial era de 73,5 trilhões. A relação desses gigantes financeiros com os Estados é particularmente interessante: a dívida pública mundial, de 51,8 trilhões de dólares, está no mesmo nível do volume de capital controlado pelos 28 grupos financeiros que Morin analisa, também da ordem de 50 trilhões.

Os Estados, devido ao endividamento público com gigantes privados, viraram reféns e tornaram-se incapazes de regular este sistema financeiro em favor dos interesses da sociedade. "Face aos Estados fragilizados pelo endividamento, o poder dos grandes atores bancários privados parece escandaloso, em particular se pensarmos que estes últimos estão, no essencial, na origem da crise financeira, logo de uma boa parte do excessivo endividamento atual dos Estados". (Morin, 36)

A tabela abaixo apresenta a situação dos Estados diante da ruptura provocada pela crise de 2007-2008:

Os estados face ao oligopólio sistêmico: a ruptura provocada pela crise de 2007-2008 (em trilhões de dólares)

	2003	2005	2007	2009	2011	2013
PIB mundial	37,8	46,0	56,2	58,4	70,8	73,5
Dívida pública mundial	23,6	26,4	30,0	37,5	46,3	51,8
Produtos derivados dos bancos sistêmicos	197,2	297,7	595,3	603,9	647,8	710,2

Fonte: François Morin, L'Hydre Mondiale: L'Oligopole Bancaire, 2015, p. 36

Se pensarmos que tantos países aceitaram sacrificar os investimentos públicos e as políticas sociais, inclusive o Brasil, para satisfazer este concentrado mundo financeiro, não há como não ver a dimensão política que o sistema assumiu. Mas falta explicitar os mecanismos.

Um aporte essencial do estudo de Morin é a análise de como este grupo de bancos vai se dotando, a partir de 1995, de instrumentos de articulação como a GFMA (Global Financial Markets Association), o IIF (Institute of International Finance), a ISDA (International Swaps and Derivatives Association), a AFME (Association for Financial Markets in Europe) e o CLS Bank (Continuous Linked Settlement System Bank). Com de tabelas, Morin apresenta como os maiores bancos se distribuem nestas instituições. O IIF, por exemplo, "verdadeira cabeça pensante da finança globalizada e dos maiores bancos internacionais", constitui hoje um poder político assumido. "O presidente do IIF tem um status oficial, reconhecido, que o habilita a falar em nome dos grandes bancos. Poderíamos dizer que o IIF é o parlamento dos bancos, seu presidente tem quase o papel de chefe de Estado. Ele faz parte dos grandes tomadores de decisão mundiais". (Morin, p.61) Confira abaixo a interconexão entre os bancos e essas instituições:

| 79

Interconexão entre bancos sistêmicos: ligações institucionais (em 20/10/2014)

Presença nos conselhos de administração (CA)

	GFMA	IIF	ISDA	AFME	CLS Bank
Barclays	X	X	X	X	X
BNP Paribas	X	X	X	X*	X
Citigroup	X	X	X	X	X
Crédit Suisse	X	X	X	X	X
Deutsche Bank	X	X	X	X	X
Goldman Sachs	X	X	X	X	X
HSBC	X	X*	X	X	X
JPMorgan Chase	X*	X	X	X	X
Société Générale	X	X	X*	X	X
UBS	X	X	X	X	X
UniCredit	X	X	X	X	X
Bank of America	X		X	X	X
Bank of New York Mellon	X	X		X	
Mitsubishi UFJ FG	X	X			X
Mizuho Bank Ltd	X	X	X		
Morgan Stanley		X	X	X	
Royal Bank of Scotland	X		X	X	
Standard Chartered	X	X	X		
Bank of China	X	X			
BBVA		X		X	
Crédit Agricole	X			X	X
Nordea	X				X
State Street					
ING	X				
Wells Fargo	X				
Sumitomo Mitsui					

Número de representantes em CAs	22	18	17	17	15
Outros bancos	8	16	5	5	9
Total geral representantes em CAs	30	34	22	22	24

* Presidente do Conselho de Administração
GFMA: Global Financial Markets Association
IFF: Institute of International Finance
ISDA: International Swaps and Derivatives Association
CLS Bank: Continuous Linked Settlement System Bank

Fonte: François Morin, L'Hydre Mondiale: L'Oligopole Bancaire, 2015, p. 61

A tabela acima, numa leitura vertical, indica onde os bancos sistêmicos estão presentes, como pessoas jurídicas, nos conselhos de administração de cada uma das cinco instituições do setor. Na leitura horizontal, mostra como certas instituições, as maiores, são mais interconectadas que as outras. A China aparece com o Bank of China, mas no conjunto a quase totalidade é de bancos ocidentais, privados, com forte dominância americana, e muita presença dos principais países europeus.

Restam poucas dúvidas sobre a tendência geral: os gigantes financeiros mundiais estão se dotando de instrumentos de controle político. Seus recursos são, no conjunto, superiores aos administrados pelos sistemas públicos. E hoje eles controlam também o essencial da mídia e com isto a opinião pública. Crescentemente, penetram nos espaços que lhes abre o Judiciário, que deveria ser o último bastião de proteção da igualdade perante a lei. Entraremos mais adiante no processo da captura do poder. Neste ponto, o importante é constatar que muito além da erosão da concorrência natural num processo de oligopolização, estamos diante de uma estrutura articulada de poder financeiro global.

CAPÍTULO 6
OS PARAÍSOS FISCAIS

Os gigantes financeiros planetários estão buscando transformar seu poder financeiro em poder político organizado. No nível interno de um país, tal dinâmica seria considerada ilegal, infringindo as leis sobre trustes e cartéis. Mas esta nova arquitetura de poder depende vitalmente do autêntico vácuo jurídico no qual esses grupos se movem. As jurisdições e os bancos centrais se movem nas esferas nacionais, enquanto o oligopólio sistêmico financeiro se move no espaço planetário. Têm sólidas raízes nacionais, em particular nos Estados Unidos e na Grã-Bretanha, mas uma extraterritorialidade de fato, graças à expansão da rede de paraísos fiscais, objeto de excelente análise de Nicholas Shaxson, *Treasure Islands: Uncovering the Damage of Offshore Banking and Tax Havens* (Ilhas do Tesouro: Descobrindo o Dano Causado Pelos Bancos *Offshore* e Paraísos Fiscais), qualificado por Jeffrey Sachs de *"an utterly superb book"*, um livro esplêndido.

Estamos acostumados a ler denúncias sobre os paraísos fiscais, mas só muito recentemente começamos a nos dar conta do papel central que eles jogam na economia mundial. Não se trata de "ilhas" no sentido econômico, mas de uma rede sistêmica de territórios que escapam das jurisdições nacionais, permitindo que o conjunto dos grandes fluxos financeiros mundiais fuja das suas obrigações fiscais, escondendo as origens dos recursos ou mascarando o seu destino.

Todos os grandes grupos financeiros mundiais e os maiores grupos econômicos em geral estão hoje dotados de filiais (ou matrizes) em paraísos fiscais. Este recurso de extraterritorialidade

| 83

(*offshore*) constitui uma dimensão de praticamente todas as atividades econômicas dos gigantes corporativos, formando um tipo de ampla câmara mundial de compensações, onde os diversos fluxos financeiros entram na zona de segredo, de imposto zero ou equivalente e de liberdade relativamente a qualquer controle efetivo.

Nos paraísos fiscais, os recursos são reconvertidos em usos diversos, repassados a empresas com nomes e nacionalidades diferentes, lavados e formalmente limpos, livres de qualquer pecado. Não é que tudo se torne secreto, mas com a fragmentação do fluxo financeiro, que ressurge em outros lugares e com outros nomes, é o conjunto do sistema que se torna opaco, incluindo-se inúmeras empresas formalmente pertencentes a nações concretas. "Se você não pode ver o todo, não pode entendê-lo. A atividade não acontece em alguma jurisdição – acontece entre as jurisdições. O 'outro lugar' se tornou 'lugar algum': um mundo sem regras". (Shaxson, p.28)

O volume de recursos em paraísos fiscais passou a ser mais conhecido desde a crise de 2008. Com a pressão das sucessivas reuniões do G20, e os trabalhos técnicos do TJN (Tax Justice Network), do GFI (Global Financial Integrity), do ICIJ (International Consortium of Investigative Journalists) e do próprio *The Economist*, além de vazamentos mais recentes sobre o Panamá, passamos a ter ordens de grandeza: são cifras da ordem de 21 trilhões a 32 trilhões de dólares em paraísos fiscais, para um PIB mundial de 73,5 trilhões (2013). O Brasil participa com algo como 520 bilhões de dólares, equivalente a 27% do PIB (estoque acumulado, não fluxo anual).

A OCDE aprovou em 2015 um primeiro programa de contenção dos drenos, o BEPS (*Base Erosion and Profit Shifting*), mais uma das múltiplas tentativas de se criar um marco legal para conter o caos planetário gerado. Mas na base está um problema estrutural: o sistema financeiro é planetário, enquanto as leis são nacionais, e não há governo/governança mundial. E o peso político dos gigantes financeiros é suficiente para dobrar as tentativas de regulação por parte de governos específicos, inclusive jogando uns contra os outros, ou provocando a "corridas para baixo", *race to the bottom*.

O sistema impacta diretamente os processos produtivos e as políticas macroeconômicas de âmbito nacional. "Keynes entendeu a tensão básica entre a democracia e os fluxos livres de capital. Se um país tentar reduzir as taxas de juros, digamos, para estimular as indústrias locais em dificuldades, é provável o capital vazar para o exterior na busca de uma remuneração mais elevada, frustrando o seu intento". (Shaxson, p.56) As políticas keynesianas deixam em grande parte de ser funcionais quando se rompe a unidade territorial entre o espaço das políticas macroeconômicas de uma nação e o espaço global do sistema financeiro.

Quando, além disto, pode-se ganhar mais aplicando em produtos financeiros, e ainda por cima deixar de pagar impostos, qualquer política econômica de uma nação se torna pouco realista. Assim "o sistema *offshore* cresceu com metástases em todo o globo, e surgiu um poderoso exército de advogados, contadores e banqueiros para fazer o sistema funcionar... Na realidade o sistema raramente acrescenta algum valor. Ao contrário, está redistribuindo a riqueza para cima e os riscos para baixo e criando uma nova estufa global para o crime." (Shaxson,130)

A questão dos impostos é central. O mecanismo fiscal do *offshore* é apresentado no livro, a partir de um relatório de 2009 elaborado pelo FMI: trata-se "do velho truque dos preços de transferência: os lucros são *offshore*, onde escapam dos impostos, e os custos (o pagamento de juros) são *onshore*, onde são deduzidos dos impostos." (Shaxson, p.216) A conexão com a crise financeira mundial é direta. "Não é coincidência que tantos dos envolvidos em tramoias financeiras, como a Enron, ou o império fraudulento de Bernie Madoff, ou o Stanford Bank de Sir Allen Stanford, ou Lehman Brothers, ou a AIG, estivessem tão profundamente entrincheirados em *offshore*". (Shaxson, p.218)

A maior parte das atividades é legal. A grande corrupção gera a sua própria legalidade, que passa pela apropriação da política, processo que Shaxson qualifica de "captura do Estado". Não é ilegal ter uma conta nas ilhas Cayman, onde a legalidade e o segredo são completos, "um lugar que busca atrair dinheiro oferecendo facilidades politicamente estáveis para ajudar pessoas ou entidades a contornar regras, leis e regulamentações de outras jurisdições." (Shaxson, p.228)

Trata-se, em grande parte, de corrupção sistêmica. "No essencial, a corrupção envolve entendidos (*insiders*) que abusam do bem comum, em segredo e com impunidade, minando as regras e os sistemas que promovem o interesse público, e minando a nossa confiança nestas regras e sistemas. Neste processo, agravam a pobreza e a desigualdade e entrincheiram os interesses envolvidos e um poder que não presta contas." (Shaxson, p.229)

A base da lei das corporações, das sociedades anônimas, é que o anonimato da propriedade e o direito de serem tratadas como pessoas jurídicas, podendo declarar a sua sede legal onde queiram e independente do local efetivo das suas atividades, teria como contrapeso a transparência das contas. "Na origem, as corporações tinham de cumprir um conjunto de obrigações com as sociedades onde se situavam, e em particular de serem transparentes nos seus negócios e pagar os impostos... O imposto não é um custo para os acionistas, a ser minimizado, mas uma distribuição para os agentes econômicos (*stakeholders*) da empresa: um retorno sobre os investimentos que as sociedades e os seus governos fizeram em infraestruturas, educação, segurança e outros requisitos básicos de toda atividade corporativa". (Shaxson, p.228)

Nesta pesquisa, Shaxson não elaborou um panfleto contra os paraísos fiscais e sim desmontou os mecanismos da finança internacional que neles se apoia, oferecendo uma ferramenta para entender o caos mundial que nos deixa cada vez mais perplexos. O mecanismo nos atinge a todos, na injustiça dos impostos mas também no prosaico cotidiano, nos preços dos produtos, na opacidade dos conteúdos. "A construção de monopólios secretos por meio do descontrole *offshore* parece penetrar amplamente em certos setores e ajuda muito a explicar porque, por exemplo, as contas dos nossos celulares são tão elevadas em certos países em desenvolvimento." (Shaxson, p.148)

Os impactos são sistêmicos. "As propinas contaminam e corrompem governos, e os paraísos fiscais contaminam e corrompem o sistema financeiro global". (Shaxson, p.229). A realidade é que se criou um sistema que torna inviável qualquer controle jurídico e penal da criminalidade bancária. Praticamente todos os grandes grupos estão com dezenas de condenações por fraudes dos mais diversos tipos, mas em praticamente nenhum caso houve sequelas judiciais como condenação pessoal dos responsáveis. O sistema criado envolve uma multa, acordo judicial (*settlement*) que libera a corporação, mediante pagamento, do reconhecimento de culpa. Basta a empresa fazer, enquanto pratica a ilegalidade, uma provisão financeira para enfrentar os prováveis custos do acordo judicial.

Um exercício de sistematização da criminalidade financeira pode ser encontrado no *site Corporate Research Project*, que apresenta as condenações e acordos agrupados por empresa. Em geral, quando condenadas a pagar as multas (sem reconhecimento de culpa), as corporações realizam um grande espetáculo de mudança de algumas cabeças no topo da corporação, com o inevitável anúncio de que houve erros, mas que a empresa é saudável e que as distorções serão corrigidas. Os responsáveis não só saem livres como munidos dos bônus legalmente cabíveis, já que não há exigência de reconhecimento de culpa. Confrontar as condenações com as imagens dos filmes corporativos de recrutamento de jovens para atuarem nos respectivos grupos, anunciando os elevados valores éticos e vitalidade econômica, com o elenco da criminalidade corporativa, é um exercício deprimente, mas instrutivo.

A dimensão jurídica está em plena evolução, já que as corporações estão constituindo um Judiciário paralelo que lhes permita processar os Estados, ampliando radicalmente os seus instrumentos jurídicos de poder político. Nas palavras de Luís Parada, um advogado de governos em litígio com grupos mundiais privados: "A questão finalmente é de saber se um investidor estrangeiro pode forçar um governo a mudar as suas leis para agradar ao investidor, em vez de o investidor se adequar às leis que existem no país".[28]

Hoje as corporações dispõem do seu próprio aparato jurídico, como o *International Centre for the Settlement of Investment Disputes* (ICSID) e instituições semelhantes em Londres, Paris, Hong Kong e outros. Tipicamente, irão atacar um país por lhes impor regras ambientais ou direitos sociais que julgam desfavoráveis e processá-lo por lucros que poderiam ter obtido.

O amplo artigo publicado no *The Guardian* apresenta este novo campo de relações internacionais que está se expandindo e transformando as regras do jogo. Os autores qualificam esta tendência de "um obscuro mas cada vez mais poderoso campo do direito internacional" (*an obscure but increasingly powerful field of international law*).

---

[28] *The Guardian*, 10 de junho, 2015 - http://dowbor.org/2015/06/claire-provost-e-matt-kennard-the-obscure-legal-system-that-lets-corporations-sue-countries-the-guardian-june-2015-5p.html/

A disputa jurídica também constitui uma dimensão essencial dos tratados TTIP (*Transatlantic Trade and Investment Partnership*) na esfera do Atlântico e TPP (*Trans-Pacific Partnership*) na esfera do Pacífico. Estes tratados amarram um conjunto de países em regras transnacionais em que os Estados nacionais perdem a capacidade de regular questões ambientais, sociais e econômicas e, muito particularmente, as próprias corporações. Pelo contrário, serão as próprias corporações a lhes impor - e a nós todos - as suas leis. Com o novo ciclo político nos Estados Unidos, é inseguro hoje o futuro desta configuração internacional, já que Donald Trump pretende rejeitar os instrumentos de *partnership* e exercer o poder internacional de maneira mais direta. As nomeações de executivos corporativos, inclusive da Goldman&Sachs, para postos chave no governo norte-americano permitem antever ações mais truculentas.

O aporte do *The Economist* às pesquisas sobre os paraísos fiscais se refere essencialmente aos locais onde estão 20 trilhões de dólares, e identifica as principais praças financeiras que gerem estes recursos: o Estado americano de Delaware, Miami e Londres. As ilhas paradisíacas, portanto, servem de localização legal, e de proteção em termos de jurisdição, fiscalidade e informação, mas a gestão é realizada pelos grandes bancos que conhecemos como "sistemicamente significativos" como Barclays, HSBC, Goldman&Sachs, UBS e assim por diante.[29]

Trata-se de um gigantesco dreno que permite que os ciclos financeiros fiquem ao abrigo das investigações. Um excelente e breve resumo de Kofi Annan sobre as ilegalidades praticadas por corporações transnacionais na África, em particular o *"transfer mispricing"*, preços fictícios artificialmente baixos nas exporta-

---

[29] *The Missing $20 Trillion: Special Report on Offshore Finance -The Economist,* 16 de fevereiro, 2013, Editorial, p. 13

ções de matérias primas africanas, para pagar menos impostos, mostra um mecanismo típico. A venda a preços fictícios é feita a empresas do mesmo grupo situadas em paraíso fiscal, para depois ser refeita a preço cheio no mercado internacional. Assim, o *mispricing* junto com o sistema de paraísos fiscais e de empresas laranja custa 60 bilhões de dólares anuais ao continente, segundo declarações de Kofi Annan. Mais do que a soma das ajudas e investimentos externos. Os fundos não-declarados apenas no Panamá envolvem mais de 250 mil empresas de todo o mundo.

O sistema é planetário, e o fato de estar solidamente imbricado no sistema financeiro internacional mostra a que ponto não se trata de uma atividade paralela, uma exceção às regras de comportamento financeiro, mas de um elemento estruturante fundamental de todo o processo produtivo moderno. Um dos maiores paraísos fiscais é um estado dos Estados Unidos (Delaware), as Ilhas Virgens Britânicas constituem de facto território britânico, Luxemburgo está no coração da União Europeia, a Suíça continua a desempenhar um papel de impacto mundial. As ilhas que imaginamos constituírem os paraísos fiscais na realidade são pontos de apoio que sustentam o conjunto da rede corporativa mundial.

Um estudo de Mark Peith e Joseph Stiglitz resume perfeitamente o que enfrentamos: "Cresce o consenso de que os paraísos fiscais – jurisdições que solapam as normas globais de transparência empresarial e financeira – representam um problema global por facilitarem tanto a lavagem de dinheiro quanto a evasão e elisão fiscais, contribuindo assim com o crime e níveis inaceitáveis de desigualdade global de riqueza." Este estudo é particularmente interessante por sistematizar os tipos de impacto, as iniciativas tomadas e o conjunto de acordos internacionais que desde a crise de 2008 tentam gerar uma base institucional para resgatar a transparência sobre os fluxos financeiros. Não há aqui muito mistério: "Em um mundo globalizado, se houver qualquer bolsão de sigilo, os recursos fluirão através desse bolsão."[30] (p.1)

A lógica da acumulação de capital mudou. Os recursos, que vêm em última instância do nosso bolso (os custos financeiros estão nos preços e nos juros que pagamos), não só não são reinvestidos produtivamente nas economias como sequer pagam impostos. Não se trata apenas da ilegalidade da evasão fiscal e da injustiça que gera a desigualdade. Em termos simplesmente econômicos, de lucro, reinvestimento, geração de empregos, consumo e mais lucros – o ciclo de reprodução do capital --, o sistema trava o desenvolvimento. É o capitalismo improdutivo.

---

[30] Stiglitz, Joseph and Mark Pieth – *Superando a Economia Paralela* – Friedrich Ebert Stiftung – Fevereiro de 2017. http://dowbor.org/blog/wp-content/uploads/2017/04/17-Stiglitz-Pieth-Paraisos-fiscais-33p.pdf A dimensão propriamente ilícita dos fluxos financeiros internacionais encontra-se no estudo do Banco Mundial, *Illicit Financial Flows,* April 2016 http://www.worldbank.org/en/topic/financialmarketintegrity/brief/illicit-financial-flows-iffs *"In the vast majority of cases involving high value financial crime, criminals or their accomplices will employ a legal entity (company or foundation) or arrangement (trust) to conceal their interest in the illegally acquired asset."* O Institute on Taxation and Economic Policy informa que os nove maiores bancos americanos pagaram apenas 18,6% de impostos entre 2008 e 2015. Os seis maiores administram 2.342 sucursais em paraísos fiscais (Bank of America, Citigroup, JPMorgan Chase, Goldman Sachs, Morgan Stanley, Wells Fargo): http://inequality.org/wp-content/uploads/2017/04/Republican-Tax-Giveaways-to-Wall-Street-April-11.pdf

Fonte: Ladislau Dowbor, Guia Ilustrado da Privatização da Democracia no Brasil, Vigência, 2016, p. 21

CAPÍTULO 7
O CONTROLE FINANCEIRO DAS *COMMODITIES*

A visão que herdamos é que o lucro se gera na empresa, que paga aos trabalhadores menos do que o valor obtido. Isto sem dúvida é verdadeiro, quer chamemos o valor obtido de lucro, de mais-valia ou, de maneira mais neutra, de excedente. Não há muito a acrescentar neste debate. O que pretendemos demonstrar é como este lucro se desloca na cadeia produtiva. Cada vez menos é o produtor – e aqui nos referimos ao trabalhador mas também ao empresário produtivo – que se apropria do resultado do valor agregado de um determinado produto, e cada vez mais quem o faz é o intermediário.

O gráfico na página a seguir mostra como se forma a cadeia de preços de um produto, o café, à medida que avançamos na cadeia produtiva, desde a produção do grão pelo agricultor, até o momento em que é transformado no café que tomamos. Os valores estão desatualizados, são de 2003, mas o que nos interessa aqui são as proporções de quem se apropria do excedente.

Custo do café desde o portão da fazenda, em Uganda, até a cafeteria, no Reino Unido (preço varia de US$ 0,14 a US$ 42)

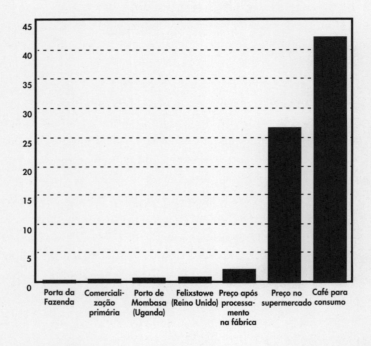

Fonte: UNDP, UNEP, WHO, UNESCO, IAASTD – Agriculture at a Crossroad - International Assessment of Agricultural Science and Technology for Development, New York, 2009: https://goo.gl/aBvFBm31

Veja a evolução do preço do café, da porta da fazenda em Uganda à porta do bar no Reino Unido: passa dos 14 centavos de dólar pagos a quem produziu até o equivalente de 42 dólares que pagamos no bar. Utilizamos o exemplo do café de Uganda para ilustrar uma tendência geral. Foi extraído de um excelente estu-

---

[31] *Link* original: http://www.unep.org/dewa/agassessment/reports/IAASTD/EN/Agriculture%20at%20a%20Crossroads_Synthesis%20Report%20%28English%29.pdf

do internacional, *Agriculture at a Crossroad*, sobre a aplicação de ciência e tecnologia à economia agrícola.[32]

É bom seguir a evolução das colunas que representam o valor atingido em cada etapa: porta da fazenda, comercialização primária, colocado no porto em Mombasa, colocado em Felixstowe no Reino Unido, custo do produto após processamento na fábrica, preço na prateleira do supermercado, e finalmente o preço sob forma de café para consumo. Nota-se antes de tudo a participação ridícula do produtor de café, que arca com o grosso do trabalho. Ao pegarmos as cinco primeiras etapas, vemos que para o conjunto dos agentes econômicos que podem ser considerados produtivos (produtor, serviço comercial primário, transporte, processamento) a participação no valor que o consumidor final paga ainda é muito pequena. O imenso salto se dá no preço na gôndola do supermercado, os Walmart ou equivalentes em qualquer país. E outro salto se dá no *"when made into coffee"*, ou seja, quando é servido sob forma de café. O gráfico fala por si. E os valores nas pontas, 14 centavos e 42 dólares, dão uma ideia da deformação da lógica de remuneração dos fatores e dos agentes econômicos, uma diferença de 1 para 300. Produzir rende pouco. O que rende é intermediar a produção dos outros.

Não há nada de muito novo nisto. Todos sabemos do peso dos atravessadores. O conceito foi inventado justamente para refletir a dimensão negativa dos intermediários dos processos produtivos que ganham não ajudando, mas colocando gargalos ou pedágios sobre o ciclo produtivo. O que se destaca hoje é a existência de um desequilíbrio muito forte entre os esforços

---

[32] IAASTD – *Agriculture at a Crossroad* - International Assessment of Agricultural Science and Technology for Development – UNDP, UNEP, WHO, UNESCO, New York, 2009 - http://www.unep.org/dewa/agassessment/reports/IAASTD/EN/Agriculture%20at%20a%20Crossroads_Synthesis%20Report%20%28English%29.pdf

que dedicamos ao estudo e divulgação da variação de preços no tempo, essencialmente a inflação, e o pouco que estudamos sobre a variação de preços dentro das cadeias produtivas. Isso aparece de vez em quando, como no *Globo Rural*, que apresentou produtores de tomate no Paraná que se recusavam a vender o produto ao preço de centavos por quilo (quatro reais por caixa de 30 quilos na época), sabendo quanto o consumidor pagaria na feira ou no supermercado.

O impacto econômico deste processo é simples: do lado do produtor, o lucro é insuficiente para desenvolver, ampliar ou aperfeiçoar a produção, e em consequência a oferta não se expande. Do lado do consumidor, o preço é muito elevado, o que faz com que o consumo também seja limitado. Quem ganha é o intermediário, com margens muito elevadas sobre um fluxo relativamente pequeno de produto. E os intermediários, cada vez mais, são imensas redes de comercialização que passam a ditar preços, com ganhos financeiros de oligopólio, economia de pedágio.

A lógica da desintermediação, naturalmente, é de se reduzir os lucros gerados no pedágio, redistribuindo esta apropriação do excedente entre o produtor, que poderá produzir mais e melhor, e o consumidor, sob forma de preço mais baixo, o que permitirá um consumo maior e a compra de mais produtos. O intermediário inclusive poderia ganhar menos sobre um volume maior, e voltaria a ter a sua parte do bolo sem prejudicar a cadeia produtiva.

De onde vem este poder do intermediário para travar o processo e maximizar o seu lucro? Outro gráfico do mesmo estudo ilustra bem a situação do pequeno produtor e do consumidor final frente ao "gargalo" dos grandes intermediários. Ele ajuda essencialmente a entender a dificuldade da agricultura em pequena escala, mas o argumento é válido para um leque muito amplo de atividades produtivas.

A Concentração do Mercado Oferece Menos Oportunidades para Pequenos Agricultores

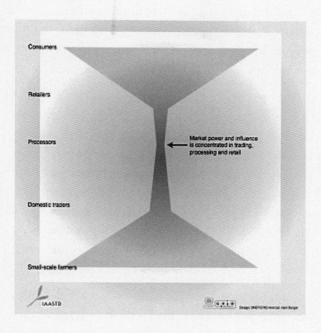

Fonte: UNDP, UNEP, WHO, UNESCO, IAASTD – Agriculture at a Crossroad - International Assessment of Agricultural Science and Technology for Development, New York, 2009: https://goo.gl/aBvFBm33

A ampla base na parte de baixo do gráfico, representando os agricultores (*small-scale farmers*), é constituída por muitos produtores (mais de quatro milhões no Brasil), dispersos e com pouca força. Forma-se depois um gargalo logo acima ao nível dos *traders* (comercialização primária) que se afina mais ainda no nível dos processadores do produto, mantendo-se muito con-

---

[33] *Link* original: http://www.unep.org/dewa/agassessment/reports/IAASTD/EN/Agriculture%20at%20a%20Crossroads_Synthesis%20Report%20%28English%29.pdf

centrado no nível dos retalhistas. No nível dos consumidores, a ampulheta se abre novamente de maneira radical, pois são milhões os consumidores, sem nenhuma força individual para influenciar os preços. Quando nós, consumidores do produto final, perguntamos por que o preço subiu, ouvimos que o produto "está vindo mais caro". Vindo mais caro de onde?

Este tipo de estudo, que apenas ocasionalmente aparece em alguns casos extremos, mostra onde surge efetivamente a inflação (é o momento de "salto" radical do preço) e, portanto, onde se trava também o desenvolvimento dos processos produtivos. Temos hoje inúmeras instituições que fazem um seguimento muito detalhado da inflação, inclusive porque é importante para o reajuste de aluguéis, de salários e assim por diante. Mas a análise sobre de onde vem a mudança do nível geral de preços busca os setores que se destacam, por exemplo, os alimentos, e não as variações de preços dentro de cada cadeia produtiva.

Praticamente ninguém estuda *onde* o preço está sendo aumentado, em que elo e em cada cadeia produtiva. Gráficos como esses dois que apresentamos aqui raramente são encontrados. Não são feitos de forma sistemática nem regular, no sentido de formar uma imagem da evolução desses custos no tempo. No entanto, todos os dados da composição de custos de cada produto existem, pois uma empresa precisa deles para definir o preço final de venda. O que precisamos fazer é um tipo de engenharia reversa, tomando um produto final, um medicamento, por exemplo, e ver a evolução dos custos em cada nível de transformação e intermediação.

Isto deixaria mais claro, também, o custo da intermediação financeira, que encarece muito o produto final e reduz a produtividade da cadeia nos processos produtivos. Além disso, permitiria estimular investimentos complementares nas áreas do gargalo, de forma a diversificar a oferta e reduzir o efeito de cartelização.

Seria um instrumento poderoso para o Conselho Administrativo de Defesa Econômico (CADE) identificar pontos de incidência para políticas antitruste e de defesa de mecanismos de mercado, melhorando a relação de força dos produtores frente aos intermediários, uma relação cada vez mais desequilibrada.

Não podemos manter uma situação em que todos sabemos do entrave representado pelos atravessadores de diversos tipos para a dinamização da produção e do consumo, mas ninguém produz informação adequada sobre como se constrói o preço final de cada produto. Não basta medir a inflação, temos de ver como se gera e quem a gera. Não é particularmente complexo comparar quanto vale no mercado atacadista o ácido ascórbico, a popular vitamina C, com o que pagamos na farmácia.

Em termos de dinamização do processo produtivo, em geral, trata-se de identificar os gargalos que geram lucros extraordinários sem agregação de valor correspondente. São os elos da cadeia produtiva que inflam os preços e travam a expansão do ciclo produtivo. Com grandes intermediários em número cada vez menor atravessando as principais cadeias produtivas, trazer um pouco de luz para a compreensão da formação da cadeia de preços seria fundamental.

As diversas instituições que hoje seguem a inflação com tanto detalhe poderiam, sem muita dificuldade, abrir uma janela de atividade promissora e prestar um bom serviço para a racionalização dos processos produtivos. Além disso, o processo de incorporação dos custos financeiros (altos juros pagos por produtores) na elevação dos preços precisa se tornar transparente. Olhar a cadeia de preços nos leva a identificar o gargalo, onde efetivamente se faz o dinheiro e se acumulam os lucros, sem comum medida com o esforço produtivo ou contribuição econômica. Em particular, tende a expor o valor apropriado por intermediários financeiros e comerciais sem contribuição produtiva proporcional. É o universo dos *commodity traders*.

Um dossiê organizado por Joshua Schneyer, divulgado pela *Reuters*, insuspeita de antipatia com sistemas especulativos, ajuda a entender o processo. "Para o pequeno clube de companhias que comercializam alimentos, combustíveis e metais que fazem o mundo funcionar, a última década tem sido sensacional. Estimulado pela subida do Brasil, da China e da Índia e outras economias em rápida expansão, o *boom* de *commodities* globais turbinou os lucros nas maiores empresas de intermediação. Formam um grupo fechado, cujos membros pouco regulados (*loosely regulated*) estão frequentemente baseados em paraísos fiscais como a Suíça. Juntos, valem mais de um trilhão de dólares em entradas anuais e controlam mais da metade das *commodities* livremente comercializadas. As cinco maiores renderam 629 bilhões de dólares no ano passado (2010), logo abaixo das cinco maiores corporações financeiras e mais do que as vendas agregadas dos principais *players* de tecnologia ou telecomunicações. Muitas acumulam posições especulativas valendo bilhões em matérias primas, ou estocam *commodities* em depósitos ou supertanqueiros durante períodos de oferta fraca".[34]

Como trabalham com bens físicos, os esforços de regulação da especulação financeira (como as propostas Dodd-Frank nos EUA e correspondentes na UE) não os atingem, o que significa que ninguém os regula. "Fora da área de *commodities*, muitos destes gigantes silenciosos, corretores dos bens básicos do mundo, são pouco conhecidos. O controle que exercem está se expandindo. As grandes firmas de *trading* são proprietárias de um número crescente de minas que produzem muitas das nossas *commodities*,

---

[34] Joshua Schneyer - *Commodity Traders: the Trillion Dollars Club* – http://dowbor.org/2013/09/joshua-schneyer-corrected-commodity-traders-the--trillion-dollar-club-setembro-201319p.html/ ou www.reuters.com/assets/print?aid=USTRE79R4S320111028

dos navios e dos dutos que as carregam, bem como dos depósitos, silos e portos onde são estocados. Com as suas conexões e informação interna – os mercados de *commodities* são basicamente livres das restrições de *insider-trading* – as empresas de *trading* se tornaram mediadoras de poder, especialmente nas economias em fase de rápido desenvolvimento da Ásia, América Latina e África".

A visão que temos, em grande parte fruto dos comentários desinformados ou interessados da imprensa econômica, é que as flutuações de preços das *commodities* resultam das variações da oferta e da demanda. Ou seja, mecanismos de mercado. Na realidade, não se pode imaginar que uma *commodity* com níveis tão amplos e equilibrados de produção e consumo como o petróleo sofra variações entre 17 e 148 dólares o barril em poucos anos, quando se trata sempre dos mesmos 95-100 milhões barris diários, com variações mínimas. É um comércio que lida com bens vitais para a economia mundial, mas cujos preços e fluxos resultam essencialmente de mecanismos de especulação econômica e de poder político.

O estudo de Schneyer cita o comentário de Chris Hinde, editor do *Mining Journal* de Londres: "A maior parte dos compradores de *commodities* no mundo são tomadores de preços (*price takers*). As maiores empresas de *trading* são formadoras de preços (*price makers*). Isto as coloca numa posição tremenda [de poder]".

O fato é que um conjunto de produtos que constituem o "sangue" da economia, como alimentos, minérios e energia, não são regulados nem por regras, nem por mecanismos de mercado. E muito menos por qualquer sistema de planejamento que pense os problemas de esgotamento de recursos ou de impactos ambientais. A regulação formal, por leis, acordos e semelhantes, não se dá antes de tudo porque se trata de um mercado mundial e não existe um governo mundial. Os países individualmente não têm como enfrentar o processo. Quando a Argentina quis restringir as exportações de grãos para priorizar a alimentação da própria população, caiu o mundo em cima dela, como se a produção de alimentos não devesse satisfazer prioritariamente as necessidades alimentares da população.

O caos gerado pode ser visto em números simples: o planeta produz dois bilhões de toneladas de grãos por ano, equivalente a cerca de um quilo por dia e por habitante, e ainda temos 800 milhões de pessoas passando fome. Temos aqui um vazio regulatório, onde as grandes corporações da intermediação navegam livremente. O impacto crítico é a deformação do acesso a bens essenciais como a alimentação, a energia e matérias primas.

A oligopolização significa que, na prática, além das cinco operadoras principais, poucas são as que têm importância sistêmica. Isto significa que estas corporações têm como definir os preços e manipular a oferta de maneira organizado. Chamam isto de "mercado" na imprensa, mas não se trata de mercado no sentido econômico, de livre jogo de oferta e procura. Na ausência de concorrência efetiva, os mecanismos de manipulação tornam-se prática corrente. Um exemplo: em 2010, a Glencore controlava 55% do comércio mundial de zinco e 36% do comércio de cobre. Naquele ano, Vitol e Trafigura venderam 8,1 milhões de barris de petróleo por dia, o equivalente às exportações de petróleo da Arábia Saudita e da Venezuela juntas. (Schneyer, p.2) Para a população em geral, inclusive a bem informada, a impressão é de que as variações de preço que atingem o nosso bolso são fruto de mecanismos imprevisíveis, e não de um grupo de corporações que simplesmente vêm buscar o dinheiro no nosso bolso. Quem vai culpar um mecanismo impessoal e anônimo?

Outro vetor de deformação é o segredo. As empresas gozam de pouca visibilidade mundial, apenas especialistas acompanham o que acontece neste pequeno clube. E ninguém tem autoridade formal para exigir os dados neste espaço globalizado. Dados necessários para dar visibilidade a práticas que seriam ilegais em qualquer país que tenha regulação contra manipulação do mercado, inclusive no Brasil. O resultado é a acumulação de imensas fortunas nas mãos de quem não produziu riqueza nenhuma, mas cobra pedágio sobre todas as transações significativas. O estudo detalha os principais grupos mundiais, nomes frequentemente pouco conhecidos, ainda que sejam *players* fundamentais da economia global. E o processo faz evidentemente parte das fantásticas fortunas, concentração de riqueza e desigualdade que analisamos no início.

Abaixo, alguns dados básicos sobre os principais grupos, com os nomes dos respectivos pesquisadores, sempre no relatório de Schneyer, com alguns dados complementares de outras fontes:

Vitol, fundada em 1996, sediada em Rotterdam e Genebra, negociou 195 bilhões de dólaresem 2010. Intermedeia petróleo, gás, carvão, metais, açúcar. "Navegam tão perto quanto podem do limite da legalidade" comenta um analista que pede anonimato. Forneceram clandestinamente combustível para os rebeldes da Líbia, o que lhes vale hoje uma posição de força, (Richard Mably). Informações mais recentes indicam faturamento de 313 bilhões de dólares em 2012 e controle pelo gigante financeiro americano **BlackRock**, de Nova York.

Glencore, fundada em 1974 por Marc Rich, um dos fundadores do sistema de pedágio mundial sobre *commodities*. Sediada também na Suíça, lida com metais, minerais, energia, produtos agrícolas. Negociou 145 bilhões de dólares em 2010. Rich foi processado nos EUA, mas recebeu o perdão do presidente Clinton. O sul-africano Ivan Glasenberg é o maior acionista, (Clara Ferreira Marques). Em 2012 o faturamento teria sido de 150 bilhões de dólares.

Cargill, fundada em 1865, empresa familiar, vendas de 108 bilhões de dólares em 2010, ramo de grãos, sementes, sal, fertilizantes, metais, energia. Uma cultura de confidencialidade e agressividade, com campanhas publicitárias para criar uma imagem amigável. Busca dominar novos mercados de plástico reciclável e produtos de baixo teor calórico para Kraft, Nestlé e Coca-Cola. Quando o governo da Ucrânia buscou privilegiar o consumo interno de grãos pela população, Cargill junto com Bunge e ADM, também americanas, "se puseram de acordo para realizar um esforço de relações públicas com o objetivo de criar um problema político para o governo da Ucrânia", o que exigiria "recrutar fazendeiros para que tomem um papel ativo". Só se soube porque as instruções para o embaixador americano foram vazadas pela Wikileaks. (Christine Stebbins).

ADM, ex-Archer Daniels Midland, fundada em 1902, comercializa grãos, sementes, cacau, no valor de 81 bilhões de dólares em 2010. "Entra milho de um lado, sai lucro do outro". Como companhia sediada nos EUA, tem sido submetida a numerosos processos de manipulação de preços e crimes ambientais, mas regularmente transformados em acordos financeiros (*settlements*). A folha corrida da empresa pode ser vista em *ADM settlements* no Google. (Karl Plume)

Gunvor, fundada em 1997 pelo sueco Tornqvist e pelo russo Timchenko, sediada em Genebra, negocia em petróleo, carvão, gás. Empresa fortemente alavancada pelo poder político russo. A empresa dá uma ideia da rapidez com que se ganha dinheiro nesta área: atingiu 80 bilhões de dólares em 2011, contra 5 bilhões de dólares em 2004. As relações políticas são essenciais neste ramo.

Trafigura, outra empresa sediada em Genebra onde o sigilo bancário permite tanto a evasão fiscal como fontes não declaradas de recursos, negocia petróleo, 79 bilhões de dólares em 2010. Fundada em 1993 por Marc Rich, que escapou da prisão nos EUA ao migrar para Europa. Ilegalidades numerosas não impediram a expansão da empresa, que se tornou a terceira maior empresa independente na intermediação de petróleo, e segunda na área de metais. Trabalha muito com *storage*, dispondo de enorme infraestrutura para estocar as *commodities* e alavancar preços, (Dmitry Zhdannikov e Ikuko Kurahone). Em 2012 o faturamento teria sido de 124 bilhões de dólares. Em 2013, a Trafigura comprou o porto do Sudeste em Itaguaí (RJ), em parceria com o fundo de investimentos Mubadala Development.[35]

Mercuria, fundada em 2004, muito nova mas já uma das cinco maiores *traders* de energia, faturou 75 bilhões de dólares em 2011. Sede naturalmente em Genebra. A empresa é dona de minas e campos de petróleo em numerosos países. Levantaram o seu capital a partir de Jankielewicz e Smolokowski, J+S Group, que deve sua fortuna à intermediação de petróleo russo para a Polônia. (Christopher Johnson)

Noble Group, trabalha com açúcar, carvão e petróleo e grãos. Faturou 57 bilhões de dólares em 2010. Foi fundado em 1986 pelo britânico Richard Elman, sediado em Cingapura, outro paraíso fiscal, com forte perfil de intermediação de *commodities* com a China e Hong Kong. (Luke Pachymuthu)

Louis Dreyfus, empresa familiar antiga (1851) hoje nas mãos de Margarita Louis-Dreyfus, pega tudo, desde trigo a suco de laranja, no valor da ordem de 46 bilhões de dólares (2010). A proprietária diz que é para manter o nome da família, e do Olympique de Marseille. Tudo na empresa é segredo. (Gus Trompiz, Jean-François Rosnoblet)

Bunge, fundada pelo holandês Johann Bunge em 1818, negocia 46 bilhões de dólares (2010) em grãos, oleaginosas, açúcar, grande intermediário do agronegócio do Brasil e da Argentina para alimentação de porcos e outros animais na China. O CEO é o brasileiro Alberto Weisser. Processada por 300 milhões de dólares de evasão

---

[35] *Carta Capital*, 9 de outubro de 2013, p. 33

fiscal na Argentina. Maior processador mundial de oleaginosas. Faturamento em 2012 de 50 bilhões de dólares. Muito forte no Brasil.

Wilmar International, fundada em 1991, sede em Cingapura (outro paraíso fiscal), negocia 30 bilhões de dólares em 2010, dirigida por Kuok Khoon Hong, 20% do mercado da soja na China, integração vertical de toda cadeia produtiva, do plantio à comercialização final, passando por refino, engarrafamento, transporte etc. Muito peso no óleo de palma. Fortalecendo posição no mercado de açúcar no Brasil. (Harry Suhartono e Naveen Thakral)

Arcadia, fundada em 1988 pela Mitsui japonesa, é propriedade de John Fredriksen, negocia o que a *Reuters* estima serem 29 bilhões de dólares (2010) em petróleo. Processada por manipulação de preços de petróleo em 2008, estocando gigantescas quantidades de produto para criar aparência de crise de abastecimento e lucrar no mercado de derivativos. Fredriksen abandonou a nacionalidade norueguesa em 2006, pela de Chipre, onde se paga menos impostos. Wikileaks e Reuters divulgaram manipulações políticas no Yemen e na Nigéria.

O gigante **BlackRock,** que vimos antes, é um caso em si. De acordo com *The Economist* a plataforma financeira gere quase 7% dos 225 trilhões de dólares em ativos financeiros no mundo.[36] Articula inúmeros outros grupos também do *"shadow banking"*, bancos-sombra não submetidos ao controle que teoricamente pelo menos os bancos deveriam respeitar.

O que vemos neste pequeno levantamento de uma dúzia de grupos? Primeiro, evidentemente, o imenso poder de um número tão restrito de corporações que controlam o sangue da economia mundial, sob forma de grãos, petróleo, minérios, energia, sistemas de transporte, com a infraestrutura financeira

---

[36] *The Economist – Briefing BlackRock – the Monolith and the Markets* – 7 de dezembro, 2013, pp.24-26

correspondente e o gigantesco sistema especulativo complementar dos derivativos. Não se trata de "mercado" no sentido de livre mercado, cada um concorrendo para servir melhor (a chamada competitividade), mas sim de sistemas de pedágio onde os usuários finais das *commodities* têm pouco a dizer, e os países de origem dessas *commodities* menos ainda. Derrubar um ministro ou até um governo não é aqui nenhuma novidade.

Importante constatarmos a preferência desses grupos por sedes em paraísos fiscais. Eles ganham dinheiro intermediando o que, em geral, não produzem, manipulando os preços para que paguemos mais caro. O preço, nós consumidores finais vamos encontrar embutido ou incorporado nos produtos de prateleira. Além disso, são todos suficientemente internacionais para se beneficiarem dos paraísos fiscais onde não pagam impostos. De certa maneira, é lucro líquido. Eles tampouco investem no sentido de investir em produção, essencialmente fazem e gerem aplicações financeiras e transações comerciais.

Constata-se igualmente a que ponto grande parte destes grupos são recentes. Há algumas muito antigas como a Cargill ou a Bunge, mas mesmo elas se reconverteram para processos especulativos em gigantesca escala. De forma geral, boas relações, e um fortíssimo apoio político e militar quando necessário, permitem saltos como por exemplo da Guvnor que, em sete anos, subiu seu faturamento de 5 bilhões de dólares para 80 bilhões de dólares. Um processo muito atual e evidente de oligopolização do sistema de acesso às matérias primas essenciais do planeta.

Nota-se, também, um deslocamento geopolítico significativo, com forte expansão da presença russa e em particular chinesa, podendo-se dizer que há um peso crescente da Ásia. Os novos atores entram, portanto, na lógica tradicional de comportamento especulativo, de manipulação de mercados e de truculência política, ajudando a conformar um poder encastelado de acesso às matérias primas que alimentam as cadeias produtivas de praticamente todas as áreas econômicas. Como já vimos anteriormente, esses grandes grupos mundiais estão simplesmente acima de qualquer sistema jurídico. A sua dimensão transnacional lhes permite migrar a sua sede legal conforme as pressões.

Os grandes sistemas de intermediação em geral não têm muito interesse nos produtos em si. Estão interessados essencialmente nas flutuações de mercado no tempo e no espaço, inclusive na provocação e aproveitamento destas flutuações. Ou seja, a dimensão financeira das suas atividades é essencial.

Os mecanismos de suporte de que dispõem consistem essencialmente nos paraísos fiscais, nos derivativos e em particular os mercados de futuros. Também, naturalmente, no apoio político dos países mais interessados como Estados Unidos e Inglaterra. De certa maneira, os gigantes da intermediação financeira e os da intermediação comercial são a mão e a luva do processo, ainda que cada um tente maximizar naturalmente o seu pedaço do bolo.

Apoiado nos paraísos fiscais que vimos anteriormente, o sistema de derivativos coroa o processo. É importante constatar que o volume de transações especulativas é incomparavelmente superior ao volume de transações reais. O petróleo de um navio tipicamente mudará de mãos dezenas de vezes durante um dia, negociado por grupos que não têm o mínimo interesse no petróleo, e sim no jogo sobre variações de preços.

Os derivativos emitidos (*outstanding derivatives*) na segunda metade de 2012 eram da ordem de 633 trilhões de dólares, nove vezes o PIB mundial total. [37] No momento de finalização da presente revisão do texto, em fevereiro de 2017, atingiam

---

[37] *"The Over-the-counter (OTC) derivatives market shrank slightly in the second half of 2012. The notional principal of outstanding contracts fell by 1% to $633*

544 trilhões. O gráfico abaixo, apenas ilustrativo, mostra a impressionante dança dos preços das *commodities*, enquanto a sua produção e consumo são essencialmente estáveis.

Preço das Commodities

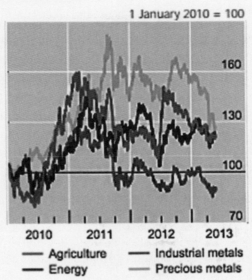

Fonte: S&P Goldman Sachs Commodity Indices (GSCI). Sources: Bloomberg; Citigroup; Consensus Economics; Datastream http://www.bis.org/publ/qtrpdf/r_qt1306.pdf

Isto atinge diretamente tanto produtores como consumidores de *commodities*, ao gerar uma imensa instabilidade nos preços nas duas pontas. A especulação lucra justamente nesta instabilidade. Um país que depende da exportação de grãos para importar o petróleo de que necessita precisa ter certas garantias de poder abastecer o seu mercado interno. O mercado de futuros, segmento dos derivativos, garante-lhe um preço determinado de

---

trillion," BIS *Quarterly Review*, June 2013, International banking and financial market developments – p. 19 http://www.bis.org/publ/qtrpdf/r_qt1306.pdf

venda dos seus grãos, o mesmo ocorrendo com opções de compra sobre o petróleo. Assim o país passa a saber a que preço venderá as suas *commodities* (por exemplo grãos) e quanto pagará pelo petróleo que precisará importar. O risco das variações é assumido pelo *trader*, que garante venda ou compra datadas, mas exige um sobrepreço.

O sistema é frequentemente justificado como tendo um impacto de estabilização, mas na realidade os *traders* passam a ter todo interesse em provocar a dança dos preços, que lhes permite aumentar os prêmios de risco. A imensa capacidade de estocagem de que dispõem destina-se justamente a poder manipular os preços. Para os intermediários, as flutuações são um fator de lucro, e permitem-lhes cobrar pedágios cada vez mais elevados sobre a produção e consumo, sem precisar produzir nada.[38]

É importante mencionar que Wall Street e outros centros de especulação sempre buscaram justificações acadêmicas para estes desmandos. Grande parte da fama de Milton Friedman se deve à aura de respeitabilidade científica que suas opiniões conferiam às atividades especulativas. Esta ponte entre as grandes instituições científicas e o mundo da especulação encontra-se, por exemplo, descrita pelo *New York Times*, que cita uma série de professores de universidades financiados pelos grupos financeiros, inclusive o grupo Trafigura visto acima, e cujos trabalhos recebem ampla divulgação na mídia em geral, indo ao ponto de sustentar que as atividades especulativas ajudam a estabilizar os preços.[39]

---

[38] *BIS Quarterly Review*, June 2013 - http://www.bis.org/publ/qtrpdf/r_qt1306.pdf. Veja também: https://www.youtube.com/watch?v=rpM9XxJ-vo4

[39] David Kocieniewski, *New York Times* http://www.nytimes.com/2013/12/28/business/academics-who-defend-wall-st-reap-reward.html. Resenha do artigo, em português, em *Carta Maior*
http://www.cartamaior.com.br/?/Editoria/Economia/Especuladores-recompensam-quem-os-defenda-no-meio-academico/7/29897

Na medida em que o sistema de formação de preços, em um conjunto de áreas estratégicas, passa a obedecer a manipulações especulativas induzidas, em detrimento de mecanismos tradicionais de oferta e procura, torna-se importante adotar a análise estatística das cadeias de preços. Os dados irão refletir onde efetivamente se dão as alterações, tanto em termos de lucros excessivos por quem não produz, como em termos de núcleos geradores de inflação e de movimentos procíclicos que desequilibram a economia mundial e travam as capacidades de organização econômica no âmbito das nações.

∽

O eixo essencial da mudança é o deslocamento do lucro e do poder econômico e financeiro dos produtores – os capitalistas no sentido do século fabril passado – para os intermediários, cobradores de pedágio de diversos tipos. Trata-se dos intermediários financeiros, de *commodities* e de sistemas de comunicação. O lucro de verdade, o grande lucro, se gera na economia imaterial.

Voltando à análise de Vitali, do ETH, torna-se mais evidente o mecanismo pelo qual, entre os 147 grupos que controlam 40% do mundo corporativo, há tal predominância de grupos financeiros, da ordem de 75%. Esta visão desloca naturalmente o raciocínio sobre a estrutura do poder corporativo. Uma coisa é o faturamento de cada grupo. Outra é o controle em rede, a partir de cada grupo, sobre um conjunto de outras atividades por meio de controle financeiro e acionário, como vimos anteriormente. Ao incluir o controle – as formas indiretas que determinado grupo tem de influenciar o uso de recursos de outros grupos – a pesquisa constatou que a concentração de poder é dez vezes superior ao que faria supor o simples faturamento de cada grupo.[40]

O poder dos intermediários tornou-se planetário. São poucos grupos sistemicamente significativos e a manipulação de preços se torna perfeitamente factível.[41] No conjunto, não se trata mais de avaliar apenas o impacto da concentração de riquezas em poucas mãos na sua dimensão ética, e sim de entender o grau de erosão dos mecanismos de mercado que se imaginava que gerassem equilíbrios por meio da concorrência. Aqui estamos claramente evoluindo para o que em outros trabalhos temos chamado de "economia de pedágio", onde os maiores prejudicados são os produtores de um lado, e os consumidores de outro. Trata-se realmente de uma nova arquitetura de poder.[42]

Essa extrema concentração do poder financeiro em poucas mãos se dá de forma muito capilarizada. A partir de uma densa rede articulada e *online*, cobre-se milhões de pontos de captação de recursos, em todas as partes do mundo, por meio de coisas simples, como a taxa de juros cobrada numa agência de banco numa cidade do interior do Brasil ou da Índia; nas tarifas que pagamos em cada uso do cartão de crédito; nos sobrepreços que pagamos sobre produtos que envolvem *commodities* (quase todos); na falta de controle sobre os impactos sociais, ambientais ou até de respeito aos direitos humanos que geram custos

---

[40] Vitali (et al.): *"This means that network control is much more unequally distributed than wealth. In particular, the top ranked actors hold a control ten times bigger than what could be expected based on their wealth".*(p.6) - http://arxiv.org/pdf/1107.5728.pdf

[41] *"What are the implications for market competition? Since many TNCs in the core have overlapping domains of activity, the fact that they are connected by ownership relations could facilitate the formation of blocs, which would hamper market competition".* (Vitali, ETH, p.7)

[42] Sobre a economia do pedágio, ver Dowbor, *A Reprodução Social,* Ed. Vozes, Petrópolis 2003

assumidos pela sociedade (as chamadas "externalidades", veja-se o exemplo da Samarco em Mariana, Minas Gerais). A "grande economia" dispõe, com as tecnologias modernas e o dinheiro eletrônico representado por sinais magnéticos, de fios dentro do bolso de cada um de nós. Tornou-se um mecanismo sistêmico de extração de mais-valia.

O fato de os oligopólios poderem se referir a si mesmos como "os mercados", ao mesmo tempo em que justamente não precisam se submeter a nenhum mercado, gera esta aparência de ausência de poder, ou de um poder abstrato, justamente "os mercados". Mas quando se diz que "os mercados estão nervosos", significa em geral que meia dúzia de especuladores estão insatisfeitos.

A liberdade de ação deste poder, porém, envolve a quebra de qualquer tentativa de regulação do sistema que, nos "trinta anos de ouro" (entre 1945 e 1975), assegurou um razoável equilíbrio entre o mundo empresarial, o Estado e a sociedade civil. Nas últimas décadas, o que se observa é uma poderosa ofensiva no sentido da captura dos sistemas políticos que poderiam apresentar um contrapeso: os governos, o Judiciário, a mídia, os organismos internacionais, as organizações da sociedade civil, a opinião pública.

Manipular as regras do jogo era um passo. Um segundo passo é a apropriação das próprias instituições que definem as regras do jogo. Mudar a lei pode ser muito mais eficiente do que contorná-la. E quando quem já é mais forte passa a ser o dono da caneta, tudo é possível.

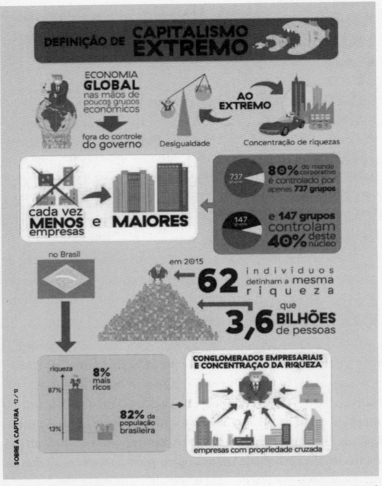

Fonte: Ladislau Dowbor, Guia Ilustrado da Privatização da Democracia no Brasil, Vigência, 2016, p. 10

CAPÍTULO 8
A CAPTURA DO PODER POLÍTICO

Olhar o Século XXI pelas lentes do século passado não ajuda. Quando pensamos o mundo da economia, ainda pensamos em interesses econômicos e mecanismos de mercado. A política, o poder formal, os impostos e o setor público em geral representariam outra dimensão. Não é nova a ruptura destas fronteiras, pois temos ampla tradição de penetração dos interesses de grupos econômicos privados na esfera pública. O que é novo é a escala, a profundidade e o grau de organização do processo. Belluzzo e Galípoli resumem numa boa frase a transformação: "Hoje é a lógica da finança globalizada que delimita o território ocupado pelas opções da política democrática". [43]

O que já foram deformações fragmentadas, penetrações pontuais através de *lobbies*, de corrupção e de "portas-giratórias" entre o setor privado e o setor público se avolumou e, por osmose, está se transformando em poder político articulado. O interesse público aflora apenas por momentos e segundo esforços prodigiosos de manifestações populares, de frágeis artigos na mídia alternativa, de um ou outro político independente, de protestos de organizações da sociedade civil.

O poder corporativo tornou-se sistêmico, capturando uma a uma as diversas dimensões de expressão e exercício de poder, e gerando uma nova dinâmica, ou uma nova arquitetura do poder realmente existente.

---

[43] Luiz Gonzaga Belluzzo e Gabriel Galípoli – *Manda Quem Pode, Obedece Quem Tem Prejuízo* – FACAMP, Contracorrrente, São Paulo 2017, p. 183

Expansão dos *lobbies* tradicionais

Uma forma de captura do poder é a própria expansão dos tradicionais *lobbies*. A Google, por exemplo, tem hoje oito empresas de *lobby* contratadas apenas na Europa, além de financiamento direto de parlamentares e de membros da Comissão da UE. É provável que tenha de pagar seis bilhões de euros por ilegalidades cometidas na Europa. Os gastos da Google nesta área já se aproximam dos da Microsoft. Google mobilizou congressistas americanos para pressionarem a comissão conforme relata reportagem em *The Guardian*: "O esforço coordenado por senadores e membros do Congresso, bem como de um comitê de congressistas, fez parte de um esforço sofisticado, com muitos milhões de libras em Bruxelas, com que a Google montou a ofensiva para travar as resistências à sua dominação na Europa".[44] O dinheiro e a pressão das corporações hoje penetram por toda parte.

Financiamento direto de campanhas políticas e do bolso dos eleitos

Enquanto os *lobbies* ainda podem ser apresentados como formas externas de pressão, muito mais importante é o financiamento direto de campanhas políticas, através de partidos ou investindo diretamente nos candidatos. No Brasil, a lei promulgada em 1997 autorizou as empresas a financiar candidatos, com impactos desastrosos em particular no comportamento de parlamentares, que passaram a formar bancadas corporativas.[45] Em

---

[44] *The Guardian, Revealed: How Google Enlisted Members of the US Congress* http://www.theguardian.com/world/2015/dec/17 google-lobbyists-congress-antitrust-brussels-eu

[45] O financiamento está baseado na Lei 9504, de 1997 *"'As doações podem ser provenientes de recursos próprios (do candidato); de pessoas físicas, com limite de 10% do valor que declarou de patrimônio no ano anterior no Imposto de Renda; e de pessoas jurídicas, com limite de 2%, correspondente [à declaração] ao ano*

2010, os Estados Unidos seguiram o mesmo caminho, levando a que hoje os americanos comentem que "temos o melhor Congresso que o dinheiro pode comprar".

No Brasil, finalmente, o STF decretou a ilegalidade da prática, válida nas últimas eleições de 2016. Mas ainda temos uma bancada ruralista, além da grande mídia, das empreiteiras, dos bancos, das montadoras e se conta nos dedos os representantes do cidadão. A perda da representatividade do Congresso tende a ser vista com certa resignação ou até com cinismo. Mas se pensarmos um pouco, trata-se de uma dramática deformação de todo o sistema político. A Constituição de 1988, em movimento pendular depois das décadas de ditadura, reafirmou direitos polí-

---

anterior', explicou o juiz Marco Antônio Martin Vargas, assessor da Presidência do Tribunal Regional Eleitoral (TRE) de São Paulo." – *Revista Exame*, 08 de junho, 2010, Elaine Patrícia da Cruz, *Entenda o financiamento de Campanha no Brasil*. O Congresso que decretou o *impeachment* presidencial em 2016 foi eleito sobre a base de um sistema hoje declarado inconstitucional.

ticos e princípios democráticos, mas nem sequer a Constituição sobreviveu aos ataques dos grupos corporativos no Congresso.

As sucessivas propostas de emendas constitucionais geraram o monstro deformado atual, com congelamento dos gastos públicos, liberalização do sistema financeiro, deformação da Previdência e assim por diante. O truncamento do Código Florestal e consequente retomada da destruição da Amazônia, o bloqueio da taxação de transações financeiras e tantas outras medidas, ou a ausência delas, como é o caso da imposição sobre fortunas ou capital improdutivo, resultam desta nova relação de forças que um Congresso literalmente comprado permite. O ataque generalizado às políticas sociais, entre outros, provocou em pouco tempo um retrocesso generalizado no país.

Captura da área jurídica e a geração de um sistema jurídico paralelo

Já mencionamos antes a captura da área jurídica, que adquiriu imensa importância e se dá por várias formas. Foi notória a tentativa dos grandes bancos brasileiros, por meio de financiamentos de diversos tipos, de colocar as atividades financeiras fora do alcance do PROCON e de outras instâncias de defesa do consumidor. Nos Estados Unidos, um juiz de uma comarca americana decidiu colocar a Argentina na ilegalidade no quadro dos chamados "fundos abutres", pondo-se claramente a serviço da legalização da especulação financeira internacional, e acima da legislação de outro país.[46]

---

[46] Uma explicação sintética desta operação, que permitiu ao juiz Thomas Griesa nos EUA levar o caos na negociação da dívida argentina, pode ser encontrada em Michael Hudson, *Killing the Host*, p. 347 e ss. A renegociação da dívida não é um calote, faz parte do *"write-down"* que constitui uma prática legal de revisão de uma dívida impagável. O *write-down*, aliás, deveria ser legalizado para um conjunto de dívidas privadas no Brasil, baseadas em agiotagem.

Como vimos, uma forma particularmente perniciosa de captura do Judiciário se deu através dos *"settlements"*, acordos pelos quais as corporações pagam uma multa mas não precisam reconhecer a culpa, evitando assim que os administradores sejam criminalmente responsabilizados. Assim os administradores corporativos e financiadores ficam tranquilos em termos de eventuais condenações. Joseph Stiglitz comenta: "Observamos repetidas vezes que nenhum dos responsáveis encarregados dos grandes bancos que levaram o mundo à borda da ruína foi considerado responsável (*accountable*) dos seus malfeitos. Como pode ser que ninguém seja responsável? Especialmente quando houve malfeitos da magnitude dos que ocorreram nos anos recentes?"[47]

Elizabeth Warren, senadora americana, traz no seu estudo sobre *Rigged Justice* uma excelente descrição dos mecanismos, com nomes das empresas e exemplos de crimes financeiros nas áreas de empréstimos estudantis, de seguro dos automóveis, de segurança no trabalho, do meio ambiente, do comércio, de manufatura de medicamentos e outros.[48]

A desresponsabilização é hoje generalizada e abre uma porta paralela de financiamento de governos graças às ilegalidades. George Monbiot chama isto de "um sistema privatizado de justiça para as corporações globais" e considera que "a democracia é impossível nestas circunstâncias".[49] (p.252)

---

[47] Joseph Stiglitz – *On Defending Human Rights* – Genebra, 3 de dezembro, 2013 http://www.ohchr.org/Documents/Issues/Business/ForumSession2/Statements/JosephStiglitz.doc

[48] Warren, Elizabeth – *Rigged Justice* – Jan. 2016, 16 p. http://www.warren.senate.gov/files/documents/Rigged_Justice_2016.pdf and *New York Times* 29 de janeiro, 2016 http://www.nytimes.com/2016/01/29/opinion/elizabeth-warren-one-way-to-rebuild-our-institutions.html?_r=0

[49] Monbiot, George – *A Global Ban on Leftwing Politics"*, in *How Did We Get into this Mess*, Verso, London, New York, 2016 - http://www.monbiot.com/2013/11/04/a-global-ban-on-left-wing-politics/

Controle da informação

Outro eixo poderoso de captura do espaço político se dá por meio do controle organizado da informação, construindo uma fábrica de consensos sobre a qual Noam Chomsky nos trouxe análises preciosas.[50] O alcance planetário dos meios de comunicação de massa e a expansão de gigantes corporativos de produção de consensos permitiram, por exemplo, que se atrasasse em décadas a compreensão popular do vínculo entre o fumo e o câncer, que se travasse nos Estados Unidos a expansão do sistema público de saúde, que se vendesse ao mundo a guerra pelo controle do petróleo como uma luta para libertar a população iraquiana da ditadura e para proteger o mundo de armas de destruição em massa. A escala das mistificações é impressionante.

Ofensiva semelhante em escala mundial, e em particular nos EUA, foi organizada para vender ao mundo não a ausência da mudança climática – os dados são demasiado fortes – mas a suposição de que "há controvérsias", adiando ou travando a inevitável mudança da matriz energética.

James Hoggan realizou uma pesquisa interessante sobre como funciona essa indústria. A articulação é poderosa, envolvendo os *think tanks,* instituições conservadoras como o George C. Marshall Institute, o American Enterprise Institute (AEI), o Information Council for Environment (ICE), o Fraser Institute, o Competitive Enterprise Institute (CEI), o Heartland Institute, e evidentemente o American Petroleum Institute (API) e o American Coalition for Clean Coal Electricity (ACCCE), além do Hawthorne Group e tantos outros. A ExxonMobil e a Koch Industries são poderosos financiadores, esta última aliás grande articuladora do Tea Party e da candidatura Trump. Sempre pe-

---

[50] Ver em particular o documentário *Chomsky&Cia*, legendado em português, https://www.youtube.com/watch?v=IHSe9FRGpJU

tróleo, carvão, produtores de carros e de armas, muita finança, muitos republicanos e a direita religiosa.[51]

Campanhas deste gênero são veiculadas por gigantes da mídia. No âmbito mundial, Rupert Murdoch assumiu tranquilamente ter sido o responsável pela ascensão e suporte a Margareth Thatcher nos anos 1980. Ele financiou um sistema de escutas telefônicas em grande escala na Grã-Bretanha e ainda usa a Fox para sustentar um clima de ódio de direita, sem receber mais que um tapinha nas mãos quando se revelam as ilegalidades que pratica.

No Brasil, 97% dos domicílios têm televisão, que ocupa três a quatro horas do nosso dia e está presente nas salas de espera, nos meios de transporte, um incessante bombardeio que parte de alguns poucos grupos. Com controle da nossa visão de mundo essencialmente por quatro grupos privados – os Marinho, Civita, Frias e Mesquita – o próprio conceito de imprensa livre se torna surrealista. Os impactos na Argentina, no Chile, na Venezuela e outros países são impressionantes em termos de promoção das visões mais retrógradas e de geração de clima de ódio social.

A vinculação da dimensão midiática entre o poder e o sistema corporativo mundial é em grande parte indireta, mas muito importante. As campanhas de publicidade veiculadas empurram incessantemente comportamentos e atitudes centrados no consumo obsessivo dos produtos das grandes corporações. Isto amarra a mídia de duas formas: primeiro, porque pode-se dar más notícias sobre o governo, mas nunca sobre as empresas,

---

[51] James Hoggan – *The Climate Cover-up: the Cruzade to Deny Global Warming* – ver http://dowbor.org/2009/12/climate-cover-up-the-cruzade-to-deny-global-warming-2.html/ ; sobre os financiadores, ver http://dowbor.org/2010/04/petroleira-dos-eua-deu-us-50-mi-a-ceticos-do-clima-6.html/ ; ver também o ver artigo de Jane Mayer *The Dark Money of the Koch Brothers*, 2016, http://www.truth-out.org/news/item/35450-the-dark-money-of-the-koch-brothers-is-the-tip-of-a-fully-integrated-network

mesmo quando entopem os alimentos de agrotóxicos, deturpam a função dos medicamentos ou nos vendem produtos associados com a destruição da floresta amazônica.

Segundo, como a publicidade é remunerada em função de pontos de audiência, a apresentação de um mundo cor-de-rosa de um lado, e de crimes e perseguições policiais de outro, tudo para atrair a atenção pontual e fragmentada, torna-se essencial, criando uma população desinformada ou assustada, mas sobretudo obcecada com o consumo, o que remunera com nosso dinheiro as corporações que financiam estes programas. O círculo se fecha, e o resultado é uma sociedade desinformada e consumista. A publicidade, o tipo de programas e de informação, o consumismo e o interesse das corporações passam a formar um universo articulado e coerente, ainda que desastroso em termos de funcionamento democrático da sociedade.[52] (p.217)

Controle do ensino e das publicações acadêmicas

Além dos *think tanks* e do controle da mídia, o controle das próprias visões acadêmicas avançou radicalmente nas últimas décadas, por meio dos financiamentos corporativos diretos e, em particular, pelo controle das publicações científicas. Em muitos países, e particularmente no Brasil, as universidades privadas passaram a ser propriedade de grupos transnacionais que trazem a visão corporativa no seu bojo. A dinâmica é particularmente sensível nos estudos de economia. Helena Ribeiro traz um exemplo desta deformação profunda do ensino na universidade Notre Dame de Nova Iorque, onde, dado que corria o ano de 2009 e o mundo financeiro estava a colapsar aos olhos de todos,

---

[52] Ver o curto e excelente comentário de George Monbiot, *How Did We Get Into this Mess,* no livro do mesmo nome - Verso, London/New York, http://www.monbiot.com/2007/08/28/how-did-we-get-into-this-mess/

os alunos pensaram que este seria um excelente tema para ser debatido na aula de macroeconomia. A resposta do professor: "Os estudantes foram laconicamente informados que o tema não constava do conteúdo programático da disciplina, nem era mencionado na bibliografia proposta e que, por isso, o professor não pretendia divergir da aula que estava planejada. E foi o que fez". (*Jornal dos Negócios*, 2013)

O artigo de Ribeiro mostra as dimensões desta deformação, mas também os protestos dos alunos e a multiplicação de centros alternativos de pesquisa econômica, como o New Economics Foundation, a Young Economists Network, o Institute of New Economics Thinking e numerosas outras instituições.[53]

Menos percebida mas igualmente importante é a oligopolização do controle das publicações científicas no mundo. Segundo estudo canadense, *The Oligopoly of Academic Publishers in the Digital Era,* "nas disciplinas das ciências sociais, que incluem especialidades tais como sociologia, economia, antropologia, ciências políticas e estudos urbanos, o processo é impressionante: enquanto os cinco maiores editores eram responsáveis por 15% dos artigos em 1995, este valor atingiu 66% em 2013." Temos aqui o domínio impressionante de grupos mundiais como Reed-Elsevier, Springer, Wiley-Blackwell, e poucos mais. (Larivière, 2015)[54]

O embate aqui é grande: inúmeros pesquisadores estão fugindo do cartel de publicações científicas com fins lucrativos, e publicando

---

[53] Helena Ribeiro – *Os Protestos nas Universidades por um Novo Ensino da Economia* – Jornal dos Negócios, Lisboa, dezembro de 2013 - http://dowbor. org/2013/12/helena-oliveira-o-protesto-nas-universidades-por-um-no-ensino- -da-economia-dezembro-2013-3p.html/

[54] V. Larivière, S. Haustein e P. Mongeon – *The Oligopoly of Academic Publishers in the Digital Era* – PlosOne, 2015, http://dowbor.org/2016/02/ the-oligopoly-of-academic-publishers-in-the-digital-era-vincent-lariviere-ste- fanie-haustein-philippe-mongeon-published-june-10-2015-15p.html/

gratuitamente *online*, no arXiv, PlosOne e outros. O MIT, hoje um dos principais centros de pesquisa do mundo, disponibiliza as suas publicações e pesquisas gratuitamente por meio do OCW (*Open Course Ware*). Os sistemas de Recursos Educacionais Abertos e outros estão se multiplicando, inclusive na China (*CORE – China Open Resources for Education*). Nos EUA já são mais de 15 mil cientistas que se recusam a publicar com a Elsevier e outros grupos do oligopólio. No Brasil o próprio sistema de pontuação dos professores e das instituições acadêmicas privilegia quem publica no oligopólio.

The Economist, tão solidamente defensor dos interesses privados, se insurge: "Em 2011, Elsevier, o maior editor de revistas acadêmicas, teve um lucro de 1,2 bilhão de dólares sobre vendas de 3,3 bilhões de dólares. Tais margens de lucro (37%, contra 36% em 2010) são possíveis porque o conteúdo das revistas é amplamente fornecido de graça pelos pesquisadores, e os acadêmicos que fazem o *peer-review* dos artigos são normalmente voluntários não pagos... O objetivo das publicações acadêmicas é de tornar o que há de melhor em pesquisa amplamente disponível. Muitas terminaram fazendo o oposto. Já é tempo que isso mude."[55]

Essencial para nós, neste ponto, é que o próprio controle corporativo das publicações acadêmicas favorece a massa de pseudopesquisas de interesse das próprias corporações, como se viu em inúmeros casos de publicações minimizando os impactos da relação entre fumo e câncer, o impacto dos neonicotinóides, as mudanças climáticas, as causas da obesidade e semelhantes. Os estudos de David Miller mostram como a própria pesquisa científica é em grande parte financiada e apropriada: "No mundo

---

[55] Sobre esta guerra de controle das publicações científicas, ver Dowbor, 2011 - http://dowbor.org/2011/08/o-professor-frente-a-propriedade-intelectual-7. html/ ; o *The Economist*, numa reviravolta impressionante, passou a atacar com força o sistema que trava a expansão da ciência em nome de proteger a sua qualidade, veja http://dowbor.org/2012/04/o-questionavel-mercado-das-revistas-academicas.html/

corporativo, administrar a ciência é simplesmente uma parte de estratégias mais amplas para influenciar as políticas governamentais de maneira a proteger os lucros. Fabricar a controvérsia científica, em outras palavras, faz parte do *lobbying*."[56]

Erosão da privacidade: o controle direto das pessoas

A este conjunto de mecanismos de captura do poder temos de acrescentar a erosão radical da privacidade nas últimas décadas. Hoje, o sangue da nossa vida trafega em meios magnéticos, deixando rastros de tudo que compramos ou lemos, da rede dos nossos amigos, dos medicamentos que tomamos, do nosso nível de endividamento. As empresas têm acesso à gravidez de uma funcionária, por meio da compra de informações dos laboratórios. O CPF que nos pedem as farmácias, em qualquer compra de medicamento, faz parte deste universo. A nossa vida deixa em permanência rastros visíveis, identificáveis e individualizáveis.

A defesa dos grandes grupos de informação sobre as pessoas é de que se trata de informações "anonimizadas". Mas a realidade é que os cruzamentos dos rastros eletrônicos permitem individualizar perfeitamente as pessoas, influindo em potencial perseguição política, dificuldades no emprego ou maiores custos financeiros na seguradora ou no banco. O acesso às informações confidenciais das empresas também fragiliza radicalmente grupos econômicos menores frente aos gigantes que podem ter acesso às comunicações internas. Não se trata apenas de alto nível de espionagem, como se viu na gravação de conversas entre Dilma e Merkel. Trata-se de todos nós, e com o apoio de um sistema mundial de captura e tratamento de informações do porte da National Security Agency (NSA), a agência de segurança nacional dos EUA. O *Big Brother is Watching You* deixou de ser apenas

---

[56] David Miller – *Sweet'n'Sour*, *New Scientist*, 12 de novembro de 2016, p. 20

literatura.[57] Aliás, com a nossa generosa contribuição: as mídias sociais em que escrevemos constituem uma descrição permanente das nossas atividades, analisadas por algoritmos poderosos.

As pessoas do público em geral tendem a achar que a ninguém vai interessar uma informação pessoal sobre elas, até verem que a informação aflora quando vão buscar um emprego, pedir um visto, necessitar de um empréstimo ou de um seguro. Com as tecnologias modernas, ter informação detalhada e individualizada sobre bilhões de pessoas não representa nenhuma dificuldade, e representa um poderoso instrumento de poder.[58]

Apropriação dos governos pelo endividamento público

O poder político apropriado pelo mecanismo da dívida constitui uma parte muito importante do mecanismo geral. Os grandes grupos financeiros têm suficiente poder para impor a nomeação dos responsáveis em postos chave como os bancos centrais ou os ministérios da fazenda, ou ainda nas comissões parlamentares correspondentes, com pessoas da sua própria esfera, transformando pressão externa em poder estrutural internalizado. A política sugerida aos governantes é de que é menos impopular endividar o governo do que cobrar impostos.

"Essas instituições financeiras são as donas da dívida pública, o que lhes confere poder ainda maior de alavancagem sobre as políticas e prioridades dos governos. Exercendo este poder, elas tipicamente demandam a mesma coisa: medidas de austeridade e 'reformas estruturais' destinadas a favorecer uma economia

---

[57] Lane, S. Frederick – *The Naked Employee*- AMACOM, New York, 2003 *http://dowbor.org/2005/06/the-naked-employee-o-empregado-nu-privacidade-no--emprego.html/*

[58] Uma excelente apresentação de como funciona hoje o sistema no planeta pode ser encontrada em Glenn Greenwald, *Sem Lugar Para se Esconder,* Editora Sextante, Rio de Janeiro 2014

de mercado neoliberal que, em última instância beneficia, estes mesmos bancos e corporações. É a armadilha da dívida."[59]

Voltaremos a este assunto em detalhe ao analisar os impactos do endividamento público no Brasil. No mundo em geral, aparecem os exemplos óbvios da Grécia, de Portugal, da Espanha e outros, mas também dos Estados Unidos e outros países desenvolvidos. O denominador comum é o uso da dívida como alavanca de poder, e como fator de apropriação do excedente produzido pela sociedade.

A dimensão política dos paraísos fiscais

Vimos acima a dimensão absolutamente avassaladora que assumiram os paraísos fiscais, manejando um estoque da ordem de um quarto a um terço de PIB mundial. Proporção semelhante do nosso PIB, cerca de 520 bilhões de dólares, é a participação estimada de capitais brasileiros. Interessa-nos aqui a dimensão política do processo. Vimos no nosso caso, em 2016, o governo conceder vantagens e implorar a grandes grupos para repatriarem os seus recursos, e se felicitou na mídia o feito de ter conseguido que 46 bilhões de reais voltassem ao país, sobre um total da ordem de 1.700 bilhões. Uma miséria.

Na realidade a existência dos paraísos fiscais significa que qualquer decisão de política fiscal e monetária tem de se submeter à realidade de que se as grandes fortunas forem apertadas, têm a opção de simplesmente sumir do mapa do Ministério da Fazenda, ao se colocarem ao abrigo do segredo *offshore*. Mais importante ainda é o fato de que isso torna precário qualquer controle de evasão fiscal, de fraude nas notas fiscais, de mecanismos como *transfer pricing*, do próprio controle de quem

---

[59] Andrew C. Marshall – *Bank Crimes Pay Under the Thumb of the Global Financial Mafiocracy* – Truthout, 8 Dec. 2015 - http://www.truth-out.org/news/item/33942-bank-crimes-pay-under-the-thumb-of-the-global-financial-mafiocracy

é dono de que nos complexos sistemas de propriedade cruzada com segmentos enrustidos nos paraísos.

Tampouco é secundário que nesta era de expansão do crime organizado, em grande parte de colarinho branco, a repressão torne-se pouco eficiente, enquanto o crime financeiro passa a penetrar na própria máquina política e no Judiciário. Nos tempos da pirataria, existiam ilhas no Caribe onde os piratas eram considerados intocáveis, tendo portanto sempre uma garantia de refúgio, podendo inclusive trocar e negociar os produtos dos roubos. Francamente, os paraísos fiscais de hoje são pouco diferentes.[60]

Mais grave é que gigantes financeiros como o HSBC e outros desempenhem um papel fundamental na gestão dos recursos da criminalidade, disponibilizando não só a sua expertise de acobertamento como suas poderosas assessorias jurídicas. A fluidez do dinheiro, hoje simples representação digital nos computadores, dinheiro imaterial que pode ser transferido e redirecionado em segundos entre diversas praças, torna a repressão cada vez mais precária. E o fato do crime navegar no espaço planetário enquanto o controle está limitado aos espaços nacionais dificulta ainda mais o processo. A Interpol impressiona, mas apenas impressiona.

A redução da capacidade dos governos promoverem políticas monetárias e financeiras adequadas para fomentar o desenvolvimento impacta todas as nações. Isso gera a erosão da governança

---

[60] O juiz de instrução francês, Jean de Maillard, organizou há anos um magistral *Atlas Mondial de la Finance Illégale*, em que mostra os principais procedimentos. Estudos mais recentes sobe a máfia mundial da droga mostram como se organizam as redes mundiais de logística, de lavagem de dinheiro, de cotação internacional da cocaína, de assessoria jurídica e semelhantes. Um país como o México tornou-se hoje em boa parte ingovernável. Na falta de poder para enfrentar o crime organizado, os EUA se concentram na carceragem em massa. Com 4% da população mundial e 25% da população carcerária, deixam solto o crime organizado. Vejam Elizabeth Hinton, *From the War on Poverty to the War on Crime: Mass Incarceration in America* – Harvard, 2016

e a desmoralização da própria política e da democracia. Esses recursos são hoje vitalmente necessários para financiar uma reconversão tecnológica que nos permita de parar de destruir o planeta e assegurar a inclusão produtiva de bilhões de marginalizados, reduzindo a desigualdade que atingiu níveis explosivos.[61]

Exigências de rentabilidade financeira e a pirâmide do poder corporativo

Com o poder, hoje, muito mais nas mãos dos gigantes financeiros que controlam as empresas produtoras de bens e serviços, estas últimas passaram a se submeter a exigências de rentabilidade financeira. Isso impossibilita iniciativas, no nível dos técnicos que conhecem os processos produtivos da economia real, de preservar um mínimo de decência profissional e de ética corporativa. Temos assim um caos em termos de discrepância entre a rentabilidade financeira e os objetivos de desenvolvimento econômico e social. Há tensões e guerras, sem dúvida, entre os gigantes financeiros. Mas é um caos direcionado e lógico quando se trata de assegurar um fluxo maior de recursos financeiros para o topo da hierarquia. A sua competição caótica pode levar a crises sistêmicas, mas quando se trata de travar iniciativas de controle ou regulação essas corporações reagem de forma unida e organizada.

O dinheiro manda no dinheiro e quem o controla são os grandes grupos financeiros. No Brasil, onde o sistema financeiro esteriliza os recursos por meio de juros extorsivos, ainda é muito discutido o fato de uma instituição como a Federação das Indústrias do Estado de São Paulo (FIESP), que reúne e deve

---

[61] Vimos acima o excelente estudo destes mecanismos em Shaxson, Nicholas – *Treasure Islands: uncovering the damage of offshore banking and tax havens* - St. Martin's Press, New York, 2011 - http://dowbor.org/2015/10/nicholas-shaxson-treasure-islands-uncovering-the-damage-of-offshore-banking-and-tax-havens-st-martins-press-new-york-2011.html/

representar indústrias, ter aderido ao golpe de 2016, quando os empresários efetivamente produtores de bens e serviços teriam todo interesse em reorganizar o sistema financeiro.[62]

A realidade é que a captura dos processos decisórios das empresas da economia real pelo sistema financeiro se generalizou. A capacidade de resistência dos tradicionais empresários produtivos não só é pequena, como desaparece quando a sua maior rentabilidade vem não da linha de montagem, mas das aplicações financeiras. Os governos passam, assim, a enfrentar resistências poderosas e articuladas quando tentam fomentar a economia. Recuperar a "confiança" do "mercado" não significa mais gerar melhores condições de produção, mas melhores condições de rentabilidade das aplicações financeiras. A produção, o emprego, o desenvolvimento sustentável e o bem estar das famílias não estão no horizonte das decisões.

O ponto de referência básico do capitalismo de outra era, em que a busca do lucro empresarial gerava ao mesmo tempo produtos, emprego e renda, se desarticulou. O dreno financeiro trava o conjunto. Enfrentamos este paradoxo de fantásticos avanços tecnológicos que permitiriam tantos avanços econômicos, sociais e ambientais, e um marasmo tão bem ilustrado com a imagem da "geleia geral".

Captura do processo decisório da ONU

Frente ao poder global das corporações, que agem em todos os espaços do planeta, não temos instrumentos públicos multilaterais correspondentes. Pelo contrário: está sendo documentada a captura do processo decisório da ONU pelos mesmos grupos corporativos.

---

[62] Impressiona esta rara manifestação de bom senso na Fiesp, por parte de Benjamin Steinbruch: *"Além da confiança, o consumidor precisa de crédito, mas com juros civilizados, e não com o absurdo custo atual, que passa de 300% ao ano."* 1º Vice-presidente da FIESP e presidente da CSN - Valor, 25-08-2015

O estudo do Global Policy Forum citado no Capítulo 3 foca diretamente o fato dos interesses corporativos terem adquirido uma influência desproporcional sobre as instituições que definem as regras do jogo globais. O documento apresenta "a crescente influência do setor empresarial sobre o discurso político e a agenda [das organizações internacionais]", questionando "se as iniciativas de parcerias permitem que o setor corporativo e os seus grupos de interesse exerçam uma influência crescente sobre a definição da agenda e o processo decisório político dos governos". Da forma tímida e prudente, que caracteriza tantos textos internacionais, temos aqui dito o essencial.

Segundo Leonardo Bissio, "este livro mostra como Big Tobacco, Big Soda, Big Pharma e Big Alcohol terminam prevalecendo, e como a filantropia e as parcerias público-privadas deformam a agenda internacional sem supervisão dos governos, mas também descreve claramente as formas práticas para preveni-lo e para recuperar um multilateralismo baseado em cidadãos". (GFI, p.1 e 9)

Será preciso lembrar que a ONU dispõe de 40 bilhões de dólares para todas as suas atividades, enquanto cada um dos gigantes financeiros SIFIs que vimos acima maneja em média 1,8 trilhão de dólares? O BIS, o FMI e o BM hoje, francamente, apenas acompanham o que acontece. Publicam relatórios interessantes, e por vezes surpreendentemente explícitos.

As chamadas agências de avaliação de risco Standard&Poor, Moody's e Fitch, que concedem notas de confiabilidade a países e corporações, vendem nota melhor por dinheiro. Simples assim. Moody's, condenada, aceitou pagar 864 milhões de dólares. Standad&Poor já pagou mais de 1 bilhão. Ninguém é preso, não precisa reconhecer culpa. Tudo limpo. O dinheiro sai das empresas que contribuem. Está nos preços que pagamos.

Corrupção sistêmica, justiça cooptada (dinheiro pago absolve a culpa). E nos dão lições de responsabilidade fiscal e financeira.

Martin Wolf é economista-chefe do *Financial Times*. Está bem posicionado para este choque de realismo de que todos precisamos: "Aumentos amplamente compartilhados de renda real jogaram um papel vital na legitimação do capitalismo e na estabilização da democracia. Hoje, no entanto, o capitalismo está encontrando muito mais dificuldades em gerar tais avanços na prosperidade. Pelo contrário, os dados mostram uma crescente desigualdade e aumento mais lento da produtividade. Esta mistura venenosa (*this poisonous brew*) torna a democracia intolerante e o capitalismo ilegítimo."[63]

O dilema dos governos: a quem servir?

Em termos de mecanismos econômicos, na fase atual, é central a apropriação da mais-valia já não apenas nas unidades empresariais que pagam mal os seus trabalhadores, mas cada vez mais por sistemas financeiros que se apropriam do direito sobre o produto social por meio do endividamento público e privado. Esta forma de apropriação de riqueza tornou-se extremamente poderosa. Frente aos novos mecanismos globais de exploração, que atuam em escala planetária e recorrem inclusive em grande escala aos refúgios nos paraísos fiscais, os governos nacionais se tornaram em grande parte impotentes.

Temos uma finança global estruturada frente a um poder político fragmentado em 200 nações. E o poder dentro das próprias nações, nas suas diversas dimensões, é em grande parte fraturado por dissensões e facilmente capturado. Tornamo-nos sistemicamente disfuncionais.

---

[63] Martin Wolf - *Real World Economics Review* - 8 de setembro, 2016 https://rwer.wordpress.com/2016/09/08/capitalism-vs-democracy/

Wolfgang Streeck traz uma interessante sistematização desta captura do poder público no nível dos próprios governos. Por meio do endividamento do Estado e dos outros mecanismos vistos acima, gera-se um processo em que, cada vez mais, o governo tem de prestar contas ao "mercado", e virar as costas para a cidadania. Com isto passa a prevalecer, para a sobrevivência de um governo, não quanto ele responde aos interesses da população que o elegeu, e sim se o mercado, ou seja, essencialmente os interesses financeiros, se sentem suficientemente satisfeitos para declará-lo "confiável". De certa forma, em vez de república, ou seja, *res publica,* passamos a ter uma *res mercatori,* coisa do mercado. Um quadro resumo ajuda a entender o deslocamento radical da política:[64]

Estado do cidadão	Estado do mercado
nacional	internacional
cidadãos	investidores
direitos civis	direitos contratuais
eleitores	credores
eleições (periódicas)	leilões (contínuos)
opinião pública	taxas de juros
lealdade	"confiança"
serviços públicos	serviços da dívida

Fonte: Wolfgang Streeck, Buying Time – Verso, London 2014, p. 81

Naturalmente, um se financia através dos impostos, o outro se financia através do crédito. Um governo passa, assim, a depender "de dois ambientes que colocam demandas contraditórias sobre o seu comportamento." (p.80) Entre a opinião pública sobre a qualidade do governo e a 'avaliação de risco' deste mesmo governo deixar, por exemplo, de pagar elevados juros sobre a sua dívida, a opção de sobrevivência política cai cada vez mais para

---

[64] Wolfgang Streeck, *Buying Time* – Verso, London 2014 - http://dowbor.org/category/dicas-de-leitura/

o lado do que qualificamos misteriosamente de "os mercados". Onde havia Estado de bem-estar e políticas sociais, teremos austeridade e lucros financeiros.

Não é secundária, evidentemente, a transformação deste poder corporativo em sistemas tributários que oneram proporcionalmente mais os que menos ganham. A força vira lei, o Estado vira instrumento de privatização dos próprios impostos. Numa visão muito significativa e abrangente, segundo Streeck, o que enfrentamos não é o fim do capitalismo, mas sim o fim do capitalismo democrático. Quando milhões de empresas diversificadas competiam entre si, formando uma massa pouco articulada e dispersa, o Estado podia exercer um papel estabilizador importante e assegurar os interesses maiores da sociedade. Frente aos gigantes articulados atuais, o sistema dispensa a democracia que tanto os liberais pensaram defender.

Muito significativa também é a análise de Saskia Sassen, autora que desenvolveu pesquisas marcantes sobre a governança e a globalização, no seu livro *Territory, Authority, Rights,* de 2006: "Eu afirmo que os componentes institucionais específicos do Estado nacional começam a funcionar como o espaço para a operação de dinâmicas constitutivas poderosas do que poderíamos descrever como 'capital global' e 'mercados de capitais globais'. Ao fazê-lo, estas instituições do Estado reorientam sua atividade política específica ou, mais amplamente, as agendas do Estado, no sentido das exigências da economia global". (p.412)

Analisando o que chamou de agendas desnacionalizadas do Estado, a autora escreve que "os bancos centrais e os governos parecem estar cada vez mais concentrados em agradar os mercados financeiros em vez de se colocar objetivos de bem-estar econômico e social. Lembramos aqui dos governos da Argentina e do Brasil depois da crise do México [1994], quando prometeram não desvalorizar suas moedas e fazer tudo o que fosse necessário para evitá-lo, inclusive jogar as classes médias-baixas na pobreza... Uma questão crítica é se a cidadania dos respectivos países quer que o mercado global de capital exerça esta disciplina sobre seus governos e imponha tais critérios para a política econômica nacional, fazendo-o a qualquer custo – empregos, salários, segurança, saúde – e sem debate público." (p.263)

Não está no horizonte de preocupações dos grupos financeiros a quebra ou não da economia: "O caráter especulativo de muitos mercados significa que estenderão (*will stretch*) as oportunidades de realização de lucros até onde for possível, qualquer que seja o dano implícito para a economia nacional." (p.263) Na visão de Sassen, não há mais o "nacional" frente ao "global": o global, em particular pelos mecanismos financeiros, se inseriu no nacional.[65]

A pesquisa e compreensão das novas articulações de poder são indispensáveis para se entender os mecanismos e a escala radicalmente novos de acumulação de riqueza nas mãos dos 0,01% da população mundial, e a espantosa cifra de oito famílias bilionárias que são donas de mais riqueza do que a metade mais pobre da população mundial. Igualmente significativo é o fato de a economia brasileira estar em recessão quando os bancos Bradesco e Itaú, por exemplo, viram seus lucros declarados aumentarem entre 25% e 30% em 12 meses.[66] O Brasil não é uma ilha.

De certa forma, ao analisarmos os mecanismos de captura do poder, estamos desvendando os canais que permitem o dramático reforço da desigualdade entre e dentro das nações, além do travamento do crescimento econômico pelo desvio dos recursos

---

[65] Sassen, Saskia - *Territory, Authority, Rights: from Medieval to Global Assemblies* – Princeton University Press, 2006

[66] Em 2013, os bancos Itaú e Bradesco tiveram aumento nos lucros declarados de 30,2% e 25,9%, respectivamente. Ver o relatório Dieese - http://www.dieese.org.br/desempenhodosbancos/2015/desempenhoBancos2014.pdf

do investimento para aplicações financeiras. Restabelecer a regulação e o controle sobre esses gigantes financeiros que regem a economia mundial e as decisões internas das nações é hoje simplesmente pouco viável, tanto pela dimensão como pela estrutura organizacional sofisticada de que dispõem, além evidentemente dos sistemas de controle sobre a política, o Judiciário, a mídia e a academia– e portanto a opinião pública – conforme vimos acima.

A dimensão internacional aqui é crucial. A quase totalidade desses grupos é constituída por corporações de base norte-americana ou da União Europeia. É a poderosa materialização de um poder que é global, mas, no essencial, pertence ao que nós temos acostumado a chamar de "Ocidente". A tentativa de constituir um contrapeso por meio da articulação dos BRICS mostra aqui tanto a importância da iniciativa, como a sua fragilidade. O poder financeiro global tem nacionalidades, com governos devidamente apropriados pelos mesmos grupos. A eleição de 2016 nos Estados Unidos e a nomeação do executivo da Exxon para a direção da política internacional do país mais poderoso são uma amostra significativa do que temos qualificado de nova arquitetura do poder. Os processos estão cada vez mais escancarados, e as pessoas cada vez mais céticas quanto à importância do seu voto.

❧

Se há uma coisa que não falta no mundo são recursos. O imenso avanço da produtividade planetária resulta essencialmente da revolução tecnológica que vivemos. Mas não são os produtores destas transformações - desde a pesquisa fundamental nas universidades públicas e as políticas públicas de saúde, educação e infraestruturas, até os avanços técnicos nas empresas efetivamente produtoras de bens e serviços – que aproveitam. Pelo contrário, ambas as esferas, pública e empresarial, encontram-

-se endividadas nas mãos de gigantes do sistema financeiro, que rende fortunas a quem nunca produziu e consegue, ao juntar nas mãos os fios que controlam tanto o setor público como o setor produtivo privado, nos desviar radicalmente do desenvolvimento sustentável, hoje vital para o mundo.

Quanto à população de um país como o Brasil, que busca resgatar um pouco de soberania na sua posição periférica, o que parece restar é um sentimento de impotência. Perplexas e endividadas, as famílias vêm aparecer o seu 'nome sujo' na Serasa-Experian – aliás uma multinacional – caso não respeitem as truncadas regras do jogo. Na confusão das regras financeiras, contribuem para a concentração de riqueza e de poder com os altos juros que pagam nos crediários e nos bancos, com juros surrealistas da dívida pública, e pelas políticas ditas de "austeridade", que as privam dos seus direitos.

Estas regras do jogo profundamente deformadas serão naturalmente apresentadas como fruto de um processo democrático e legítimo, porque está escrito na Constituição que todo poder emana do povo. Na prática, poderemos ter democracia, conquanto a usemos a favor das elites. A construção de processos democráticos de controle e a alocação de recursos constitui hoje um desafio central. Boaventura de Souza Santos fala muito justamente na necessidade de aprofundar a democracia. Mas, na realidade, precisamos mesmo é resgatá-la da caricatura que se tornou.

CAPÍTULO 9
THOMAS PIKETTY,
PRODUÇÃO E APROPRIAÇÃO

Pela qualidade da argumentação e o impacto mundial dos seus trabalhos, vale a pena trazer aqui a visão de conjunto que Thomas Piketty traçou no seu *O Capital no Século XXI*. Muitos argumentos ajudam a deixar mais explicita a análise que aqui queremos trazer da nova arquitetura do poder e das novas formas de exploração. Em vez de dispersar citações do Piketty em diversas partes do presente estudo, optei aqui por apresentar as ideias centrais, porque se articulam e formam um sistema de análise particularmente sólido e coeso. As páginas que aqui referimos são da edição francesa original, salvo indicação.

A apropriação dos recursos públicos

O mundo da economia avança com uma expansão em ritmo aproximado de 1,5% a 2% ao ano, o que é perfeitamente respeitável mas poderia ser mais, graças em particular aos avanços tecnológicos, e também ao aumento da população. A remuneração do trabalho, no entanto, não tem acompanhado os progressos tecnológicos, como a robotização e outras tecnologias, que estão revolucionando os processos produtivos. A quase totalidade do aumento de riqueza adicional produzida vai para os 10% mais ricos e, em particular, para o 1% superior. Esta renda nas mãos dos mais ricos, a partir de certo nível, já não tem como se transformar em consumo, e passa a ser aplicada em diversos produtos financeiros, cuja rentabilidade está na ordem de 5% para aplicações médias, subindo para 10% para aplicações de grande vulto com gestores financeiros profissionais.

Com o rendimento sobre o capital ultrapassando fortemente os avanços da própria economia, na realidade, gera-se um processo cumulativo de enriquecimento proporcionalmente maior dos que já são mais ricos. O desequilíbrio gerado não tem como ser revertido por simples mecanismos de mercado. Na realidade, já voltamos ao grau de desequilíbrio de um século atrás, quando os mais afortunados "viviam de rendas". Esta é a dinâmica geral, em que os avanços gerados por produtores se veem apropriados por rentistas. É o "capitalismo rentista" que está justamente no centro do raciocínio.

A dinâmica particular que vemos agora, e que aparece na parte final do estudo do Piketty, é que além dos salários relativamente baixos e do endividamento das famílias e das empresas, os sistemas de gestão financeira que aplicam as grandes fortunas desenvolveram um mecanismo de apropriação dos nossos impostos por meio da dívida pública. As pressões da direita para ampliar o endividamento público se explicam: "Em vez de pagar os impostos para equilibrar os orçamentos públicos, os italianos – ou pelos menos os que têm os meios – emprestaram dinheiro ao governo ao comprar títulos do Tesouro ou ativos públicos, o que lhes permitiu aumentar o seu patrimônio particular – sem por isto aumentar o patrimônio nacional". (p.291)

O caso italiano aqui é apenas um exemplo. A expansão da dívida pública se generalizou pelo planeta, ao mesmo tempo que se reduziam os impostos sobre as fortunas e as operações financeiras. Os Estados Unidos têm hoje uma dívida da ordem de 15 trilhões de dólares. Como vimos, a dívida pública no mundo atinge 50 trilhões de dólares. São estoques da dívida, que rendem juros. Lembremos que o PIB mundial é da ordem de 80 trilhões de dólares, cifra que representa o fluxo anual, mas ajuda para ter uma ordem de grandeza, um ponto de referência. Lembremos ainda que o PIB do Brasil, sétima potência econômica mundial, é da ordem de 1,7 trilhão de dólares.

As operações financeiras, juros sobre dívidas e semelhantes, representam apenas transferências, movimento de papéis, mudança de quem tem direito sobre bens e serviços: "O nível do capital nacional em primeira aproximação não mudou. Simplesmente, a sua repartição entre capital público e privado inverteu-se totalmente" (p.294). Na realidade, "a dívida pública não constitui mais do que um direito de uma parte do país (os que recebem os juros) sobre a outra parte (os que pagam os impostos): portanto deve-se excluí-la do patrimônio nacional e incluí-la somente no patrimônio privado". (p.185)

Trata-se de rentismo público (*rentes publiques*), que tem um impacto particularmente desastroso quando um país enfrenta dificuldades, porque os aplicadores em títulos públicos forçam os juros para cima, agravando a situação, como se viu na própria Itália, na Grécia, Espanha e tantos outros países. E evidentemente no Brasil.

O Estado, neste sentido, transformou-se em mais um vetor do aumento do patrimônio dos mais afortunados. "Existem duas formas principais de um Estado financiar os seus gastos: pelo imposto, ou pela dívida. De maneira geral, o imposto é uma solução infinitamente preferível, tanto em termos de justiça como de eficácia". (p.883)

Esta opção pelo imposto é explicitada: "O imposto sobre o capital põe a carga nos que detêm patrimônio elevado, enquanto as políticas de austeridade buscam em geral poupá-los" (p.894). Dadas as relações de forças internacionais, a opção geral que se viu, na Europa em particular, foi a da política de austeridade, com restrições das aposentadorias e das políticas sociais, atingindo o elo mais fraco tanto em termos econômicos como políticos. Não é secundário que a prioridade do governo Trump seja excluir milhões de pobres americanos do acesso aos serviços de saúde, liquidando o chamado "Obamacare".

O caso brasileiro é emblemático e poderia muito bem ilustrar as análises do pesquisador francês. A maior apropriação privada de recursos públicos no Brasil, além de legal, usa como justificação ética "o combate à inflação": trata-se da taxa Selic. Como muitos sabem – mas a imensa maioria não sabe - a Selic é a taxa de juros que o governo paga aos que aplicam dinheiro em títulos do governo, gerando a dívida pública. A invenção da taxa Selic elevada é uma iniciativa dos governos nos anos 1990. A partir de 1996, passou-se a pagar entre 25% e 30% sobre a dívida pública, para uma inflação da ordem de 10%. A partir disto, os intermediários financeiros passaram a dispor de um sistema formal e oficial de acesso aos nossos impostos. Isso permitiu ao governo comprar, com os nossos impostos, o apoio da poderosa classe de rentistas e dos grandes bancos situados no país, inclusive dos grupos financeiros transnacionais. Assim, os governantes brasileiros organizaram a transferência massiva de recursos públicos para grupos financeiros privados.

Veremos este mecanismo em detalhe mais adiante, ao analisarmos a dinâmica particular que este processo assumiu no Brasil. Para que fique clara a dimensão do mecanismo, veja a explicação de Amir Khair, um dos melhores especialistas em finanças do país: "O Copom é que estabelece a Selic. Foi fixada pela primeira vez em 1º de julho de 1996 em 25,3% ao ano e permaneceu em patamar elevado, passando pelo máximo de 45% em março de 1999, para iniciar o regime de metas de inflação. Só foi ficar abaixo de 15% a partir de julho de 2006, mas sempre em dois dígitos até junho de 2009, quando devido à crise foi mantida entre 8,75% e 10,0% durante um ano".[67]

Em 2015, cerca de 500 bilhões de reais (9% do PIB) foram tirados dos nossos impostos e transferidos essencialmente para bancos e outros "investidores". E se trata, como se constatou na Grécia de maneira mais escandalosa, de um processo cumulativo, pois grande parte dos juros que o Estado não consegue pagar é transformada no aumento do estoque da dívida. Gera-se uma monumental transferência de recursos públicos para rentistas. Além de nos custar muito dinheiro, isso desobriga os bancos de realizar investimentos produtivos que gerariam produto e emprego.

É muito mais simples aplicar em títulos: liquidez total, risco zero. Realizar investimentos produtivos, financiando uma fábrica de sapatos, por exemplo, envolve análise de projetos, acompanhamento, enfim, atividades que vão além de aplicações financeiras. No mínimo, seria o que os intermediários deveriam fazer: fomentar, irrigar as atividades econômicas, sobretudo porque estão trabalhando com o dinheiro dos outros. Mas, tecnicamente, o que eles fazem é a esterilização da poupança. Tiram o dinheiro do circuito econômico, transferindo-o para a área financeira.

No nosso caso, a justificação política é que se trata, ao manter juros elevados, de proteger a população da inflação. Neste ponto, o argumento de Piketty coincide com o que Amir Khair e outros têm repetido: "A inflação depende de múltiplas outras forças, e nomeadamente da concorrência internacional sobre preços e salários".(p.905) Mas, para uma população escaldada com inflações passadas, o argumento é poderoso, ainda que falso. Com um massacre midiático impressionante, os juros

---

[67] Amir Khair, *O Estado de São Paulo*, 9 de setembro de 2012; ver também *A Taxa Selic é o Veneno da Economia*, http://criseoportunidade.wordpress.com/2014/04/09/a-taxa-selic-e-o-veneno-da-economia-entrevista-especial--com-amir-khair-abril-2014-2p/

altos aparecem como bons (nos protegem da inflação), enquanto os impostos aparecem como negativos (inchaço da máquina pública e semelhantes). Na prática, os mais afortunados que deveriam pagar os seus impostos aplicam na dívida pública e fazem render o que deveriam devolver à sociedade.

O absurdo de se utilizar o pretexto da inflação para elevar a taxa de juros só faz sentido quando temos uma inflação de demanda, ou seja, quando há muita pressão de consumo sem que os produtores consigam aumentar a produção em ritmo correspondente, gerando a chamada economia aquecida. Ao se elevar os juros, que atraem recursos para aplicações financeiras em vez de consumo, a economia 'esfria'. Naturalmente, no caso brasileiro, em que os empresários produtivos não sabem o que fazer com os seus estoques parados, o argumento não faz nenhum sentido. Não é argumento, é pretexto. A grande mídia e até economistas apoiarem tal raciocínio é simplesmente vergonhoso.

As análises que o livro de Piketty nos traz sobre problema da dívida pública apontam ainda um outro problema: o caos financeiro gerado. Chipre é parte da União Europeia, no entanto, ninguém tinha informações precisas sobre o tipo de origem ou interesses dos detentores da sua dívida pública. De certa forma, esses grupos são donos de parcelas do sistema público. Em Chipre, revelou-se que são dominantemente oligarcas russos, e que desarticularam completamente as tentativas do país de equilibrar as suas contas. E mais: de ponta a ponta em seu trabalho, Piketty nos traz exemplos da ausência geral de transparência sobre os estoques e fluxos financeiros. "Os países não dispõem nem de transmissões automáticas de informações bancárias internacionais nem de cadastro financeiro que lhes permita repartir de forma transparente e eficaz os ganhos e os esforços."(p.908)

O sistema financeiro atua no planeta, os Estados atuam em espaços delimitados por fronteiras nacionais. As próprias finanças públicas, como resultado, se vêm jogadas na ciranda. A ideia mestra que sobressai é que a aplicação financeira, o mover papéis, rende mais do que produzir. O resultado evidente é que o dinheiro vai correr para onde rende mais, engordando as fortunas financeiras, e travando as iniciativas que dinamizam a economia, como o consumo das famílias, o investimento empresarial e os investimentos públicos nas áreas sociais e de infraestruturas. O desequilíbrio entre quem produz e quem lucra torna o sistema inoperante, ou no mínimo muito truncado, perdendo-se o imenso potencial de avanço que as modernas tecnologias poderiam proporcionar. Enfrentar as finanças improdutivas constitui hoje o principal vetor de resgate da produtividade sistêmica do país.

O imposto progressivo sobre o capital

Como enfrentar o capitalismo patrimonial globalizado do Século XXI? Esta é a questão central colocada no estudo do Piketty. O desafio tende a desanimar. O autor se refere, com coragem, à "utopia útil" que está propondo. Ainda mais porque é um realista, plenamente consciente "do grau de má fé atingido pelas elites econômicas e financeiras na defesa dos seus interesses, bem como por vezes pelos economistas, que ocupam atualmente uma posição invejável na hierarquia americana de rendimentos, e que têm frequentemente uma lamentável tendência a defender os seus interesses particulares, sempre dissimulados por trás de uma improvável defesa do interesse geral". (p.834)

O que Piketty propõe não será fácil. O congressista médio nos Estados Unidos tem um patrimônio pessoal da ordem de 15 milhões de dólares, frente ao patrimônio médio do adulto americano de 200 mil dólares. Vêm-nos à lembrança os dilemas de Lincoln ao tentar fazer um congresso constituído por donos de escravos votar, justamente, pelo fim da escravidão. Os biógrafos comentam como um homem íntegro recorreu aos métodos mais tortos para conseguir o maior avanço civilizatório na história dos Estados Unidos.

A visão mais ampla em termos propositivos está na linha de um imposto progressivo sobre o capital financeiro acumulado. Como os mecanismos de mercado, em vez de gerar equilíbrios, geram um processo cumulativo de desigualdade, com uma espiral descontrolada de enriquecimento cada vez menos vinculado à contribuição produtiva, uma intervenção institucional para organizar a redistribuição é indispensável. "A ferramenta ideal, escreve o autor, seria um imposto mundial e progressivo sobre o capital, acompanhado de uma muito grande transparência financeira internacional. Uma instituição deste tipo permitiria evitar uma espiral de desigualdade sem fim e regular de forma eficaz a inquietante dinâmica da concentração mundial dos patrimônios". (p.835)

Não se trata apenas de frear uma dinâmica descontrolada, mas de recompor e ampliar as políticas sociais, para as quais a ação pública é essencial. Piketty tem total clareza do peso essencial que tiveram as políticas sociais na fase equilibrada de desenvolvimento do pós-guerra. O Estado não é "gasto", mas prestação "de serviços públicos que beneficiam gratuitamente as famílias, em particular os serviços de educação e de saúde financiados diretamente pelo poder público. Estas 'transferências *in natura*' têm tanto valor quanto as transferências monetárias contabilizadas na renda disponível: evitam que as pessoas interessadas tenham de desembolsar somas comparáveis – ou por vezes nitidamente mais elevadas – junto a produtores privados de serviços de educação e de saúde".

Piketty aqui converge com os aportes de Amartya Sen de que as políticas sociais, ainda que apresentadas como gastos, constituem investimentos nas pessoas, com impactos produtivos generalizados.[68] Piketty é antes de tudo um historiador da economia. A sua análise do longo prazo permite – e isto se sente em toda a extensão do livro – um recuo muito saudável que reduz simplificações e reações ideológicas. Ver descritas as declarações indignadas dos ricos, há um século, quando se iniciou a cobrança do próprio imposto de renda, com alguns pontos percentuais apenas sobre pessoas de renda elevada, nos dá a dimensão de que certas coisas que pareciam absolutamente impossíveis antes já fazem parte do nosso cotidiano. Aliás, foi a expansão da carga tributária na Europa e nos Estados Unidos que permitiu os avanços civilizatórios. "O desenvolvimento do Estado Fiscal durante o século passado corresponde no essencial à constituição de um Estado social." (p.765)

O estudo de Piketty mostra, inclusive, que as diversas formas de renda mínima, com grande impacto social, representam custos muito limitados. Os "mínimos sociais", como os denomina, "correspondem a menos de 1% da renda nacional, quase insignificantes na escala da totalidade dos gastos públicos." Aqui aflora o humanista e a consciência da guerra ideológica: "Trata--se, no entanto, de gastos frequentemente contestados com a maior violência. Suspeita-se que os beneficiários vão escolher se instalar eternamente na assistência, ainda que a taxa de demanda por estes 'mínimos' seja geralmente muito mais fraca do que a das outras prestações. Isso reflete o fato de que os efeitos de estigma (e frequentemente a complexidade dos dispositivos) tende frequentemente a dissuadir os que a elas teriam direito."

Nos Estados Unidos, o estigma contra os pobres casa com o racismo pouco velado. "Observa-se que este tipo de questionamento dos mínimos sociais tanto nos Estados Unidos (onde a

---

[68] Uma sistematização particularmente bem apresentada destas novas tendências pode ser encontrada no documento da CEPAL, das Nações Unidas, *La Hora de la Igualdad,* com versão abreviada em português. http://dowbor.org/2010/11/cepal-la-hora-de-la-igualdad-brechas-por-cerrar-caminos-por-abrir.html

imagem da mãe solteira, negra e ociosa joga o papel de rechaço absoluto para os que desprezam o magro *Welfare State* americano) quanto na Europa." O autor denuncia o "Estado carcerário" que substitui por vezes o Estado provedor: 5% dos homens negros nos Estados Unidos estão nas prisões. (p.765) Aliás, não dá para não lembrar a catastrófica situação carcerária no Brasil, com mais de 600 mil presos, dos quais 40% com prisões provisórias.

Há, portanto, imensos ganhos de produtividade social pela reorientação dos recursos e da taxação do seu uso especulativo e improdutivo. Outro vetor importante do imposto sobre as fortunas é o fato de gerar transparência sobre os fluxos financeiros. Vimos antes que algo que equivale a entre um quarto e um terço do PIB mundial se esconde em paraísos fiscais, gerando uma desorganização planetária, ao deformar os tributos pagos nos países de origem, abrindo inclusive as portas para tráfico de armas e de drogas, além evidentemente da própria evasão dos impostos por parte de quem mais deveria pagá-los.[69]

As propostas de Piketty caminham no sentido de se criar um imposto progressivo, de montante reduzido, sobre o patrimônio acumulado para começar a reduzir o caos planetário. Na realidade, essa proposta se aproxima da Taxa Tobin (proposta de taxação de transações financeiras internacionais) gerando recursos e, antes de tudo, permitindo o registro dos fluxos. Conforme vimos, um exemplo de imposto possível seria de isenção ou 0,1% para quem não tem fortuna nenhuma ou abaixo de 1 milhão de euros, de 1% entre 1 e 5 milhões de euros, e de 2% entre 5 e 10 milhões e assim por diante. (p.943)

---

[69] A este respeito, ver a nota http://dowbor.org/2012/11/os-descaminhos-do--dinheiro-os-paraisos-fiscais-parte-v-novembro-2012-7p.html/; Ver também Kofi Annan, *How Global Tax Could Transform Africa's Fortunes, http://dowbor. org/2013/09/kofi-annan-g20-how-global-tax-reform-could-transform-africas-fortunes.html/*

O argumento mais forte é que a imposição deste capital parado, que rende sem que as pessoas precisem organizar a sua utilização produtiva, rendendo por aplicações especulativas e frequentemente por simples transferência dos nossos impostos (como é o caso da nossa taxa Selic), permitiria reduzir a dívida pública e, ao mesmo tempo, financiar mais políticas sociais, além de bancar investimentos tecnológicos e produtivos em geral. O imposto sobre o capital já existe de forma incipiente em diversos países. Trata-se apenas de dinamizar uma política que se tornou indispensável no nível planetário.

Utópico? Sem dúvida. Mas já foram utópicos o imposto de renda ("os ricos nunca aceitariam"), a renda mínima, o direito de greve e tantas outras impossibilidades, até que essas ideias encontraram âncoras na mente das pessoas. O argumento forte é que esses detentores de fortunas paradas, ao ver que o imposto as atinge, tenderão a fazer algo de útil com o dinheiro. E ao constatar que o imposto sobre o capital improdutivo reduz o seu estoque, poderiam lembrar-se do seu passado capitalista e abrir uma empresa, contratar pessoas e gerar bens e serviços necessários à sociedade.

Uma utopia útil?

Piketty tem uma posição clara contra os excessos da desigualdade. Sem ceder a ódios, nem preconceitos, oferece bases empíricas extremamente sólidas para se entender quão nocivo se tornou o reinado dos rentistas para a economia e para a política. A meu ver, ele traz a ferramenta mais útil, nas últimas décadas, para compreendermos as dinâmicas econômicas, sociais e políticas atuais. Frente à concentração desmedida e cumulativa da riqueza em poucas mãos e ao caos que progressivamente se instala, considera que a desigualdade se tornou o desafio principal e o imposto progressivo sobre o capital acumulado a principal ferramenta.

"O imposto mundial sobe o capital constitui o instrumento ideal de regulação, tem o mérito de preservar a abertura econômica e a mundialização, permitindo ao mesmo tempo regulá-la eficazmente e repartir os benefícios de maneira justa tanto dentro dos países como entre eles. Muitos rejeitarão o imposto sobre o capital como uma ilusão perigosa, da mesma forma como o imposto sobre a renda era rejeitado há um pouco mais de um século. No entanto, olhando bem, esta solução é muito menos perigosa do que as alternativas." (p.837)

Ignacy Sachs declara-se um adepto da economia mista. Eu mesmo tendo a seguir nessa linha, como se pode ver em *A Reprodução Social* (Vozes, 2003) ou no mais recente *O Pão Nosso de Cada Dia* (Fundação Perseu Abramo, 2016). Um exemplo curioso é caso da China, com 20% da população mundial e responsável por 70% da redução de população pobre no mundo. "O sistema econômico da China se apoia na propriedade pública servindo como sua estrutura principal, mas permitindo o desenvolvimento de todos os tipos de propriedade. Tanto a propriedade pública como não pública são componentes-chave da economia socialista de mercado." Trata-se aqui de uma "economia de propriedade diversificada" (*diversified ownership economy*).[70] Voltaremos mais adiante ao exemplo chinês, bastando aqui marcar que mais importante do que a batalha por um determinado "ismo" é estudar as diversas experiências que dão resultados positivos.

Ultrapassando as grandes simplificações ideológicas do século passado, buscamos hoje articulações inovadoras. Piketty, no final do seu livro, destaca que "o Estado-Nação permanece sendo

---

[70] *China Daily*, 2014, *The Decision on Major Issues,* http://dowbor.org/2014/04/the-decision-on-major-issues-concerning-comprehensively-deepening-reforms-in-briefchina-daily-november-2013-12p.html/ Sobre as transformações recentes na China, veja o excelente *China's Economy* de Arthur Kroeber, Oxford, 2016.

um nível pertinente para modernizar profundamente numerosas políticas sociais e fiscais, e também numa certa medida para desenvolver novas formas de governança e de propriedade partilhada, intermediária entre a propriedade pública e privada, que é um dos grandes desafios do futuro. Mas somente a integração política regional permite considerar uma regulação eficaz do capitalismo patrimonial globalizado do século que se inicia."(p.945)

Neste trecho, ele caracteriza uma fase do capitalismo (patrimonial globalizado), a expressão das diferentes escalas territoriais (o Estado-Nação e a política regional) e a articulação de diversas formas de propriedade, em particular, a "propriedade partilhada". O que ele busca, tal como Stiglitz, é um capitalismo civilizado. Pode não ser o ideal, mas frente às catástrofes que se avolumam, já seria um razoável avanço.

Mais do que uma tomada de posição ideológica, portanto, ao caracterizar os desafios, Piketty expressa a complexidade da transição atual: a política nacional não consegue regular uma economia que se globalizou, na qual o poder financeiro passou a dominar não só a economia produtiva, mas os próprios mecanismos democráticos, em que se misturam formas diversificadas de propriedade (pública, privada, associativa), de gestão (concessões, partilhas, cogestão), de controle (competência local, nacional, regional) e de marco jurídico (do local até o global). É o desafio da governança.

A propriedade não é mais suficiente para definir o tipo de animal econômico que temos pela frente. Podemos ter um hospital de propriedade pública, gerido em regime de concessão por uma cooperativa de médicos, sob controle de um conselho municipal de saúde, no quadro de um marco regulatório estadual ou federal. Ou outras combinações. É a era da sociedade complexa. No entanto, o "norte" permanece: não podemos continuar a destruir o planeta em proveito de uma minoria que desarticula inclusive os processos produtivos, e temos de priorizar o que funciona. Quando nos referimos ao funcionamento, trata-se de acesso democrático, e não de funcionalidade para minorias. Administrar para os privilegiados é mais fácil, mas leva inevitavelmente a impasses.

O trabalho do Piketty e de sua equipe não é uma proposta revolucionária, mas ajudou imensamente a tornar o meio do campo mais claro, fornecendo instrumentos para pensarmos ferramentas e alternativas. Em termos teóricos, ele se aproxima da linha da economia institucional. Não busca derrubar o capitalismo, mas devolver ao nível político - onde podemos ter certa democracia – seu papel regulador sobre o conjunto do processo. Venho trabalhando isso na linha da *"Democracia Econômica"*, ou seja, a concepção de que a própria economia tem de ser democratizada, com novos mecanismos de regulação, transparência, participação e controle democrático. Junto a Ignacy Sachs e Carlos Lopes, no texto *Crises e Oportunidades em Tempos de Mudança,* tentamos delinear eixos propositivos nesta linha.[71]

A criação de um imposto progressivo global sobre o capital, conforme proposto por Piketty, é um ponto de referência necessário. Acoplada a esta proposta - e explicitada em todo o livro – está a necessidade de criarmos sistemas informativos, capazes de jogar luz sobre esta caixa-preta que hoje constituem os fluxos financeiros. Isto pode ser iniciado em nível nacional, mas exige um sistema mundial de informação e controle de fluxos.

Fica, naturalmente, a grande pergunta: o marco político-institucional presente comporta este tipo de modestos avanços?

---

[71] Veja aqui no Anexo os 13 eixos propositivos, parte do estudo *Crises e Oportunidades em Tempos de Mudança,* 2013, http://dowbor.org/2013/05/crises--e-oportunidades-em-tempos-de-mudanca-jan-2.html/; *Democracia Econômica,* http://dowbor.org/blog/wp-content/uploads/2012/06/12-DemoEco1.doc

CAPÍTULO 10
APROPRIAÇÃO DO EXCEDENTE SOCIAL PELO CAPITAL FINANCEIRO

Às vezes precisamos de um espelho. Quando se trata da realidade brasileira, com o grau de deformação ideológica dos argumentos, é fundamental acompanharmos o debate internacional sobre o resgate do sistema financeiro. Não somos uma ilha, pelo contrário. As deformações do nosso sistema financeiro são basicamente as mesmas, mas com lente de aumento. Um sólido acervo de pesquisas, deslanchado após a crise de 2008, mostra a que ponto o sistema financeiro se distanciou dos seus objetivos iniciais: de financiar o investimento e o crescimento econômico. Como os Estados Unidos desempenham um papel estruturante das dinâmicas financeiras, um estudo dos seus mecanismos ajuda muito a entender a nossa própria deformação.

Uma dessas pesquisas é o estudo de Epstein e Montecino, do Roosevelt Institute. O título fala por si: *Overcharged: the High Cost of High Finance (Cobrando demais: o Alto Custo da Alta Finança)*. Trata-se de uma visão de conjunto sobre o impacto econômico da intermediação financeira, tal como ela funciona nos EUA. Mostra que esse sistema, além de não fomentar, drena a economia, ou seja, inibe as atividades, gerando mais custos do que estímulo produtivo. Temos aqui uma visão sistêmica e integrada de quanto custa esta máquina financeira que se agigantou e se deformou radicalmente. O estudo também nos ajuda a compreender o sistema brasileiro, à medida que as deformações apresentadas são as mesmas, apenas mais radicais no Brasil, que implantou um sistema nacional de agiotagem legalizada.

O sistema financeiro internacional funciona a pleno vapor. A cultura da intermediação financeira não varia muito entre a City de Londres, Wall Street ou o sistema de usura que se implantou no Brasil. Existe uma cultura financeira global. No caso brasileiro, o desajuste fica evidente quando constatamos que, a partir de 2014, o PIB caiu drasticamente enquanto os juros e os lucros dos intermediários financeiros aumentavam entre 20% e 30% ao ano. Nosso sistema de intermediação financeira não serve a economia, e sim dela se serve. É produtividade líquida negativa. A máquina financeira está vivendo à custa da economia real. Ajuda, e dá confiança às pesquisas aqui no Brasil, esta constatação lapidar do próprio Stiglitz: "Enquanto antes as finanças constituíam um mecanismo para colocar dinheiro nas empresas, agora funcionam para delas extrai-lo."[72]

Há pessoas que têm dificuldade em imaginar um grande banco internacional achacando os seus clientes. Pensam que nos EUA as coisas seriam sérias, quanto mais na Europa. Curiosamente, muitos acham que até no Brasil os bancos são sérios. É preciso lembrar algumas coisas óbvias. Por fraude com milhões de clientes, em setembro de 2016, o Deutsche Bank foi condenado pela justiça americana a uma multa de 14 bilhões de dólares (uma vez e meia o Bolsa Família, que tirou 50 milhões de pessoas da miséria, só para dar uma ordem de grandeza dos tamanhos das fraudes bancárias). Não se trata de um caso isolado: um banco tão sério como Citigroup já foi condenado a pagar 12 bilhões de dólares (fechou por 7 bilhões de dólares), o Goldman Sachs está pagando 5,06 bilhões de dólares, JPMorgan Chase&Co está pagando 13 bilhões de dólares, o Bank of America 16,7 bilhões de

---

[72] Epstein, Gerald and and Juan Antonio Montecino – *Overcharged: the High Cost of High Finance* – The Roosevelt Institute, July 2016 – http://rooseveltinstitute.org/overcharged-high-cost-of-high-finance/; o livro de Stiglitz, *Rewriting the Rules of the American Economy,* pode ser encontrado na íntegra em http://dowbor.org/blog/wp-content/uploads/2015/06/report-stiglitz.pdf

dólares. Estamos falando de grandes bancos, permanentemente auditados, e os crimes são dos mais diversos tipos, desde fraude nas informações aos clientes até as mais diversas falsificações, depenando clientes, enganando o fisco, lavando dinheiro sujo, falsificando informações sobre taxas de juros entre outras.[73]

Todos ouviram falar da financeirização, mas poucos se dão conta da profundidade da deformação generalizada dos processos econômicos, sociais e ambientais, provocada pela migração dos nossos recursos do fomento econômico (por meio de investimentos) para ganhos improdutivos (por meio de aplicações financeiras). Os bancos e a mídia, inclusive, chamam tudo de "investimento", parece mais nobre do que "aplicação financeira" ou especulação. O *The Economist* até inventou a expressão *speculative investors*, e Stiglitz refere-se a *productive invesments* para diferenciar, já que em inglês não existe o termo "aplicação financeira", tudo é *'investment'*.

Não há como escapar de uma realidade simples: abrir uma empresa, contratar trabalhadores, produzir e pagar impostos é muito mais trabalhoso do que aplicar em papéis da dívida pública, mas é o que estimula a economia. Quando você compra papéis, eles podem render, mas você não produziu nada, apenas gerou rendimentos sem contrapartida e, a partir de certo nível, isto se torna um peso morto sobre as atividades econômicas em geral. Em termos de funcionalidade econômica, Epstein e

---

[73] *The Guardian* de 16 de setembro de 2016 traz um pequeno resumo, veja em https://www.theguardian.com/business/2016/sep/16/deutsche-bank-must--pay-14bn-fine-to-settle-us-mortgage-case?CMP=share_btn_fb ; no *Financial Times* é assunto cotidiano, como por exemplo é o caso de manipulações atingindo 2 milhões de clientes por parte do banco Wells Fargo, noticiado na edição de 20/09/2016 do FT e reproduzido no *The Guardian* da mesma data. *The Economist* de 30 de agosto de 2014 traz esta constatação lapidar: *"A América Corporativa Acha Cada Vez Mais Difícil Ficar no Lado Certo da Lei."* (p.21) O tradicional *"too big to fail"* virou *"too big to jail"*. (idem p. 24)

Montecino referem-se a uma *"spectacular failure"*. "Um sistema financeiro saudável é aquele que canaliza recursos financeiros para investimento produtivo, ajuda as famílias a poupar para poder financiar grandes despesas tais como educação superior e aposentadorias, fornece produtos tais como seguros para ajudar a reduzir riscos, cria suficiente quantidade de liquidez útil, gere um mecanismo eficiente de pagamentos, e gera inovações financeiras para fazer todas estas coisas úteis de forma mais barata e efetiva. Todas estas funções são cruciais para uma economia de mercado estável e produtiva. Mas depois de décadas de desregulação, o sistema financeiro atual dos EUA se tornou um sistema altamente especulativo que falhou de maneira bastante espetacular em realizar estas tarefas críticas". (p.1)

Do lado das medidas, trata-se de resgatar e reestruturar o sistema de regulação para que o sistema financeiro sirva a economia e não dela se sirva apenas; e de gerar sistemas alternativos de intermediação financeira, permitindo que as pessoas voltem a ter poder de escolha. "Esses custos excessivos das finanças podem ser reduzidos e o setor financeiro pode de novo jogar um papel mais produtivo na sociedade. Para alcançá-lo, precisamos de três enfoques complementares: melhorar a regulação financeira, aproveitando o que a [lei] Dodd-Frank já conseguiu; reestruturar o sistema financeiro para que sirva melhor as necessidades das nossas comunidades, pequenos negócios, famílias, e entidades públicas; e gerar alternativas financeiras públicas, tais como bancos cooperativos e bancos especializados, para equilibrar o jogo". (p.3)

Como foi se deformando o sistema financeiro que atualmente impõe enormes custos para a economia real, obrigando-a a sustentar uma imensa superestrutura especulativa? "Mostramos como a indústria de gestão de recursos (*assets*) cobra taxas excessivas e traz retornos medíocres para as famílias que buscam poupar para a aposentadoria; como empresas privadas de gestão de ações se apropriam de níveis excessivos de pagamentos dos fundos de pensão e outros investidores enquanto frequentemente penalizam os salários e oportunidades de emprego dos trabalhadores nas empresas que compram; como os fundos especulativos (*hedge funds*) apresentam mau desempenho; e como emprestadores predatórios exploram algumas das pessoas mais vulneráveis da nossa sociedade. Olhando desta maneira desde abaixo, podemos ver de forma mais clara como os níveis excessivos de cobrança (*overcharging*) que identificamos no nível macro se organizam de maneira prática". (p.3)

O resultado prático é que os trilhões de dólares captados pelo sistema de intermediação financeira e os diversos fundos representam em termos líquidos um dreno para a economia americana. Este sistema, como no Brasil, representa uma produtividade negativa, gerando ganhos sem contrapartida produtiva correspondente: "Assim, as finanças têm operado nestes últimos anos um jogo de soma negativa. Isto significa que nos custa mais do que um dólar transferir um dólar de riqueza para os financistas – significativamente mais. Mesmo que você pense que os nossos financistas merecem cada centavo que conseguem, sairia muito mais barato simplesmente enviar-lhes um cheque todo ano do que deixá-los continuar a tocar os negócios como sempre". (p.4)

Bancos pequenos e médios nos EUA continuaram a desempenhar as suas atividades de *commercial banking*, mas dez gigantes passaram a dominar o sistema financeiro, concentrando-se em outros produtos, essencialmente especulativos. Este grupo dominante, segundo a pesquisa, concentrou-se "em novos produtos e práticas ligadas à crise financeira – inclusive securitização, derivativos e comércio proprietário (*proprietary trading*), tudo financiado por empréstimos de muito curto prazo."(p.10) A oligopolização é aqui central, apoiada não só na não-transparência dos produtos, como no seu poder político de obter subsídios (o que é, na realidade, a taxa Selic elevada no Brasil). Trata-se "do poder monopolístico ou oligopolístico que as instituições financeiras podem exercer por meio de produtos financeiros não transparentes, bem como da facilidade de acesso a volumes maciços de capital por causa dos subsídios devidos à sua condição de 'grandes demais para quebrar'". (p.19)

Segundo os autores, os numerosos bancos menores nos EUA terminam sendo tributários desses gigantes: "Os grandes bancos de Wall Street estão no epicentro do sistema financeiro. Como resultado, praticamente todos os aspectos dominantes das finanças que discutimos até aqui – *hedge funds,* ativos privados, créditos predatórios, mercado hipotecário e o chamado sistema de 'bancos-sombra' (*shadow banking*) – todos estão ligados até certo ponto com os grandes *core banks.* Por sua vez, esses grandes bancos passam a exercer um poder político que torna qualquer reforma pouco viável: "No caso da reforma financeira, o poder que o setor financeiro exerce sobre o processo político tem sido uma força com a qual é difícil lidar."(p.41)

Esta pirâmide de poder, tanto sobre o conjunto do sistema financeiro, envolvendo até os pequenos bancos comerciais locais ou regionais, como sobre o processo decisório político que deveria permitir a regulação, levou à estruturação de uma máquina que extrai recursos da economia de maneira desproporcional relativamente ao seu aporte produtivo. "Precisamos enfatizar o fato que na nossa análise, estamos estimando os custos *líquidos* (ênfase dos autores) do nosso sistema financeiro: os custos que ultrapassam de longe o que um sistema financeiro eficiente deveria custar à sociedade. As rentas[74] financeiras medem a quantia suplementar que os clientes e pessoas que pagam impostos têm de pagar aos banqueiros para ter direito aos serviços (benefícios) que recebem." (p.14)

O conceito de custo líquido do sistema financeiro é muito útil, pois envolve diretamente a questão da produtividade sistêmica das finanças de um país. Para o Brasil, considerando os custos da crise iniciada em 2013, da qual o sistema financeiro foi a causa principal, poderíamos igualmente calcular o custo sistêmico. No caso americano, os autores consideram que "precisamos incorporar os custos das crises financeiras associadas com a especulação excessiva e as atividades econômicas destrutivas que são agora bem compreendidas, no sentido de terem sido chave na crise econômica recente." (p.16) A diferença é que nos EUA se reconhece as raízes da crise financeira de 2008, enquanto aqui se atribui a crise ao ridículo déficit fiscal, de menos de 2% do PIB. O rombo nas nossas contas públicas, na realidade, foi criado pelo nível surrealista de juros sobre a dívida pública, a taxa Selic, que só no ano de 2015 significou uma transferência de 501 bilhões de reais (9% do PIB) dos nossos impostos para os grupos financeiros.[75] O paralelo entre o Brasil e os Estados Unidos é aqui bem interessante.

Também é importante o conceito de renta financeira (*financial rent*). Aliás, este conceito de "renta" (diferente de renda) tem de ser introduzido nas nossas análises sobre o Brasil. A conceituação

---

[74] "Renta" aqui corresponde a uma renda sem contrapartida produtiva: *"unearned income"* na definição de Joseph Stiglitz. Veja explicitação mais abaixo, e no glossário no fim do volume.

[75] Dados pesquisados por António Correia de Lacerda. Entraremos no detalhe dessas cifras mais adiante, ao analisar o caso brasileiro. Ver também o estudo do correspondente do sistema financeiro no Brasil, em *Resgatando o Potencial Financeiro do País: http://dowbor.org/2016/08/ladislau-dowbor-resgatando-o-potencial-financeiro-do-pais-versao-atualizada-em-04082016-agosto-2016-47p.html/*

de "renta" como recursos obtidos sem a contribuição produtiva correspondente ajuda a entender o processo. No Brasil, curiosamente, utilizamos a expressão "rentismo", mas não existe ainda o conceito de "renta". Em inglês se distingue claramente o mecanismo produtivo que gera a renda (*income*) e a aplicação financeira improdutiva que gera "renta" (*rent*). Em francês é igualmente clara a diferença de "revenu" e "rente", respectivamente. Não há como entender, por exemplo, os trabalhos do Piketty sem esta distinção. E o conceito é evidentemente muito presente nos clássicos da economia política. Abordamos esta questão no glossário.

Segundo os autores, "no caso das finanças modernas, as rentas vêm em duas formas básicas: uma é o pagamento excessivo feito aos banqueiros – *top traders,* CEOs, engenheiros financeiros e outros empregados de bancos e outras instituições financeiras com altas remunerações; a outra é sob forma de lucros excessivos, ou retornos muito acima dos retornos de longo prazo, que são distribuídos aos acionistas como resultado dos serviços financeiros providenciados por uma empresa". (p.19) A partir dos anos 1990, os ganhos financeiros deste tipo se agigantam. Os custos das atividades rentistas que travam as atividades econômicas, em vez de promovê-las, têm de ser suportados pela sociedade. "O custo das finanças para a sociedade não é apenas o resultado de transferências de renda e riqueza da sociedade como um todo para as finanças; há custos adicionais se a mesma finança mina a saúde da economia para as famílias e os trabalhadores". (p. 22) Aqui o paralelo é igualmente interessante: travaram os investimentos do governo em políticas sociais (PEC 55), ao mesmo tempo em que os liberam para gastos com juros.

Uma citação interessante trazida pelos autores é a de James Tobin, que em 1984, alertava: "Estamos jogando um volume cada vez maior dos nossos recursos, inclusive a nata da nossa juventude, em atividades financeiras distantes da produção de bens e serviços, em atividades que geram retornos privados elevados sem correspondência com a sua produtividade social". (1984) Tobin foi um dos primeiros a constatar esta deformação sistêmica da intermediação financeira. (p.23) Tenho encontrado esta citação em outros textos, pois é muito relevante, inclusive pelo uso do conceito de "produtividade social", ou seja, utilidade para a economia e a sociedade em geral, e não apenas para o banco ou outro grupo que desempenha uma atividade de intermediação.

O conceito de SROI – *Social Return on Investment* – (retorno social sobre o investimento) começa também a ser utilizado mais amplamente.[76] No nível pessoal, muitos profissionais começam a se perguntar se, independentemente de quanto ganham, a atividade que desempenham é socialmente útil. Quando é claramente nociva, surgem as contradições e as crises existenciais, como estudado, por exemplo, no excelente *Swimming with Sharks,* de Luyendijk, focando os altos funcionários da City de Londres.[77] Não são divagações filosóficas. Cada vez mais as pessoas querem que os seus esforços façam sentido e se dão conta de que estão trabalhando contra os seus clientes que, por sua vez, não têm como escapar do banco.

O desvio dos recursos das atividades produtivas para ganhos especulativos trava o conjunto da economia, mas a indignação fica restrita simplesmente porque o sistema é extremamente opaco. Os autores, conscientes desta dificuldade, mostram diversas pesquisas sobre os sistemas financeiros que convergem

---

[76] A este respeito vejam a minha nota técnica *Produtividade Sistêmica do Território,* 2009, 4p. http://dowbor.org/2009/11/produtividade-sistemica-do--territorio-nov.html/

[77] Joris Luyendijk – *Swimming with Sharks* – Guardian Books, London, 2015 http://www.theguardian.com/business/2015/sep/30/how-the-banks-ignored-lessons-of-crash

para as mesmas conclusões: "Os sistemas financeiros privados de maiores dimensões podem ser associados com 'finanças especulativas', *trading* em maior escala, e um setor pouco associado ao fornecimento de crédito à 'economia real'... Esta orientação deve também reduzir o crescimento da produtividade e o investimento e, em consequência o crescimento econômico."(p.23)

Epstein e Montecino citam, por exemplo, o trabalho de J.W. Mason que constata que entre os anos 1960 e 1970, cada dólar de ganhos e crédito suplementares levava a um aumento de investimentos da ordem de 40 *cents*. Desde os anos 1980, leva a um aumento de apenas 10 *cents*. É uma mudança radical em termos de produtividade das aplicações financeiras. Segundo Mason, "isto resulta de mudanças legais, administrativas e estruturais que são a consequência da revolução dos detentores de ações nos anos 1980. No modelo administrativo anterior, mais dinheiro que entra numa empresa – por vendas ou por crédito – tipicamente significava mais dinheiro colocado em investimento fixo. No novo modelo dominado pelo rentismo, mais dinheiro que entra significa mais dinheiro saindo para as mãos de detentores de ações sob forma de dividendos e recompra de ações". (Mason, p.1)[78]

Não temos dados comparativos para o Brasil, mas se tivermos a mesma proporção de apenas 10% dos juros extraídos que se transformam em investimento, enquanto os outros 90% rodam na ciranda financeira, não temos como recuperar uma dinâmica de crescimento econômico, ainda que os rendimentos para os aplicadores financeiros aumentem radicalmente. É o capital improdutivo que aumenta, esterilizando os recursos. Aqui é igualmente interessante o paralelo com os Estados Unidos, onde com a crise de 2008 a massa de recursos públicos que foi

---

[78] J.W. Mason –*Disgorge the Cash – Roosevelt Institute, 2015* - http://rooseveltinstitute.org/wp-content/uploads/2015/09/Disgorge-the-Cash.pdf

passada pelo governo para os bancos, em vez de se transformar em investimento produtivo que iria redinamizar a economia, foi direcionada para mais compras de papéis, aumento de bônus e semelhantes. No caso brasileiro, os diversos subsídios e incentivos tampouco se transformaram a ativação da economia, pois os favorecidos apenas compraram mais papéis, em particular da dívida pública. Aqui se torna claro o mecanismo da quebra da chamada formação bruta de capital fixo.

Como os dividendos são pouco taxados pelo sistema tributário – o que foi conseguido pela capacidade de pressão política – o círculo da financeirização e da riqueza não produtiva se fecha. Joseph Stiglitz propõe a definição seguinte de *rent-seeking*: "A prática de obter riqueza não por meio de atividade economicamente rentável mas extraindo-a de outros, frequentemente por meio de exploração." Faz parte do que ele qualifica de *unearned income*, ganho sem contrapartida produtiva. O novo sistema de intermediação financeira também gerou, por sua vez, uma massa de advogados, conselheiros, contadores, gestores de fundos e semelhantes, todos ávidos para maximizar os retornos e os bônus correspondentes. "Os serviços de gestão de riqueza cresceram de um universo de 51 empresas administrando 4 bilhões de dólares em 1940, para mais de 63 trilhões de dólares em riqueza (*assets*) com mais de 11 mil consultores e quase 10 mil fundos mútuos registrados com o SEC em 2014". (Epstein, p.41) É a tropa de choque de defesa do sistema.

Para efeitos de comparação, lembremos que o PIB mundial de 2014 é da ordem de US$ 75 trilhões de dólares, as fortunas geridas na ordem de centenas de trilhões. Uma massa de profissionais gerou um *cluster* importante de poder, com forte influência, em particular, no conjunto da comunicação financeira na grande mídia, que apresenta quase que exclusivamente a visão dos interesses dos grandes grupos financeiros. Raras vezes vemos na mídia um economista que não seja do chamado "mercado". O que vemos são profissionais interessados em maximizar os rendimentos do sistema. No discurso, apenas se resgatarmos a sua confiança, a chamada "confiança do mercado", é que a economia voltaria a funcionar. Na realidade, volta a funcionar apenas para eles.

No caso brasileiro, não dispomos de estudos correspondentes sobre a estrutura de intermediação e de poder político que estes interesses geram, atropelando qualquer tentativa de controlar, regulamentar, tornar minimamente razoável o nível dos seus lucros. Mas ficou evidente, quando o governo Dilma tentou reduzir os juros absurdos (tanto sobre a dívida pública como para pessoas jurídicas e pessoas físicas) em 2013: eles partiram para a guerra total. O mundo financeiro e os rentistas reagiram em bloco e este movimento foi aproveitado por diversas esferas de oportunismo político e jurídico.

É interessante este paralelo com os Estados Unidos, quando imensos recursos públicos (trilhões de dólares) foram transferidos pelo governo aos grandes bancos americanos a partir de 2008. A diferença é que os protestos lá não foram contra as tentativas de regular o sistema (Lei Dodd-Frank), mas sim contra os próprios especuladores. As amplas manifestações do movimento *Occupy Wall-Street*, duramente reprimidas, não eram contra o governo, mas contra quem dele se apropriou: os grandes bancos. Apesar dessas manifestações e da raiva latente nos EUA contra os bancos, o favorecimento do sistema financeiro continua. Donald Trump já começou (fevereiro de 2017) a desmontar o pouco que se conseguiu com a Lei Dodd-Frank. Aqui os bancos continuam na sombra, solidamente protegidos pela mídia, pelo sistema jurídico e pelos ministérios e Banco Central que controlam.

Como foi que chegamos a este nível de deformação do sistema financeiro, que já foi tão essencial para os processos produtivos e hoje os trava? Os autores do *Overcharged* identificam cinco mecanismos: "Como no caso da maior parte das finanças, as chaves para rentas excessivas obtidas pelas empresas financeiras e *traders* são: 1) a opacidade, frequentemente criada de maneira deliberada, por meio de excesso de complexidade, falta de transparência (*disclosure*), ou mais diretamente informação enganosa que é facilitada pelo frágil marco regulatório; 2) elevada concentração do mercado dentro de linhas específicas de negócio, levando a que haja pouca competição; 3) subsídios governamentais de vários tipos, inclusive resgates (*bailouts*), impostos subsidiados, facilidade nas regras contábeis, e vantagens legais criadas por arranjos legislativos, administrativos ou legais; 4) retirada de provisões públicas, que gera um mercado aberto para as finanças e torna a população vulnerável a todos esses canais com excessos de renda e de retornos; 5) regulamentação fiduciária fraca, que permite que floresçam conflitos de interesses". (p.35)

A base da sociedade sustenta o maior choque desta reorganização: "As famílias recebem informações falsas e caras por parte de conselheiros que têm um incentivo para enganar (*mislead*) e que podem fazê-lo graças a um ambiente legal e regulatório permissivo".(p.36) Isto, por sua vez, gera o aprofundamento das desigualdades: "Práticas e rendimentos financeiros têm contribuído muito para a desigualdade de renda e de riqueza nos EUA nas recentes décadas. Além disso, algumas práticas financeiras contribuem para a criação e manutenção da pobreza. Em nenhum lugar estas conexões entre finanças, desigualdade e pobreza são mais evidentes do que na provisão de serviços bancários para os pobres e para famílias em dificuldades financeiras". (p.40)

O paralelo com os juros extorsivos nos crediários e bancos brasileiros é evidente. No Brasil, aliás, com juros de três dígitos, as distorções são simplesmente muito mais escandalosas. Para os autores, a profunda reorganização do sistema financeiro torna-se uma necessidade óbvia. "De forma geral, para enfrentar as questões aqui levantadas referentes aos enormes custos do nosso sistema financeiro corrente, precisamos de três abordagens complementares: regulação financeira, reconstrução financeira e alternativas financeiras. Para atingir estes objetivos, precisaremos provavelmente de uma nova lei Glass-Steagall para eliminar a rede de segurança social de que gozam as atividades financeiras altamente especulativas, limites mais estritos quanto à alavancagem e tamanho dos bancos de forma a dividir (*break-up*) as instituições financeiras maiores e mais perigosas, e uma regulação mais rigorosa para limitar quanto se paga por estas atividades de alto risco". (p.43)

Os autores da pesquisa destacam, também, a consequente reformulação dos objetivos do sistema financeiro, para que volte a ser útil (e não mais prejudicial) para a economia e a sociedade. "Nosso sistema financeiro precisa ser reestruturado para servir melhor as necessidades das nossas comunidades, pequenos negócios, famílias, e entidades públicas, tais como municípios e estados. Eliminar os subsídios dos bancos 'grandes demais para quebrar' ajudará a abrir espaço para instituições financeiras menores e mais orientadas para as necessidades das comunidades; no entanto, é pouco provável que isto permita gerar um número suficiente de instituições financeiras para apoiar as necessidades das nossas comunidades. Como resultado, é provável que necessitemos de um número maior de alternativas financeiras: bancos públicos, bancos cooperativos, e bancos especializados tais como os *green banks* e bancos para infraestruturas".(p.43)

Os avanços deste tipo de pesquisas nos Estados Unidos reforçam a necessidade de procedermos ao estudo do fluxo financeiro integrado no Brasil, buscando o resgate da função econômica da intermediação financeira nas suas diversas dimensões. No essencial, constatamos que a profunda deformação do nosso sistema financeiro não é uma característica apenas nossa, e a metodologia utilizada para a análise do processo financeiro integrado em outros países nos ajuda a ver com mais realismo o que se passa por aqui. À procura de novos rumos estamos todos.

CAPÍTULO 11
À PROCURA DE RUMOS:
CAMINHOS E DESCAMINHOS

Como vimos, compreender os entraves norte-americanos nos permite dimensionar os desafios do Brasil. Dois estudos mais, muito recentes, contribuem neste sentido. Um é de Joseph Stiglitz, *Rewriting the Rules: an Agenda for Shared Prosperity* (Reescrevendo as regras: uma Agenda para a Prosperidade Compartilhada). O outro é de Michael Hudson, *Killing the Host: How Financial Parasites and Debt Destroy the Global Economy* (Matando o Hospedeiro: como Parasitas Financeiros e a Dívida Destroem a Economia Global). Ambos, trabalhos poderosos para repensarmos estruturalmente o sistema.

Joseph Stiglitz organizou um documento que constitui uma agenda para os Estados Unidos, hoje presos em uma armadilha de elites que insistem em combater políticas sociais, promover mais desigualdade e atacar políticas ambientais. Invertendo radicalmente as visões do *mainstream*, o amplo grupo de economistas que participa deste relatório rejeita "os velhos modelos econômicos". Diz o texto: "As novas pesquisas e formas de pensar que emergiram como resultado [das crises] sugerem que a igualdade e a performance econômica constituem, na realidade, forças complementares e não opostas." Ou seja, a visão de que concentrar a renda coloca mais dinheiro na mão de capitalistas que irão investir mais e desenvolver a economia, e que o *trickling down*, literalmente 'gotejamento', irá ao fim e ao cabo

| 169

favorecer a população é simplesmente errada: a busca da redução das desigualdades é que reforça a performance econômica.[79]

Por mais evidente que seja, esta reviravolta teórica nos Estados Unidos é importante. Abandona-se a visão de que a austeridade, com poupança forçada da população, é condição para que os ricos possam investir e, portanto, gerar o crescimento. A redução das desigualdades passa a ser vista como motor principal. Ainda que a visão da concentração de renda e riqueza para estimular o investidor siga sendo a corrente dominante na teoria econômica, e por desgraça no Brasil, as pesquisas do Roosevelt Institute, movimentos como *Real World Economics, New Economics Foundation, Alternatives Economiques* e tantos outros pelo mundo afora buscam soluções na redução das desigualdades, ampliação do consumo de massas, expansão das políticas sociais e ambientais, e redução dos juros. O movimento *The Next System,* lançado em março 2015 por Gar Alperovitz, Gus Speth, Jeffrey Sachs e outros faz parte desta reconstrução.

Os economistas americanos estão acordando e construindo novos rumos, ainda que apenas na academia. Um parágrafo resume bem o deslocamento de visões e dá a "temperatura" do relatório: "Isto aqui não é sobre uma política de inveja. Os dados dos últimos 35 anos e as lições da estagnação e recuperação com salários baixos desde a crise financeira de 2008 mostram que não podemos prosperar se o nosso sistema econômico não cria prosperidade compartilhada. Este relatório é sobre como podemos

---

[79] Nick Hanauer, um bilionário americano, traz no seu curto vídeo sobre o rentismo um depoimento impressionante de clareza, sobre o que ele qualifica de transformação do capitalismo produtivo numa "sociedade neo-feudal de rentistas". O argumento principal é que o dinheiro orientado para o andar de baixo dinamiza a economia pela demanda, enquanto o dinheiro que vai para o 1%, onde ele próprio se situa, apenas alimenta fortunas financeiras e rentismo improdutivo, aprofundando a desigualdade. Nada como um bilionário explicar isto para nós mortais. https://youtu.be/q2gO4DKVpa8 (TED Talks, 20 min., 2014)

fazer a nossa economia, nossa democracia e a nossa sociedade funcionar melhor para todos os americanos". (Stiglitz, p.15)

Stiglitz é hoje um ponto de referência mundial. Nobel de Economia, foi economista chefe do governo Clinton e do Banco Mundial e tem se revelado uma luz nesta confusão que é a ciência econômica moderna, aliando solidez teórica e excelente visão do que é necessário em termos práticos. Politicamente, não é um revolucionário, mas alguém que busca o resgate de um capitalismo civilizado: menos desigual, mais aberto em gerar oportunidades do que clubes de afortunados, menos destrutivo em termos ambientais, mais democrático nos processos decisórios. Seu trabalho hoje está ancorado no Roosevelt Institute, um *think tank* progressista que ajuda muito a repensar os rumos. E ideias progressistas desenvolvidas nos Estados Unidos podem ter muito impacto, pela irradiação que a produção científica neste país pode gerar.

Constatação básica: "A economia americana já não funciona mais para a maioria da população nos Estados Unidos" (p.169) Em 40 anos, entre 1973 e 2013, a produtividade da economia aumentou 161%, mas a base salarial apenas 19%. Entre 2000 e 2013 a renda média da família na realidade decresceu 7%. Ou seja, é um sistema que só funciona para um restrito grupo no topo, gerando uma nova era de desigualdade.

Segunda constatação básica: O capitalismo, em particular na sua forma financeira, não consegue se regular, e a corrida para angariar e capturar mais recursos parece descontrolada, gerando "fraude, incompetência e negligência além da imaginação mesmo dos críticos do setor."(p.162)

As duas dinâmicas são obviamente interligadas, o que vai se evidenciar tanto no endividamento do setor público como no endividamento das empresas produtivas, das famílias, dos idosos, e mais recentemente o enforcamento financeiro dos estudantes, que entram na vida profissional para pagar bancos. Os próprios cartões de crédito, mesmo sem chegar aos absurdos do Brasil, passaram a constituir uma forma de cobrança de pedágios sobre todas as transações comerciais do cotidiano americano.(p.116, p.161)

O sistema financeiro gera a apropriação dos recursos não por quem produz, mas por quem maneja papéis, o que por sua vez aprofunda a desigualdade, pois os aplicadores financeiros estão na parte superior de riqueza. O trabalhador tenta fechar o mês. O rentismo, citado de cabo a rabo do estudo, não acontece apenas no Brasil. Stiglitz chama o sistema de crédito nos EUA de *"predatory lending",* empréstimos predatórios. (p.107) Em longa entrevista com Paulo Moreira Leite na EBC, em 2016, mostrou-se estarrecido com os juros brasileiros. Aqui conseguimos travar a economia com um estoque relativamente moderado de endividamento, mas sobre o qual incidem juros usurários.

Uma terceira dinâmica agrava o processo: a riqueza concentrada permite que seja apropriada a política e o processo decisório sobre como se regula a economia. É como se um dos times tivesse o direito de ir reescrevendo as regras do jogo segundo os seus interesses. "Colocar em prática as reformas ousadas (*bold*) que delineamos no presente relatório, bem como outras medidas para enfrentar a desigualdade de riqueza e de renda, é um assunto tanto de vontade política como de economia. A concentração de riqueza na nossa economia criou uma concentração de poder na nossa democracia". (p.166)

A desigualdade de riqueza gera assim desigualdade política. Stiglitz considera que "é crítico que criemos um sistema de financiamento de campanhas menos dominadas por grandes contribuições."(p.167) Qualquer semelhança com os problemas brasileiros, evidentemente, não é coincidência. Gera-se um círculo vicioso, pois quanto mais a política é apropriada pelas oligarquias, menos há condições para inverter a dinâmica: "À medida que cresce a desigualdade, o sistema político torna-se mais atropelado por interesses corporativos, e as políticas públicas necessárias para providenciar uma verdadeira igualdade de oportunidades tornam-se mais e mais difíceis de implementar." (p.178)

A armadilha se fecha. É o que chamamos acima de "captura do poder" que se estende da economia à política, ao Judiciário e aos meios de comunicação de massa. O sistema não deixou apenas de funcionar para a população em geral, mas deixou de funcionar como sistema porque os interesses financeiros não têm nenhum limite: à medida que inflam a sua dominância, eles apenas reforçam a dimensão improdutiva do enriquecimento.

Também contribui a distinção feita por Stiglitz entre capital e riqueza: "Na presente análise, fazemos uma distinção entre capital e riqueza. Somente um aumento no primeiro necessariamente encoraja o crescimento; porque a riqueza pode aumentar simplesmente porque houve um aumento de rentas, e a capacidade produtiva da economia pode não aumentar no ritmo da riqueza medida. Na realidade, a capacidade produtiva pode estar caindo enquanto a riqueza está aumentando". (p.14) Comprar papéis que rendem e produzir sapatos (ou dar aulas) constituem dinâmicas econômicas diferentes. Ser administrador e intermediário dos papéis dos outros, posando de gerador de riqueza, é a glória. Entramos na era da riqueza improdutiva, ou seja, do capital estéril.

No plano propositivo o relatório traz também um conjunto de alternativas visando a reorientação da economia americana, na linha central da "prosperidade compartilhada", ideias que podem nos ajudar muito na definição dos nossos próprios rumos. Não como modelo a copiar, mas como espelho no qual podemos repensar a nossa realidade. Medidas como taxar o capital improdutivo (riqueza), reduzir a apropriação política pelas corporações, reforçar a capacidade de negociação das classes trabalhadoras, reduzir as desigualdades e outras propostas mostram um país que tem, em outra escala e com variações, desafios muito próximos dos nossos. O relatório permite, assim, que possamos compreender melhor as nossas dinâmicas. O capitalismo financeiro, no essencial, é um só. E nossas soluções, gostemos ou não, não serão apenas nacionais.

Uma segunda pesquisa essencial é a de Michael Hudson, *Killing the Host* (*Matando o Hospedeiro*), menos sintética do que a do Stiglitz, mas seguramente com mais dentes como indica o próprio subtítulo do trabalho: *Como Parasitas Financeiros e a Dívida Destroem a Economia Global.* Assim como nos estudos de Epstein e Montecino, bem como de Stiglitz, nesta pesquisa de Hudson não há como não ficar impressionado com a semelhança do modelo financeiro imposto à sociedade americana com os nossos próprios dramas.

"Ao que os críticos dos gastos do governo querem realmente se opor, é o financiamento público, a partir do orçamento geral, inclusive com os impostos progressivos pagos pelas classes mais ricas, da Seguridade Social, do Medicare e outros programas sociais. A hipocrisia torna-se aparente quando Wall Street tece loas à geração da dívida quando os governos criam moeda para salvar bancos." (p.187) Aqui no Brasil, naturalmente, não é para salvar os bancos, mas para alimentá-los, mas o processo é o mesmo. No Brasil por meio da absurda taxa de juros sobre a dívida pública, lá por meio do *quantitative easing (QE)*; aqui atacando a Previdência, ali desmontando o *Obamacare*.

Os impactos para a sociedade são igualmente paralelos: "A classe média está sendo esmagada enquanto os mercados estão encolhendo. O resultado é a austeridade pós-2008. O pagamento das dívidas está sendo extraído à força (*squeezed out*) por meio das dívidas imobiliárias, dos empréstimos para estudantes e dívidas do cartão de crédito. Os salários reais e os 'mercados' estagnam porque os consumidores ficam com pouco para gastar depois de pagarem uma mais ampla proporção da sua renda ao serviço da dívida." (p.186) Quais são os volumes de recursos? Como ordem de grandeza, ainda que contribuindo com menos de 10% do valor agregado da economia, "em meados de 2013 a parte do sistema bancário nos lucros corporativos tinha atingido 42%."(p.194) A participação em mais de 40% dos lucros enquanto contribui menos de 10% de valor que extrai dá uma ideia do domínio financeiro sobre o conjunto dos processos produtivos, mas sobretudo explicita o fato do sistema financeiro drenar, e não financiar, a economia.

A série pesquisada nos EUA desde 1947 mostra que, naquele ano, a parte dos bancos nos lucros corporativos era de 11%.[80] A redução correspondente dos salários no bolo econômico faz parte desta transferência, mas também as dificuldades das empresas da economia real, por redução da demanda. O sistema se transformou num gigantesco aspirador de recursos para o topo da pirâmide. O que acontece não é o *trickling down* tão proclamado, mas um caudaloso *trickling up*. Hudson mostra com toda clareza o travamento da economia pelas diversas formas de endividamento: "Pagar as dívidas imobiliárias, empréstimos estudantis, dívidas no cartão de crédito, dívidas empresariais, dívidas de governos estaduais, locais e federal, tudo isto transfere renda e cada vez mais propriedade para banqueiros e donos de títulos (*bond holders*). Esta 'deflação por endividamento' (*debt deflation*) trava o crescimento econômico ao encolher os gastos em bens e serviços e, em consequência, em novos investimentos em capital e emprego."(p.266)

Aparece aqui com força o endividamento como mecanismo complementar, mas essencial, de apropriação da mais valia prove-

---

[80] Hudson, p. 194. Ver Richard Eskow, *The 'Bankization' of America –* Common Dreams, 16 de agosto, 2013, http://www.commondreams.org/views/2013/08/16/bankization-america

niente dos produtores. "A demanda de consumidores se deteriora na medida em que a renda é desviada para o serviço da dívida." (p.266) O assalariado pode até conseguir um aumento, mas se os juros sobem mais, sua capacidade aquisitiva real irá diminuir.

Como foi possível se instalar silenciosamente esta gigantesca forma de exploração? No estilo direto de Hudson: "Somos trazidos de volta ao fato que na natureza biológica os parasitas produzem uma enzima que seda a percepção do hospedeiro de que está sendo dominado por um 'carona' (*free luncher*). Nas economias financeirizadas atuais a enzima consiste em péssima ciência econômica (*junk economics*)." Em termos de *junk economics,* basta lembrar o fantástico conto da dona de casa que economistas sérios (no sentido de reputados sérios) proclamam. Transferem dinheiro das políticas sociais, que serviria à população, para aumentar o pagamento das dívidas, que serve aos banqueiros, aumentam o déficit e dizem, com seriedade e óculos de economistas, que se trata do que uma boa dona de casa faria.[81] Deixemos aqui de lado o insulto que isto representa para as donas de casa.

O eixo geral do estudo de Hudson vai no sentido do resgate do controle do sistema financeiro. No caso dos Estados Unidos, "somente um governo suficientemente forte para taxar e regular Wall Street pode controlar a atual captura de poder financeiro e rentista." (p.267). Em 1999 os Estados Unidos revogaram a Lei Glass-Steagall que regulava o sistema financeiro. No Brasil, no mesmo ano, foi revogado o artigo 192, que regulava o sistema financeiro nacional. Resultado: a liberdade dos bancos de cobrar o que querem no Brasil faz com que a lógica financeira absorva, numa dinâmica deformada especulativa, qualquer subsídio, isenção, transferência ou outro privilégio concedido às empresas produtivas.

---

[81] Uma impressionante síntese do *junk economics* pode ser encontrada na página 177 e seguintes, "how junk economics paved the way for 2008." Ver também M. Hudson, *J is for Junk Economics,* Islet, 2017

É impressionante o paralelo entre as tentativas do governo brasileiro tentar subsidiar setores produtivos em dificuldades, e iniciativas semelhantes nos EUA. "O novo dinheiro fácil não foi 'investido na economia', financiando serviços públicos ou investindo em infraestruturas públicas. Não foi dado a donos de casas ou usado para aliviar a dívida. Em vez disso, o Federal Reserve forneceu crédito aos bancos de Wall Street a taxas de juro próximas de zero no quadro do *quantitative easing* (QE). A desculpa era que os bancos iriam emprestar este dinheiro para reativar a economia. O crédito bancário foi apresentado como mais eficiente que o gasto dos burocratas do governo – como se todo gasto público fosse simplesmente uma perda. Esta lógica enganosa provou ser completamente falsa, e de fato, uma inversão deliberada quanto para onde o crédito bancário realmente vai e em que será gasto." (p.263)

Estamos falando aqui de quatro trilhões de dólares nos Estados Unidos, e de um trilhão de euros na Europa, a título de subsídios, "para ajudar a camada no topo da pirâmide econômica, não para reduzir ou cancelar (*write down*) dívidas ou reativar a economia real por meio de gastos públicos. Este enorme ato de criação de moeda podia ter permitido aos devedores se liberarem da dívida para poder recomeçar a gastar e manter o fluxo circular de produção e consumo se movendo. Em vez disto, os governos deixaram a economia atolada em dívidas, criando moeda apenas para dá-la às instituições financeiras." (p.178)

O impacto esclarecedor do livro de Hudson é, em grande parte, ligado ao fato de ele ter trabalhado na área – nenhum desses mecanismos é ensinado nas universidades – e, em particular, por ter se debruçado sobre o conjunto dos subsistemas de apropriação de excedente social. Títulos de dívida pública, ações, patentes, seguros, especulação imobiliária, oligopólios, apropriação de recursos naturais, sistemas de atravessadores comerciais, evasão fiscal e os mais diversos sistemas paralegais ou ilegais envolvendo o sistema financeiro realmente existente contribuem, todos, para a formação de uma classe rentista cujos interesses são profundamente divorciados do progresso real das populações e da sustentabilidade. Nem os planos privados de saúde escapam.

Tampouco os Estados Unidos são uma ilha em termos de desgoverno financeiro. Volto ao argumento de que vale a pena entender como funciona o sistema de forma global, para nos darmos conta do caso brasileiro que, com menos governança, fica ainda mais grave. Vejamos o exemplo da City de Londres, segundo centro financeiro mundial depois de Wall-Street, que se aproxima muito do caso norte-americano.

Joris Luyendijk, jornalista investigativo holandês de primeira linha, foi convidado pelo *Guardian* a fazer um livro sobre como funcionam as finanças na City. O resultado é um livro extremamente legível. Luyendijk constrói a sua compreensão do sistema financeiro junto com o leitor, abrindo ao não especialista o acesso às engrenagens e, em particular, aos interesses e conflitos que surgem. Como a City está ligada à maior rede de paraísos fiscais, fraudes e ilegalidades com recursos de terceiros, abrir esta janela e ver como as coisas acontecem, na prática, é muito interessante. Infelizmente, são dinâmicas cujos custos recaem sobre todos nós.

O primeiro ponto: a zona é geral. Respondem por fraudes monumentais o Deutsche Bank, HSBC, Barclays e qualquer um desses gigantes que você consiga imaginar. E mais: sete anos depois da falência da Lehman Brothers continuamos na mesma, esperando a próxima. A lógica é simples: "Megabancos e instituições financeiras enormes operam globalmente, dizem os políticos desta escola, enquanto a política e as regras do jogo são organizadas no nível nacional ou no melhor dos casos em continentes ou blocos. As instituições financeiras podem jogar países ou blocos de países uns contra os outros, e o fazem, sem vergonha nenhuma (*shamelessly*)." (p.258) Em outras palavras: há uma regulação dispersa e fragmentada em cerca de 200 países, com seus respectivos bancos centrais, enquanto os gigantes financeiros navegam no planeta, como já vimos, sem regulação alguma, a não ser algumas recomendações de boa vontade do BIS (Banco Internacional de Compensações, de Basileia). É a era do vale tudo.

Segundo, esta alta finança tem tudo a ver com cada um de nós. Queira ou não, você maneja um cartão de crédito, pode estar pagando as prestações de uma casa ou de uma compra comercial, talvez tenha dinheiro aplicado ou, simplesmente, não entende como um banco pode cobrar 633,21% no rotativo do cartão (caso do Santander no Brasil). Veja que milhões de americanos estão indignados porque foram taxados sobre uma segunda conta aberta em seus nomes, sem que soubessem, pela Wells Fargo, outro gigante. "No caso dos escândalos Libor e FX, *traders* nos grandes bancos e casas de corretagem manipulavam taxas cruciais de juros e de câmbio para ganhos pessoais durante anos e anos." (p.234) A importância disto? "O mundo da finança não é alguma terra distante que pode ser ignorada com segurança. Se o dinheiro é para a sociedade o que o sangue é para o corpo, então o setor financeiro é o coração." (p.261)

A ética no processo? "Na City, você não pergunta se uma proposta é moralmente certa ou errada. Você examina o grau de 'risco de reputação'. Usar brechas no código fiscal para ajudar grandes corporações e famílias ricas na evasão fiscal é 'otimização tributária', por meio de 'estruturas fiscalmente eficientes'. Advogados financeiros e reguladores que aceitam qualquer coisa que você proponha são *business-friendly*, casos de fraude comprovada ou abuso passam a se chamar *mis-selling*, e explorar inconsistências entre os sistemas reguladores de dois países constitui *regulatory arbitrage*." (p.106) Nas sucessivas entrevistas de Luyendijk, os homens das finanças preferiam dizer que não são imorais, apenas amorais. "Bem vindo ao mundo da finança globalizada", escreve o autor. (p.109)

Os economistas não deveriam explicar como este sistema funciona? "Levei meses para me dar conta da arquitetura e da cultura dos bancos de investimento, e o que me surpreendeu foi o quão pouco os economistas ajudam – o próprio segmento de especialistas que você imaginaria que poderiam trazer luz para o mundo da alta finança. No entanto, economistas não fazem trabalho de campo." (p.45) O livro do Luyendijk tem esta força. Ele entra nas instituições, conversa, entrevista, checa e se insere neste mundo, ouvindo queixas bêbadas e indignações morais. Fica claro, por exemplo, por que os clientes são chamados, internamente, de *muppets* (estúpidos, fantoches).

Uma visão interessante apresentada é que essas instituições são "grandes demais para saber o que está acontecendo" (*too big to know what's going on*, encalacramento que já vimos acima no estudo de Lumsdaine). "Em muitos bancos, os escritórios de frente, do meio e de retaguarda obedecem a sistemas diferentes em diferentes países...os leitores ficariam chocados em saber a desgraça que são (*just how crap*) os sistemas de tecnologia da informação em muitos bancos, bem como nas corporações e ministérios de governo". (p.141) Na realidade, os gigantes corporativos financeiros deixam muito pouco a desejar à burocracia estatal. Pior, nem mesmo os sistemas internos de controle que por lei devem existir (os departamentos de "*compliance*") entendem o que acontece. (p.132)

Esta proximidade com os sistemas burocráticos do Estado não constitui apenas semelhança. O autor também trabalha a captura do poder: "No decorrer das últimas décadas, os partidos políticos *mainstream,* bem como os reguladores, passaram a se identificar com o setor financeiro e a sua gente. O termo aqui é 'captura', uma forma de comportamento de manada em termos cognitivos... A captura é mais sútil e já não requer a transferência de fundos, pois o político, o acadêmico ou o regulador começaram a acreditar que o mundo funciona do modo que os banqueiros dizem que funciona". (p.257) Estamos aqui no universo que conhecemos bem: "Na América, na França e no Reino Unido, a lei permite que bancos e banqueiros comprem poder político – processo conhecido em outro exemplos de linguagem obscurecida como 'doações de campanhas' em vez de 'corrupção'". (p.256)

Em relação às medidas? "Isto requer leis melhores e não seria difícil ver quais quatro mudanças essas leis devem realizar. Antes de tudo, os bancos precisam ser divididos em unidades menores, de forma que deixem de ser grandes demais ou complexos demais para quebrar, e isto significa que já não poderiam mais nos chantagear. Os bancos não deveriam ter sob o mesmo teto atividades que geram conflitos de interesses, como *trading,* gestão de patrimônio e negociação, atividades de banco de correntistas, e atividades de banco de investimento de maior risco. Em terceiro lugar os bancos não deveriam ser autorizados a construir, vender ou ser proprietários de produtos financeiros excessivamente complexos, de forma que os clientes possam compreender o que estão comprando e os investidores possam entender a contabilidade dos bancos. Finalmente, os bônus mas também as críticas deveriam cair sobre as mesmas cabeças, ou seja, ninguém deveria ter mais razão de ficar acordado a noite, preocupando-se com os riscos para o capital do banco ou a sua reputação, do que os banqueiros que tomam estes riscos." (p.254)

Na realidade, seja nos EUA, em Londres ou no Brasil, o fato é que a única coisa que vemos do sistema financeiro, como simples clientes, são as publicidades que claramente não explicam nenhum "produto", apenas visam associar o nome do banco com valores humanos e simpatia. O caixa ou gerente de conta na ponta do sistema, de forma geral, desconhece completamente o sistema no seu conjunto. A ele cabe empurrar os produtos, mesmo ciente de que são prejudiciais ao cliente, porque tem de cumprir as metas, ganhar pontos e evitar prejudicar os colegas da agência. Para os mais conscientes, o mal-estar é crescente.

❦

O princípio do equilíbrio político a que estamos submetidos é simples: é preciso manter "a confiança dos investidores", ou seja, mantê-los gordos e bem alimentados, sem o que se revoltam. Evidentemente não se trata de investidores, no sentido estrito de investidores produtivos, mas sim de aplicadores financeiros, que ganham pelo que rendem os papéis, sem comum proporção com o que contribuem com a economia. Pelo contrário, ao extraírem mais do que contribuem, geram um impacto líquido negativo sobre toda a economia. Vimos antes a avaliação de Epstein e Montecino que de cada dólar que chega aos intermediários financeiros, apenas 10 centavos retornam para investimento produtivo. Não conheço nenhum dado que me permita avaliar a proporção correspondente no Brasil. Ou seja, não temos elementos para avaliar o mais importante, qual a produtividade do sistema financeiro do país. Mas estamos aqui sempre sob a mesma lógica: rende mais aplicar em papéis do que produzir, e a economia produtiva é simplesmente drenada.

A população em geral é literalmente sugada do resultado dos seus esforços através de três mecanismos convergentes. O mais tradicional resulta do fato da produtividade do trabalhador aumentar sem que os salários aumentem de maneira correspondente.

Temos aqui a mais-valia extraída pela compressão da remuneração dos trabalhadores. Na mesma linha se situa a redução ou não aumento dos salários quando são comidos pela inflação.

Uma segunda forma de reduzir o rendimento dos trabalhadores tem a ver com o salário indireto: o acesso à escola pública, serviços de saúde, à seguridade social em geral, às diversas formas de acesso aos bens e serviços de consumo coletivo. Quando se ataca esta outra forma de rendimento, por exemplo, transformando os impostos em pagamentos sobre a dívida pública, ou congelando a capacidade do governo expandir políticas sociais, o resultado é outra frente de redução da participação da maioria no produto social.

Uma terceira forma de reduzir o direito da população de ter acesso aos bens e serviços é por meio da elevação da taxa de juros tanto para pessoa física como jurídica. Quando uma pessoa física é obrigada a pagar mais de 100% sobre um produto vendido a prazo – desconforto evitado pelas pessoas ricas que têm como pagar à vista -- sua capacidade de compra foi dividida por dois: ficou mais pobre. Quando uma pequena empresa é extorquida pelos juros bancários – coisa que uma multinacional evita ao pegar empréstimos no exterior ou pela matriz, com juros incomparavelmente menores – sua capacidade de investir e de produzir é drasticamente reduzida.

Se juntarmos os juros sobre a dívida pública que restringem o acesso da população a bens públicos, com os juros que encarecem o consumo e travam o investimento, temos aqui um fenômeno de apropriação indébita generalizado: a extração de uma parte do excedente socialmente produzido por quem se limitou a controlar e exigir o rendimento dos seus papéis.

Este processo se expandiu radicalmente desde os tempos de Marx. Mas não há como não reagir com bom humor ao ler este trecho do velho barbudo: "A dívida pública converte-se numa das alavancas mais poderosas da acumulação primitiva. Como uma varinha de condão, ela dota o dinheiro de capacidade criadora, transformando-o assim em capital, sem ser necessário que o seu dono se exponha aos aborrecimentos e riscos inseparáveis das aplicações industriais e mesmo de atuar como usurário. Os credores do Estado nada dão na realidade, pois a soma converte-se em títulos da dívida pública facilmente transferíveis, que continuam a funcionar em suas mãos como se fossem dinheiro. A dívida pública criou uma classe de capitalistas ociosos, enriqueceu, de improviso, os agentes financeiros que servem de intermediários entre o governo e a nação. As parcelas de sua emissão adquiridas pelos arrematantes de impostos, comerciantes e fabricantes particulares lhes proporcionam o serviço de um capital caído do céu. Mas, além de tudo isso, a dívida pública fez prosperar as sociedades anônimas, em suma, o jogo da bolsa e a moderna bancocracia".[82]

Marx aponta no mesmo capítulo de *O Capital* que o sistema da dívida pública leva a um aumento dos impostos para cobrir os seus juros: "Como a dívida pública está assentada nos recursos públicos, que devem financiar o seu serviço anual, o sistema moderno de impostos era o corolário necessário dos endividamentos da nação". (La Pléiade, p. 1218) O que hoje enfrentamos é basicamente o mesmo processo, apenas radicalmente mais amplo na sofisticação e amplitude.

O que é novo, portanto, é a expansão do mecanismo, que hoje se estende para cada pequena compra que fazemos a prazo, cada vez que passamos o cartão de crédito na maquininha, cada custo financeiro empresarial repassado para preços que pagamos no caixa. O sistema de intermediação financeira se agigantou, cobra pedágios sobre praticamente todas as nossas atividades, com uma

---

[82] Karl Marx, *O Capital: Crítica da Economia Política*, Livro I, Vols. I e II, p. 868 – Rio de Janeiro, Civilização Brasileira, 2008 – Devo a Marcos Henrique do Espírito Santo ter localizado esta pérola de plena atualidade. Na edição francesa, La Pléiade, *Le Capital*, Livre I. Chapitre XXXI, p.1217

imensa diferença relativamente ao investidor efetivo em atividades produtivas: é um capital improdutivo, retorna apenas em pequena parcela para a economia real. Na realidade, é riqueza, ou patrimônio, que deixa de ser capital. O sistema financeiro ter se tornado um vetor de descapitalização é realmente interessante. Os rentistas têm de voltar a trabalhar, a ganhar o seu pão honestamente como qualquer trabalhador. Muitos intermediários financeiros se matam sem dúvida de trabalhar, e ganham rios de dinheiro. Mas não é nisto que está a questão, e sim no fato do seu trabalho consistir em se apropriar do fruto do trabalho dos outros.

As novas tecnologias, ao permitir que as corporações financeiras acompanhem em detalhe o nosso dinheiro imaterial, a nossa conta ou a nossa dívida, por meio de algoritmos que facilitam o tratamento em massa, geram uma nova realidade tanto nacional como mundial. O nosso direito aos bens e serviços da sociedade depende dos sinais magnéticos inscritos nos computadores dos bancos e no cartão no nosso bolso. Gostemos ou não, estamos dentro do sistema. Joel Kurtzman, no seu *Death of Money*, tinha razão ao especular, ainda em 1993, sobre a mudança de poder econômico que o dinheiro como expressão digital permitiria.[83]

Lutar por condições decentes de vida, além de lutar por salários decentes, envolve hoje a luta pelo salário indireto por meio de políticas públicas, e a luta contra os juros extorsivos que drenam a nossa capacidade de compra. A necessidade da luta não se reduz, se expande. E a necessidade da compreensão dos novos mecanismos de exploração por parte da população em geral torna-se essencial.

---

[83] Joel Kurtzman – *The Death of Money: How the Electronic Economy has Destabilized the World's Markets and Created a Financial Chaos* - Simon & Schuster, New York 1993 – Kurtzman ajudou bastante na compreensão do desgarramento (*decoupling*) entre a economia do "dinheiro" e a economia "real".

CAPÍTULO 12
A DIMENSÃO BRASILEIRA:
OS QUATRO MOTORES DA ECONOMIA

Não à toa a publicidade dos agentes financeiros é tão repleta de imagens de ternura e segurança. Uma moça sorridente, velhinhas que brincam com o seu celular, uma mãe com crianças ou bebê: tudo para implicar tranquilidade e segurança. No entanto, poucos setores de atividade são tão truculentos nos seus impactos, como se vê nos milhões de americanos que perderam as suas casas, gregos que perderam as suas poupanças ou a massa de brasileiros do andar de baixo que se veem enforcados sem sequer entender o mecanismo que os priva dos recursos. Os sistemas dominantes de informação não ajudam. Como tão bem resume o próprio Michael Hudson, "o objetivo implícito dos departamentos de marketing dos bancos – e dos credores em geral – é amarrar o conjunto do excedente econômico ao pagamento do serviço da dívida." (p.3)

Por toda parte no Brasil vemos sofisticados sistemas de informação qualificados de "impostômetros". Isto repercute com força nas emoções da população, que se sente esmagada pelos impostos e esquece dos juros. E sequer entende que os próprios impostos são tão elevados porque são em grande parte transferidos para os bancos: o salto na carga tributária no Brasil, da ordem de 27% para 34%, se deu ainda nos anos 1990, justamente para pagar juros sobre a dívida. O prego no caixão é que são justamente os maiores receptores dos recursos assim apropriados que pagam menos impostos.

Mas vamos por partes. O que já vimos, tanto em termos de nova arquitetura do poder como nos exemplos de mecanismos de extração do excedente produzido pela sociedade, ajuda a ter pontos de referência. O queremos ver agora é como este sistema se organiza no Brasil, e como travou a economia em geral.

A economia funciona movida por quatro motores: as exportações, a demanda das famílias, as iniciativas empresariais e as políticas públicas. No nosso caso, a partir de 2014, estes quatro motores ficaram travados, e o sistema financeiro desempenhou um papel essencial neste travamento. Entender este processo nos permite entender as principais engrenagens da própria economia.

O comércio externo

No Brasil, as exportações não constituem nem de longe o principal motor da economia. Os cerca de 200 bilhões de dólares de exportações, equivalentes a cerca 600 bilhões de reais, representam 10% do PIB. É significativo, em particular porque permite importar bens e serviços importantes para a economia, mas nada de decisivo. Não somos, de modo algum, uma economia como alguns países asiáticos, onde o motor do comércio externo é essencial. Com uma população de 204 milhões habitantes, e um PIB de 6 trilhões de reais, somos antes de tudo uma economia vinculada ao mercado interno. Se as dinâmicas internas não funcionam, o setor externo pouco poderá resolver.

Ainda assim, é suficientemente importante para contribuir ao travamento. Os preços das *commodities* (*Commodity Price Index*), por exemplo, caíram 21,14% nos 12 meses de abril 2015 a abril 2016, e as nossas exportações dependem muito destes produtos. Aqui, não há muito que possamos fazer, pois se trata da evolução do mercado mundial. Inclusive, as atividades para a exportação continuam firmes em termos de produção e volume, mas o que rendem é hoje muito menos. A monocultura de exportação, ao igual da mineração em grande escala, gera poucos empregos, e tem portanto um efeito limitado de dinamização pela demanda. Não é daí que virá a salvação da lavoura.

Ainda que se trate de bens físicos como minério de ferro ou soja, o fato é que no plano internacional as variações são diretamente ligadas às atividades financeiras modernas, como vimos no capítulo sobre *commodities*. Não há razões significativas em termos de volumes de produção e de consumo mundial que justifiquem as enormes variações de preços de *commodities* no mercado internacional. Os volumes de produção e consumo de petróleo, por exemplo, situam-se em torno de 95-100 milhões barris por dia, com muito poucas alterações. Mas as movimentações diárias de trocas especulativas sobre o petróleo ultrapassam três bilhões de barris, cerca de 30 vezes mais. São estas movimentações especulativas que permitem entender que com um fluxo estável do produto real que é petróleo oscile tanto em poucos meses.

O que movimenta os preços neste caso não é a economia chinesa, ou uma decisão da Arábia Saudita ou ainda a entrada do Irã de volta ao mercado, mas sim a expectativa de ganhos especulativos dos *traders,* hoje 16 grupos que controlam o comércio mundial de *commodities*. Estes grupos, concentrados em Genebra, alimentam o chamado mercado de derivativos, que hoje é da ordem de 500 trilhões de dólares, para um PIB mundial de 80 trilhões. Neste sistema estão todos os grandes grupos financeiros mundiais, gerando imensa instabilidade tanto para os países produtores como para os países consumidores.

O essencial para o nosso raciocínio aqui é que as soluções no curto e no médio prazo, para a economia brasileira, concentram-se no mercado interno, no consumo das famílias, nas atividades empresariais e nos investimentos públicos em infraestruturas e políticas sociais. Com a instabilidade internacional gerada por um caos financeiro que não consegue definir instrumentos de regulação, as soluções para o Brasil aparecem essencialmente nas dinâmicas internas, inclusive compensando com a expansão do mercado interno a fragilidade das perspectivas internacionais. Não se trata de subestimar o impacto das nossas perdas nas exportações como fator de travamento da economia, mas sim entender que de longe a dinâmica principal está nas atividades voltadas para a demanda interna. Uma melhora nos preços das nossas exportações ajuda, mas é sobremesa: o eixo central está aqui dentro do país.

A demanda interna

Incomparavelmente mais importante é a demanda das famílias, que constitui o principal motor da economia. Trata-se também de uma dinâmica que estimula atividades fins, o arroz e o feijão na nossa mesa. Quando a demanda interna murcha, as empresas não têm interesse em produzir. E quando a demanda está forte, haverá quem invista para responder e lucrar, dinamizando a economia.

Os dois governos Lula e o primeiro governo Dilma elevaram fortemente a base popular de consumo, através do conjunto de programas de distribuição de renda, elevação do salário mínimo, inclusão produtiva e outras medidas que permitiram tirar da pobreza dezenas de milhões de pessoas, gerando uma dinâmica de forte crescimento, o que por sua vez permitiu financiar as próprias políticas sociais. É o que se chamou de círculo virtuoso, em que um progresso alimentou outro. A partir de 2013, no entanto, o processo entrou em crise. A realidade é que os bancos e outros intermediários financeiros demoraram pouco para aprender a drenar o aumento da capacidade de compra do andar de baixo da economia, esterilizando em grande parte o processo redistributivo e a dinâmica de crescimento.

Trata-se nada menos do que da esterilização dos recursos do país através do sistema de intermediação financeira, que drena em volumes impressionantes recursos que deveriam servir ao fomento produtivo e ao desenvolvimento econômico. Os números são bastante claros, e conhecidos, e basta juntá-los para entender o impacto.

Comecemos pelas taxas de juros ao tomador final, pessoa física, praticadas no comércio, os chamados crediários. A ANEFAC (Associação Nacional de Executivos de Finanças, Administração e Contabilidade) traz os dados de fevereiro de 2018:

Taxas de Juros do Crediário por Setor - 2018

SETORES	Janeiro 2018		Fevereiro 2018		Variação (%)	Variação de pontos percentuais ao mês
	Taxa mês (%)	Taxa ano (%)	Taxa mês (%)	Taxa ano (%)		
Gdes. Redes	2,76	38,16	2,79	39,13	1,09	0,03
Med. Redes	5,68	94,05	5,73	95,15	0,88	0,05
Peq. Redes	6,61	115,56	6,67	117,02	0,91	0,06
Emp. Turismo	4,60	71,55	4,64	72,33	0,87	0,04
Art. do Lar	7,10	127,76	7,16	129,29	0,85	0,06
Ele. Eletron.	5,30	85,84	5,35	86,90	0,94	0,05
Importados	5,98	100,76	6,01	101,45	0,50	0,03
Veículos	1,99	26,68	1,97	26,38	- 1,01	- 0,02
Art. Ginástica	7,62	141,39	7,67	142,74	0,66	0,05
Informática	7,30	81,86	5,15	82,69	0,78	0,04
Celulares	4,78	75,12	4,82	75,93	0,84	0,04
Decoração	7,30	132,91	7,36	134,48	0,82	0,06
Média Geral	**5,40**	**87,97**	**5,44**	**88,83**	**0,74**	**0,04**

Fonte: Anefac, Pesquisa de Juros, agosto de 2018: https://goo.gl/HHZk5W[84]

Antes de tudo, uma nota metodológica: os juros são quase sempre apresentados, no Brasil, como "taxa mês", como na

---

[84] *Link* original:
https://www.anefac.com.br/uploads/arquivos/2018315161835543.pdf, 2018

primeira coluna acima. É tecnicamente certo, mas comercialmente e eticamente errado. É uma forma de confundir os tomadores de crédito, pois ninguém consegue calcular mentalmente juros compostos. O que é usado mundialmente é o juro anual que resulta. O Banco Itaú, por exemplo, apresenta no seu site as taxas de juros apenas no formato mensal, pois ao ano apareceriam como são, extorsivos. O procedimento é simplesmente vergonhoso, um abuso de poder econômico.

A média de juros praticadas nos crediários, de 88,83% na última linha da tabela acima, significa simplesmente que este tipo de comércio, em vez de prestar decentemente serviços comerciais, se transformou essencialmente num banco, e lucra praticando agiotagem. Aproveita o fato das pessoas não entenderem de cálculo financeiro, e de disponibilizarem de pouco dinheiro à vista, para as extorquir. Aqui, o vendedor de "Artigos do Lar", ao cobrar juros de 129,29% sobre os produtos, trava a demanda, pois esta ficará represada por 12 ou 24 meses enquanto se paga as prestações, e trava o produtor, que recebe muito pouco pelo produto. É o que temos qualificado de economia do pedágio. Para se dar conta do assalto a partir de 2014, já com banqueiros no poder, em junho de 2014 a média de juros nos crediários era de 72,33%, e para "Artigos do Lar" eram de 104,89%. Já era extorsão, mas virou assalto. Os que vieram teoricamente recuperar a economia são os que a afundaram.

Ironicamente, as lojas dizem que "facilitam". No conjunto do processo, a metade da capacidade de compra do consumidor fica com o intermediário, que não produz nada. E como o produtor recebe pouco, a sua capacidade de investimento estanca. Como o grande comércio mantém basicamente o mesmo nível de juros nos crediários, as pessoas passam a achar que é assim mesmo, "normal". E a mídia não informa. Para efeitos de comparação, uma grande rede semelhante de eletrodomésticos na Europa, Midia@markt, trabalha com juros de 13,3% (equivalentes a 1,05 ao mês) e tem belos lucros. Permite que as pessoas comprem, mas não trava o desenvolvimento.

Os consumidores não se limitam a comprar pelo crediário, cuja taxa média de 88,83% aparece reproduzida abaixo na primeira linha. Usam também cartão de crédito e outras modalidades de mecanismos financeiros pouco compreendidas pela imensa maioria dos consumidores.

Taxa de Juros para Pessoa Física - 2018

LINHA DE CRÉDITO	Janeiro 2018		Fevereiro 2018		Variação (%)	Variação de pontos percentuais
	Taxa mês (%)	Taxa ano (%)	Taxa mês (%)	Taxa ano (%)		
Juros comércio	5,40	87,97	5,44	88,83	0,74	0,04
Cartão de crédito	12,70	319,84	12,67	318,50	- 0,24	- 0,03
Cheque especial	12,12	294,64	12,18	297,18	0,50	0,06
CDC – bancos- financiamento de automóveis	1,99	26,68	1,97	26,38	- 1,01	- 0,02
Empréstimo pessoal-bancos	4,10	61,96	4,22	64,22	2,93	0,12
Empéstimo pessoal- financeiras	7,44	136,59	7,50	138,18	0,81	0,06
Taxa Média	7,28	132,65	7,33	133,70	0,55	0,04

Fonte: Anefac, Pesquisa de Juros, agosto de 2018: https://goo.gl/HHZk5W[85]

Tomando os dados de fevereiro de 2018, constatamos que os intermediários financeiros cobram 318,50% no cartão de crédito, 297,18 % no cheque especial, 26,38% na compra de automóveis.

---

[85] *Link* original: https://www.anefac.com.br/uploads/arquivos/2018315161835543.pdf, 2018

Os empréstimos pessoais custam na média 64,22 % nos bancos e 138,18% nas financeiras. Estamos deixando aqui de lado a agiotagem de rua, que aliás hoje já não se diferencia tanto dos bancos, que praticam simplesmente a agiotagem legal. O argumento fica claro ao compararmos as taxas de juros acima com as taxas anuais praticadas na Europa, aqui com dados do Banco Central Europeu e diferentes linhas de crédito em diversos países da UE.

Taxas de juros bancárias - Repositório de Dados Estatísticos do Banco Central Europeu (ECB)

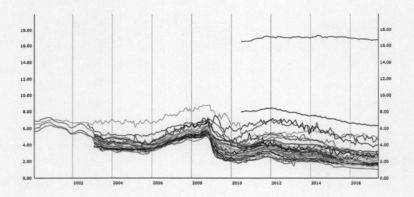

Fonte: Banco Central Europeu: https://goo.gl/gDTXVC[86]

Na tabela acima estão diversas taxas de juros, para diversos tipos de crédito, na área europeia. A análise dos dados pode ser feita a partir do *link* da página internet do Banco Central Europeu, que permite abrir o detalhe de cada linha. Aqui na imagem estática, no papel, o que se vê é a tendência do conjunto: as taxas de juros efetivamente praticadas se situam essencialmente entre 1,5% e 3,5% ao ano, e a única linha um pouco fora da curva é a que concerne o cheque especial (*overdraft*) e rotativo (*revolving loans*),

---

[86] *Link* original: goo.gl/wN8XWb

que atingem cerca de 6,5% ao ano. E os bancos europeus são lucrativos. Lembrando que no Brasil o cheque especial está na faixa de 320% e o rotativo na faixa de 485%. Não seria possível sequer representar os juros brasileiros neste gráfico. A agiotagem atingida no país é simplesmente escandalosa, e o seu enfrentamento uma prioridade absoluta para qualquer tentativa de colocar a economia brasileira nos trilhos. A apresentação de juros ao mês tem como único objetivo confundir as pessoas, pois faz os nossos juros parecerem semelhantes com os internacionais, que são anuais.

É importante lembrar que mesmo sem entrar no crédito do cartão, tipicamente uma loja tem de pagar cerca de 5% do valor das compras à vista ao banco, além do aluguel da máquina. Estes 5% podem ser menores para grandes lojas com capacidade de negociação com o sistema financeiro, mas de toda forma trata-se de um gigantesco imposto privado sobre o consumo, que reduz drasticamente a capacidade de compra do consumidor, porque o comércio incorpora o custo no preço.

A Associação Brasileira das Empresas de Cartões de Crédito e Serviços (Abecs) considera que esta carteira "está sendo responsável por fomentar o crédito ao consumidor no país". É uma forma positiva de apresentar o problema, mas fomenta-se o crédito, e não necessariamente o consumo. No caso da frequente entrada no crédito rotativo, as pessoas pagarão três ou quatro vezes o valor do produto. Miguel de Oliveira, diretor da Anefac, resume bem a situação: "a pessoa que não consegue pagar a fatura e precisa parcelar, ou entrar no rotativo, na verdade está financiando a dívida do cartão de crédito com outro tipo de crédito." O problema é que essa dívida não tem fim. As pessoas acabam não se dando conta dos juros que terão que pagar (DCI, B1, 20/08/2014).

Como as pessoas têm dificuldades para imaginar que o sistema tenha sido tão grosseiramente deformado, apresentamos abaixo a tabela de juros cobrados pelo Banco Santander. O "Custo Efetivo Total" do crédito rotativo no Santander, por exemplo, informado em tabela enviada aos clientes, é de 633,21%.

Taxa de Juros do Crédito Rotativo

OPERAÇÃO DE CRÉDITO	Taxa de juros ao mês (%)	Taxa de juros ao ano (%)	IOF Adicional (%)	IOF (%)	Seguro Prestamista (%) (se contratado)	Tarifa (R$)	Custo Efetivo Total ao ano (%)
Crédito Rotativo	16,99	557,33	0,38	0,1230	-	-	633,21
Compras Parceladas com juros	1,90	25,34	0,38	0,1230	-	-	30,07
Saque à Vista	19,99	790,71	0,38	0,1230	-	15,00	997,96
Parcelamento da Fatura	9,29	190,37	0,38	0,1230	3,50	-	324,80
SuperCrédito	-	-	-	-	-	-	-
Total Parcelado	6,50	112,90	0,38	0,1230	4,50	-	171,85

Custo efetivo total válido para o próximo período
Para os parcelamentos (Parcelamento da Fatura e Total Parcelado) o cálculo é realizado com base no plano com menor quantidade de parcelas e no valor do limite total disponível para a respectiva operação, informados nesta fatura.
Para o Saque à Vista, se disponível, o cálculo é realizado com base no valor do limite total disponível, informado nesta fatura.
Para o Crédito Rotativo (Pagamento Parcial) o cálculo é realizado com base na diferença entre o valor total desta fatura e o valor do Pagamento Mínimo, informados nesta fatura.

Fonte: Mala direta do Banco Santander para clientes, Brasil, 2016

Depois de 2014, já com banqueiros no poder efetivo da área econômica, o processo se agrava radicalmente. Por exemplo, no produto "Santander Master" o crédito custou ao cliente 481,96% em fevereiro de 2016. Em dezembro de 2014 este produto custava 372,62%. (*Extrato Inteligente*, publicação do Santander enviada aos clientes). Naturalmente, não espanta a espantosa cifra de 58,3 milhões de adultos no Brasil entrarem em 2017 com o nome sujo, segundo o SPC (Serviço de Proteção ao Crédito, 10/01/2017): "O dado revela que 39% da população brasileira adulta está registrada em listas de inadimplentes, enfrentando dificuldades para realizar compras a prazo, fazer empréstimos, financiamentos ou contrair crédito."[87]

E com liberdade total dos bancos, conforme ressalta o relatório da Anefac: "Destacamos que as taxas de juros são livres e as mesmas são estipuladas pela própria instituição financeira, não existindo assim qualquer controle de preços ou tetos pelos valores cobrados." Lembremos que o Artigo 192 da Constituição que regulamentava o sistema financeiro nacional foi revogado em 1999.

Obviamente, com estas taxas, as pessoas, ao fazer uma compra a crédito, gastam mais com os juros do que com o próprio valor do produto adquirido. As famílias não só se endividam muito como se endividam muito comprando pouco. A conta é evidente: em termos práticos, pagam quase o dobro, às vezes mais. Dito de outra forma, compram a metade do que o dinheiro deles poderia comprar, se fosse à vista. Isto que a compra à vista já inclui os lucros de intermediação comercial. De acordo com os dados do Banco Central, em março de 2005 a dívida das famílias equivalia a 19,3% da renda familiar. Em março de 2015, a dívida acumulada representava 46,5% da renda. Este grau de endividamento, em termos de estoque da dívida, é inferior ao de muitas economias desenvolvidas. Mas nelas se paga juros da ordem de 2% a 5% ao ano. Com os juros aqui praticados, as famílias deixaram evidentemente de expandir o seu consumo, e a sua capacidade de compra foi apropriada pelos intermediários financeiros. A demanda foi travada pelos altos juros para pessoa

---

[87] SPC – Serviço de Proteção ao Crédito - https://www.spcbrasil.org.br/imprensa/noticia/2415, 10 de janeiro de 2017

física, e isto trava a economia no seu conjunto. (Banco Central do Brasil, Departamento Econômico/DEPEC, 2015)

Não é o imposto que é o vilão, ainda que o peso dominante dos impostos indiretos só piore a situação. O vilão é o desvio da capacidade de compra para o pagamento de juros. As famílias estavam gastando muito mais, resultado do nível elevado de emprego e da elevação do poder aquisitivo da base da sociedade, mas os juros esterilizaram a capacidade de dinamização da economia pela demanda que estes gastos poderiam representar. Um dos principais vetores de dinamização da economia foi travado.

Gerou-se uma economia de atravessadores financeiros. Prejudica-se as famílias que precisam dos bens e serviços e, indiretamente, as empresas efetivamente produtoras, que têm os seus estoques parados. Perde-se boa parte do impacto de dinamização econômica das políticas redistributivas. O crédito consignado ajuda, mas atinge apenas 23,5% do crédito para consumo (DCI, 2014), e também se situa na faixa de 25% a 30% de juros. Parece baixo, por causa do nível exorbitante das outras formas de crédito. Mas não é.

Alguns exemplos ajudam a entender a dinâmica. O crediário cobra, por exemplo, 141,12% para "Artigos do Lar" comprados a prazo (ver tabela na página 202). Quem se enforca com este nível de juros e recorre ao cheque especial (mais de 300%) apenas se afunda na dívida acumulada, e se entra no rotativo do cartão, da ordem de 450%, acaba de amarrar o nó no pescoço. Note-se que os juros sobre o cheque especial e o rotativo no cartão não ultrapassam 20% ao ano nos países desenvolvidos. Temos neste caso grande parte da capacidade de compra dos novos consumidores drenada para intermediários financeiros, esterilizando a dinamização da economia pelo lado da demanda.

No caso da pessoa buscar o crédito no banco, o o juro para pessoa física, em que pese o crédito consignado, que na faixa de 25% a 30% ainda é escorchante, mas utilizado em menos de um quarto dos créditos, é da ordem de 64,22%, segundo a ANEFAC. Na França, os custos correspondentes se situam na faixa de 3,5% ao ano.

As pessoas que, mais conscientes ou dispondo de mais recursos, e compram à vista no cartão, ignoram em geral que na modalidade "crédito" de uma compra de 100 reais, 5% do que pagam vão para os bancos, e na modalidade "débito" cerca de 2,5%. A Contribuição Provisória sobre Movimentação Financeira (CPMF) era de 0,38% e provocou uma avalanche de críticas. Na compra a vista, pagando com cartão na modalidade "crédito" o banco desconta cinco reais sobre uma compra de 100 reais, quando o custo da operação (gestão dos cartões) mal chega a 10 centavos. Um custo benefício de 50 por 1. Com milhões de operações de pagamento à vista no cartão efetuadas todo dia, todas as atividades econômicas se tornam mais caras para o consumidor. É um dreno imenso sobre toda a economia.

É preciso acrescentar aqui que muitos dos novos compradores a prazo têm pouca experiência de crédito. Uma prática particularmente nefasta é o fato dos intermediários, e hoje inclusive os bancos, apresentarem o juro ao mês, e não ao ano, o que esconde o mecanismo de juros compostos. Uma pessoa sem formação na área pensará que um juro de 6% ao mês é três vezes maior do que um juro de 2% ao mês. Juros de 6% ao mês representam cerca de 100% ao ano, quando juros de 2% ao mês representam 26% ao ano. Três vezes 26 são 78%. O comprador vai fazer estes cálculos de cabeça?

Na realidade, é até estranho constatar que em todo o ciclo escolar, e inclusive nas universidades, a não ser na área especializada em economia financeira, ninguém nunca teve uma aula sobre como funciona o dinheiro, principal força estruturante da nossa sociedade. Não à toa Stiglitz obteve o seu Nobel de Economia com trabalhos sobre assimetria de informação nos processos econômicos.

O resultado é que a população se endivida muito para comprar pouco. A prestação que cabe no bolso pesa no bolso durante muito tempo. O efeito demanda é travado. Quando 58,3 milhões de adultos no Brasil estão com o nome sujo no sistema de crédito, é o sistema que está deformado.[88] O brasileiro trabalha muito, mas os resultados são desviados das atividades produtivas para a chamada ciranda financeira, que não reinveste na economia real. Não se pode ter o bolo e comê-lo ao mesmo tempo. O principal motor da economia, a demanda das famílias, é travado.

A verdade é que Brasil tem no seu amplo mercado interno uma gigantesca oportunidade de expansão. A eficácia deste processo sobre o andamento geral da economia se evidenciou durante a fase de aumento de renda das famílias no governo Lula, mas também foi evidente no impressionante avanço da Europa no pós-guerra, e hoje na China. Em termos econômicos, é o que funciona. E o crédito tem de se colocar a serviço da dinamização do consumo de massa.

Na fase inicial da crise no Brasil, gerada em grande parte pelo próprio sistema financeiro, tornou-se moda repetir que esse estímulo à economia se esgotou, como se o pouco que a massa de pobres do país pôde avançar fosse um teto. Nada como dar uma volta em bairro popular, ou consultar as estatísticas no Data Popular, que estuda o nível de consumo do andar de baixo, para se dar conta da idiotice que o argumento representa. A massa da população tem muito nível quantitativo e qualitativo de consumo

---

[88] Serviço de Proteção ao Crédito, SPC, janeiro de 2017 - http://dowbor. org/2017/01/inadimplencia-desacelera-em-2016-e-fecha-dezembro-com--583-milhoes-de-brasileiros-negativados-janeiro-2017-1p.html/

a atingir, tanto em termos de consumo "de bolso" a partir da renda disponível, como do consumo coletivo com mais acesso à educação, saúde e outros bens públicos de acesso universal.[89]

Caso concreto de endividamento pessoal

Profissional autônoma, sem vínculo empregatício, nem carteira assinada, aos 40 anos, Maria do Carmo ficou dois meses sem receber salário, o que lhe obrigou a pedir um empréstimo no Santander, banco onde era correntista há mais de vinte anos. Muito simpática, sua gerente lhe ofereceu um empréstimo de R$ 5.790,00 - o que a tiraria do sufoco. Esse valor seria pago em 25 prestações de 497,45 reais. Um acordo da China para o Santander, que emprestaria R$ 5.790,00 e receberia, de volta, R$ 12.436,25.

A gerente apresentou a taxa de juros que iria ser cobrada a Maria do Carmo: 6,89% ao mês. Curiosamente, ela não mencionou que o valor da taxa ao ano: 125,02%. Ou seja, mais que o dobro do valor pedido no empréstimo, mas descrita apenas no contrato. Como Maria do Carmo não entende nada de sistema de juros, ela não questionou sua gerente sobre isso, fixando apenas o valor de 6,89%, que nada lhe dizia. A gerente também ofereceu outros produtos para Maria do Carmo, inclusive o cartão Van Gogh, cuja cobrança é maior do que a do cartão comum até então utilizado por ela. Também lhe foi sugerido um seguro de vida.

---

[89] João Sicsú resume bem a evolução do perfil de consumo: "O Brasil progrediu em termos de direitos econômicos, isto é, ampliação do emprego, desconcentração da renda, melhoria real dos salários, redução da pobreza extrema e democratização do consumo. É hora de radicalizar o projeto de desenvolvimento ofertando serviços públicos de qualidade nas áreas da saúde, educação, transportes e segurança social e de vida." João Sicsú – *O Que É e o Que Produz o Ajuste Fiscal*, 19 de maio, 2015

Em novembro de 2016, Maria do Carmo conseguiu ajuda para quitar sua dívida e ligou para a gerente do banco. No começo de novembro de 2016, ela havia pago cinco prestações de R$ 497,45, ou seja, R$ 2.487,25. Se não quitasse a dívida, ainda lhe faltariam 20 prestações a serem pagas, totalizando R$ 9.949,00. Ao quitar uma dívida, o banco faz um cálculo de redução de juros. O total que Maria do Carmo precisava ter naquele momento para quitar a sua dívida era R$ 5.672,61.

Note que entre 25 de junho e 16 de novembro, em apenas cinco meses, o Santander lucrou R$ 2.369,86 em cima de Maria do Carmo, emprestando R$ 5.672,61 e recebendo dela R$ 8.159,86 (R$ 2.487,25 em cinco prestações pagas entre junho e outubro; e R$ 5.672,61 pagos em novembro para quitar a dívida total). Evidentemente que para o Santander seria muito mais interessante se Maria do Carmo não tivesse quitado a sua dívida. Se ela não recebesse ajuda, o banco teria abocanhado em 25 meses (dois anos) R$ 6.646,25 mil de Maria do Carmo (R$ 12.436,25 que resultou no total da dívida menos os R$ 5.790,00 emprestados).

Maria do Carmo é um exemplo. Imagine a quantidade de pessoas que estão na sua situação, gerando esse tipo de lucro ao Santander. Na Espanha, sua matriz, o Santander atua de uma forma completamente diferente. Na Europa este empréstimo seria com juro de 3,5% ao ano, e não 125,02%. E não estamos falando em cheque especial ou rotativo no cartão, este último na nas alturas de 633% no Santander.

A atividade empresarial

O travamento da demanda das famílias, da grande massa de consumo da população, tem efeito imediato nas iniciativas das empresas, que veem acumular seus estoques de produtos não vendidos. É natural que reduzam o ritmo de produção, o que por sua vez afeta o emprego. Impacto maior ainda resulta da redução dos investimentos empresariais. Se a demanda se reduz, por exemplo, em 5%, gerando uma insegurança quanto à perspectiva de produção, os investimentos novos caem muito mais, pois as empresas entram em compasso de espera e qualquer nova iniciativa é suspensa.

Os empresários efetivamente produtivos – ao contrário dos intermediários – trabalham em geral com margens relativamente pequenas. Um fogão pode ser comprado a prazo por 840 reais e à vista por 420 reais, já incluído o imposto de 40% e o lucro da loja, mas terá saído da fábrica a pouco mais de 200 reais. O resultado é que quem não tem dinheiro para pagar à vista vai pagar mais de 800 reais por um fogão de 200. O produtor aqui recebe pouco e terá dificuldades para expandir as atividades, porque o grosso do lucro vai para intermediários que, em vez de serem prestadores de bons serviços comerciais, transformam-se em financiadores, vendedores de crédito. São atividades bancárias não assumidas como tais. Na prática, são atravessadores financeiros.

As taxas de juros para pessoa jurídica são tão escandalosas quanto as para pessoa física, proporcionalmente. O estudo da Anefac apresenta uma taxa praticada média de 63,08% ao ano, sendo 28,93% para capital de giro, 34,96% para desconto de duplicatas, e 146,83% para conta garantida. Ninguém em sã consciência consegue desenvolver atividades produtivas, criar uma empresa, enfrentar o tempo de entrada no mercado e de equilíbrio de contas pagando este tipo de juros. Aqui, é o investimento privado que é diretamente atingido.

Taxa de Juros para Pessoa Jurídica - 2018

LINHA DE CRÉDITO	Janeiro 2018		Fevereiro 2018		Variação (%)	Variação de pontos percentuais ao mês
	Taxa mês (%)	Taxa ano (%)	Taxa mês (%)	Taxa ano (%)		
Capital de Giro	2,12	28,63	2,14	28,93	0,94	0,02
Desconto de Duplicatas	2,55	35,28	2,53	34,96	- 0,78	- 0,02
Conta garantida	7,76	145,18	7,82	146,83	0,77	0,06
Taxa Média	4,14	62,71	4,16	63,08	0,48	0,02

Fonte: Anefac, Pesquisa de Juros, agosto de 2018: https://goo.gl/HHZk5W[90]

Existem linhas de crédito oficiais que compensam em parte apenas a apropriação dos resultados pelos intermediários financeiros. O pequeno e médio empresário, em particular, vai buscar crédito na agência onde tem a sua conta, e a busca por formas subsidiadas de crédito oficial não entra na sua esfera de decisão. Na zona euro, o custo médio do crédito para pessoa jurídica é da ordem de 2 a 3% ao ano, diretamente acessível em qualquer banco. Ninguém consegue desenvolver atividades produtivas com taxas de juros como as que praticamos, e as empresas acabam buscando o autofinanciamento, perdendo-se o imenso motor de dinamização da economia que é o crédito barato ao produtor.

Além da baixa demanda e do crédito caro, no caso brasileiro, um terceiro fator desestimula o produtor: ele tem a alternativa de aplicar no Tesouro Direto, que rendia na faixa de 13% para uma inflação de 6,5%, com liquidez total e risco zero. Em 2018 essa taxa baixou para 6,5%, mas para uma inflação de 3,5% e sobre um

---

[90] *Link* original:
https://www.anefac.com.br/uploads/arquivos/2018315161835543.pdf, 2018

estoque muito maior de dívida, o que significa que continuamos a transferir entre 6% e 7% do PIB para os bancos, travando o investimento público. Uma alternativa que permite ao empresário ver o seu dinheiro render sem precisar enfrentar os esforços e riscos das atividades produtivas. Mesmo descontada a inflação, trata-se de excelente remuneração, que permeou grande parte do empresariado e ampliou a classe dos rentistas, dos que ganham sem precisar produzir, pois passam a ser remunerados pelos nossos impostos já que se trata do serviço da dívida pública. Este último mecanismo, pelo ônus que representa para o orçamento, trava o quarto motor da economia: o investimento público em infraestruturas e políticas sociais.

Os investimentos públicos

Vejamos o quarto item da engrenagem: a taxa Selic, que incide sobre a dívida pública. O mecanismo é simples. Em 1996, para compensar as perdas que os bancos sofreram ao se quebrar a hiperinflação, o governo criou um mecanismo de financiamento da dívida pública com taxas de juros elevadas. A minha poupança, por exemplo, está no banco, mas rende muito pouco. O banco, por sua vez, aplica este dinheiro em títulos da dívida pública que rendiam, na fase do governo de FHC, em média 25% a 30%, chegando a um máximo de 46%. A justificativa era de se tranquilizar "os mercados", ou seja, os grandes intermediários financeiros, nacionais ou internacionais. Ser "confiável" para a finança internacional e as agências de classificação de risco tornou-se mais importante do que ser confiável para a população.

Para pagar esses intermediários, o governo precisou aumentar os impostos, e a carga tributária, conforme vimos, subiu de cinco pontos percentuais ainda nos anos 1990. Na fase atual, em 2016, com uma taxa de juros Selic de 13%, o governo trans-

| 205

fere uma grande parte dos nossos impostos para os bancos. É uma taxa menor do que na fase FHC, mas incide sobre um estoque maior de dívida. O mecanismo é simples. Eu que sou poupador, de um bolso, coloco a minha poupança no banco que me remunera de maneira simbólica; e de outro bolso, tiro 13% para dar ao governo, que os transfere para o banco. Em outros termos: pago ao banco, por meio de meus impostos, para que ele lucre com o dinheiro de minha poupança. É importante lembrar que os títulos da dívida pública pagam na faixa de 0,5% a 1% ao ano na maioria dos países do mundo.

O Brasil tem um PIB da ordem de 6 trilhões, o que significa que a cada vez que se drena 60 bilhões das atividades produtivas para a especulação, é 1% do PIB que se perde. Se o gasto com a dívida pública atinge 8,5% do PIB, como é o caso em 2015, são cerca de 500 bilhões de reais dos nossos impostos transferidos essencialmente para os grupos financeiros. Com isso se esteriliza parte muito significativa da capacidade do governo financiar infraestruturas e políticas sociais.

Além disso, a Selic elevada desestimula o investimento produtivo nas empresas pois é mais fácil, como vimos, ganhar com títulos da dívida pública. E para os bancos e outros intermediários é mais simples ganhar com a dívida do que fomentar a economia buscando bons projetos produtivos, o que exigiria identificar clientes e projetos, analisar e seguir as linhas de crédito, ou seja, fazer a lição de casa, usar as nossas poupanças para fomentar a economia. Os fortes lucros extraídos da economia real pela intermediação financeira terminam contaminando o conjunto dos agentes econômicos. O gráfico seguinte me foi comunicado por António Correia de Lacerda, e explicita bem de onde vem o "rombo"[91].

---

[91] Os dados de António Lacerda incorporam cerca de 100 bilhões que resultam dos 'swaps cambiais'.

Brasil: Despesas com Juros (em R$ bilhões)*

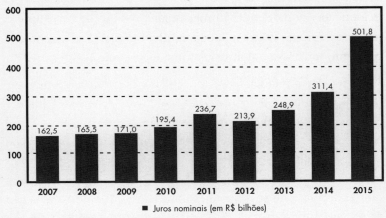

* Total setor público consolidado

Fonte: António Correia de Lacerda, Elaboração e Prognóstico (p), com base em dados do Banco Central do Brasil

O conto da dona de casa repetido o tempo todo para a população é de que o governo tem de se comportar como a boa dona de casa, que só gasta o que tem. Mas o governo não gasta mais do que tem com políticas públicas. Gasta com juros. O novo governo passou a reduzir políticas públicas, ou seja, investimentos e políticas sociais, mas não a transferência de dinheiro para os bancos. A PEC 241 e PEC 55 propõe travar os gastos com políticas públicas, mas não os gastos com os juros da dívida. Assim o golpe só reforçou a sangria.

Em termos de impacto econômico, os investimentos públicos são essenciais para dinamizar qualquer economia moderna. Os dois grandes eixos de dinamização na esfera pública são os investimentos em infraestruturas, como transportes, energia, telecomunicações e água e saneamento, e as políticas sociais, como saúde, educação, cultura, lazer, esportes, habitação, segurança e outras atividades que constituem essencialmente investimento nas pessoas e ampliação do consumo coletivo. Ao desviar uma grande parte dos recursos públicos de investimentos para remuneração aos intermediários financeiros e rentistas em geral, travou-se o quarto motor da economia.

Em termos políticos este mecanismo perverso tornou-se explosivo, pois se inicialmente o sistema favorecia essencialmente os bancos, hoje com a abertura de aplicações no Tesouro Direto para qualquer poupador, gerou-se uma massa de empresários e pessoas da classe média que se acostumaram a ver o seu dinheiro render a partir da elevada taxa Selic. Quando o governo Dilma tentou baixar os juros, que chegaram a 7,5% para uma inflação de 5% em 2013, a revolta foi geral, e iniciou-se uma articulação perversa entre crise financeira e crise política, uma aprofundando a outra. Veremos isto em detalhe no próximo capítulo.

É essencial entender que as pessoas de menor rendimento, os 3/4 do país, aplicam muito pouco em produtos financeiros, e mal conseguem fechar o mês, em particular pelo endividamento que as enforca. E esta população necessita vitalmente dos investimentos públicos, como saúde, educação, saneamento básico, habitação popular e outras iniciativas. Quando os recursos que serviriam ao financiamento destes setores são desviados para quem tem importantes aplicações financeiras, ou seja, para os segmentos mais ricos do país, gera-se um aprofundamento das desigualdades, invertendo todos os esforços de 12 anos de ampliação de políticas sociais e de demanda popular. O Brasil volta assim para uma economia "de base estreita", e trava-se o objetivo histórico essencial de harmonizar o país pela elevação social das massas populares.

É importante mencionar que o mecanismo perverso criado no Brasil encontra-se em numerosos países, ainda que sob diversas formas. O denominador comum é o fato dos grandes grupos financeiros se apropriarem das políticas públicas por meio do inchaço da dívida pública. A sobrevivência do governo passa a depender menos do seu empenho em assegurar políticas que favoreçam a população em geral e mais de mostrar que é "confiável" para o sistema nacional e mundial de especulação financeira. São inúmeros os países que elegeram governos com programas progressistas e terminaram aplicando políticas de direita. Para a população, vende-se a ideia de que as políticas sociais geraram o déficit público e o travamento da economia. Quando se compara as poucas dezenas de bilhões que representa o Bolsa Família, investimento nas pessoas, e os 500 bilhões transferidos para rentistas, que ganham sem produzir, o argumento se torna ridículo. Aliás, trabalhos de Jorge Abrahão de Castro no Instituto de Pesquisa Econômica Aplicada (Ipea) mostram que para cada um real investido no Bolsa Família o efeito multiplicador leva a um aumento do PIB de 1,78 reais.[92]

A articulação perversa

Estamos assistindo a uma paralisia do país em termos mais financeiros do que econômicos – pois nossa capacidade de produzir continua intacta - e cada vez mais em termos políticos, traduzindo-se na impressionante queda do PIB e aumento do desemprego. O primeiro entrave, o das exportações, depende como vimos da uma dinâmica internacional sobre a qual temos

---

[92] O estudo mostra o efeito multiplicador dos programas redistributivos: "O Programa Bolsa Família (PBF) passa a ser a transferência de renda com maior efeito: na simulação, o PIB aumentaria R$ 1,78 para um choque marginal de R$ 1,00 no PBF. Ou seja, se a oferta for perfeitamente elástica e os demais pressupostos forem respeitados, um gasto adicional de 1% do PIB no PBF se traduziria em aumento de 1,78% na atividade econômica. O Benefício de Prestação Continuada, o seguro desemprego e o abono salarial vêm em seguida, com multiplicadores também maiores do que um." Os juros sobre a dívida pública têm um efeito inverso, de redução do PIB.

pouca influência. Mas para os outros três motores da economia podemos arriscar ordens de grandeza bastante confiáveis. Aqui se trata de uma avaliação preliminar do tamanho do "rombo" gerado pelos intermediários financeiros e rentistas. Ao tentar uma aproximação nos números somos confrontados com o fato que os diversos subsistemas estatísticos não constituem um universo coerente que se pode simplesmente agregar. Ainda assim, as ordens de grandeza são evidentes.

Segundo o informe do Banco Central de fevereiro de 2017, o saldo das operações de crédito do sistema financeiro, incluindo recursos livres e direcionados, atingiu 3.074 bilhões reais, 48,7% do PIB. Sobre este estoque incidem juros, cujo valor médio no mesmo período era de 32,8% ao ano (o equivalente na Europa é da ordem de 3% a 5%). Isto significa que a carga de juros pagos pelas pessoas físicas e jurídicas representa 999 bilhões, praticamente um trilhão de reais, cerca de 16% do PIB. Trata-se dos juros extraídos, não do volume de empréstimos. Uma massa de recursos deste porte transforma a economia. Voltaremos ao detalhe destes números mais adiante. (BCB, ECOIMPOM, 26/01/21017)[93].

---

[93] BCB – Política monetária e operações de crédito do Sistema Financeiro Nacional, 27 de fevereiro de 2017, http://www.bcb.gov.br/htms/notecon2-p.asp

O Estado de São Paulo, manchete dominical, 18 de dezembro de 2016. A boca aberta da baleia e o dinheiro engolido pelos bancos são aqui mera coincidência ou o toque bem humorado de algum jornalista.

Como vimos, isto se reflete no travamento da capacidade de compra das famílias, cujo estoque de dívida equivalia em março de 2015 a 46,5% da sua renda. Quando se paga juros de 100%, é o estoque total da dívida que drena os recursos da família. Não temos as cifras correspondentes para o mundo empresarial.

| 211

Seria muito importante poder apresentar o grau de endividamento, por exemplo, das pequenas e médias empresas nos diversos setores. Mas o gargalo é certamente poderoso. Ficam aqui travados o segundo e terceiro motor da economia, o consumo das famílias e a atividade empresarial.

Quanto ao quarto motor, o investimento público, os cerca de 500 bilhões desviados dos nossos impostos representam 8% do PIB. O sistema constitui uma apropriação escandalosa de recursos públicos. Se os bancos e outros favorecidos pelo sistema investissem estes ganhos financeiros em atividades produtivas de bens e serviços, teríamos sem dúvida um forte crescimento econômico. Mas são recursos dominantemente reaplicados em produtos financeiros, na própria dívida pública ou outros produtos financeiros, e também colocados no exterior, ao abrigo do fisco.

Se somarmos os cerca de 15% do PIB, praticamente um trilhão de reais, desviados para remuneração de intermediários financeiros pela dívida das pessoas físicas e das pessoas jurídicas, os 8% desviados através da dívida pública, e descontarmos vários segmentos de atividades que retornam ao circuito produtivo, importantes ainda que minoritários, não é exagero estimar que estamos esterilizando em todo caso mais de 15% dos nossos recursos, aos desviá-los de atividades econômicas para rentismo improdutivo. [94]

Assim entende-se que os lucros declarados dos intermediários financeiros avancem tanto quando o PIB regride, aprofundando a crise atual. O gráfico abaixo apresenta uma 'boca de jacaré' característica do desvio dos recursos:

---

[94] Impressionante notar que na avaliação dos analistas que embasaram a cifra de um trilhão de reais tirados da economia, segundo a manchete do *Estadão*, o problema da crise afinal poderia não ser o ajuste fiscal. (Ver o Caderno B da mesma edição).

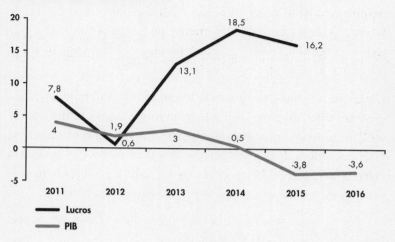

Trata-se da soma dos lucros dos bancos Itaú, Caixa Econômica Federal, Banco do Brasil, Santander e HSBC. Os anos de 2011, 2014 e 2015 não incluem o lucro do HSBC. O balanço dos bancos de 2016 ainda não estava disponível no início de 2017.

Fonte: DIEESE, a partir dos balanços disponibilizados pelas instituições financeiras. Elaboração Marcos António do Espírito Santo.

Não há país que funcione desta maneira. Quanto deste volume de recursos retorna para a economia os dados simplesmente não permitem avaliar. Como vimos no quadro do Estudo de Epstein e Montecino, bem como de Mason (no Capítulo 10), sobre a economia americana, uma vez apropriados pelos grupos financeiros pouco desses recursos volta para a economia real. Nos estudos, a estimativa é 10%. Aqui grande parte desses ganhos se transformam em mais aplicações na dívida pública, e portanto dreno ainda maior sobre a economia real, mas também em recursos colocados em paraísos fiscais ou novos empréstimos usurários para a população. Eu estimei de maneira conservadora o dreno líquido como sendo de mais de 15% do PIB, e isto já é amplamente suficiente para travar a economia.

Nenhuma elite aceita que este tipo de apropriação do excedente por meio de mecanismos financeiros, gerando tanto lucro com tão pouco esforço, seja reduzido para níveis civilizados. Dizer que o travamento geral se deve ao gasto com programas sociais por parte do governo é simplesmente ridículo. O que temos pela frente não é um ajuste fiscal, mas uma reforma do sistema financeiro de maneira geral. Em particular, os bancos precisam voltar a fazer a lição de casa, ou seja, identificar projetos e oportunidades de investimento produtivo, e fomentar a economia.

A questão essencial é que os intermediários financeiros não financiam, mas drenam. Esta lógica permite entender como uma economia entra em recessão, ao mesmo tempo que o banco Bradesco, durante o ano de 2014, aumenta os seus lucros em 25,9% e o Itaú em 30,2%, uma dinâmica em que quanto mais os bancos lucram, mais a economia estanca. Não ver a conexão é cegueira. O fato que processos semelhantes estejam acontecendo em outros países apenas reforça a necessidade de focarmos esta dinâmica. O imenso esforço de economistas das próprias instituições financeiras e da mídia de atribuir o travamento ao excesso de gastos públicos representa uma enganação escandalosa. Os nordestinos, que sempre nos dão lição de bom humor, explicam o processo recorrendo ao ditado tradicional: "Papagaio come o milho, periquito leva a fama".

A dimensão fiscal

É de se pensar sobre o que acontece com tantos ganhos que param nas mãos dos meios financeiros. A Tax Justice Network (TJN) elaborou os dados mais confiáveis sobre evasão fiscal por meio de paraísos fiscais. Muito antes dos arquivos do Panamá, com as pressões do G20 e o impacto da crise de 2008, os números foram saindo. Como ordem de grandeza, os recursos aplicados em paraísos fiscais equivalem a algo entre 1/4 e 1/3 do PIB mundial (estoque acumulado de recursos, e não, obviamente, fluxo anual).

Assim, o Brasil não está isolado neste sistema planetário, nem é particularmente corrupto. Os dados para o Brasil, 519,5 bilhões de dólares em termos de capitais *offshore*, são de toda forma impressionantes: ocupamos o quarto lugar no mundo. Estes recursos, que representam também algo como 28% do PIB em termos de estoque, deveriam pagar os impostos, que permitiriam ampliar investimentos públicos, e deveriam ser aplicados em fomento da economia onde foram gerados. Era o previsto pelo artigo 192 da Constituição, antes de ser revogado na íntegra em 1999. Em 2016, com grande estardalhaço, o governo conseguiu repatriar o equivalente de 46 bilhões de reais, sobre um estoque em paraísos da ordem de 1.700 bilhões.

Esses dados foram vistos no Capítulo 6, sobre paraísos fiscais. Aqui vemos a tabela publicada pelo Tax Justice Network sobre estoques estimados de recursos em paraísos fiscais provenientes de alguns países. São dados até 2010. Vejam a cifra referente ao Brasil 519,5 de dólares em *"flight stock"*, o estoque em fuga. E na América Latina, tampouco somos os únicos.

UNRECORDED CAPITAL FLOWS, OFFSHORE ASSET, AND OFFSHORE EARNINGS, 1970-2010

Latin America and Caribbean Region
FOREIGN DEBT ADJUSTED FOR CURRENCY CHANGES, RESCHEDULINGS, AND ARREARS
(Nominal and Real $2000 Billions)
(40 countries in region - 33 with data)

Country	Original Outflows		Offshore Earnings (Σ $B) ($2000)	Fligth Stock ($B 2010) Nominal	External Debt ($B 2010) Nominal	CF Stock Ext. Debt %	Offshore Earning % Outflows %
	Σ Nom $B.	Σ Real #B ($2000)					
Brazil	345,0	362,6	247,3	519,5	324,5	160%	68%
Argentina	213,9	259,3	272,8	399,1	129,6	308%	105%
Mexico	221,7	263,5	299,1	417,5	186,4	224%	113%
Venezuela	269,1	278,2	202,0	405,8	55,7	728%	73%
All Others (29)	205,1	211,9	169,1	316,4	317,3	100%	
Lac Total	1.254,8	1.375,5	1.190,3	2.058,3	1.013,4	203%	87%

Fonte: Tax Justice Network, com informações do Banco Mundial, Fundo Monetário Internacional, Organização das Nações Unidas, bancos centrais, Agência Central de Inteligência dos EUA, Análise JSH: https://goo.gl/g1BdMB[95] Adjusted for Currency of Debt; 75% Reinvestment Rate; Ave Yielt - $US 6 mos CD rate

Não é ilegal abrir uma conta em paraíso fiscal. Alimentá-la com evasão fiscal é ilegal. O Sindicato Nacional de Procuradores da Fazenda Nacional (SINPROFAZ) estima a evasão fiscal no Brasil em 9,1% do PIB em 2016, cerca de 570 bilhões de reais: "Na hipótese ainda de se levar em conta apenas a média dos indicadores de sonegação dos tributos que têm maior relevância para a arrecadação (ICMS, Imposto de Renda e Contribuições Previdenciárias) poder-se-ia estimar um indicador de sonegação de 27,6% da arrecadação (o mesmo do indicador de sonegação para o *value added*

---

[95] *Link* original: http://www.taxjustice.net/cms/upload/pdf/Appendix%203%20-%202012%20Price%20of%20Offshore%20pt%201%20-%20pp%201-59.pdf

tax/ VAT, imposto sobre o consumo, em países da América Latina que foi de 27,6%), que equivale a 9,1% do PIB, o que representaria o valor de 571,5 bilhões de reais, caso levado em conta o PIB para 2016. Tomando-se em consideração esse último indicador para a sonegação, poder-se-ia afirmar que se não houvesse evasão, o peso da carga tributária poderia ser reduzida em quase 30% e seria mantido o mesmo nível de arrecadação. Esses 571,5 bilhões de reais estimados de sonegação tributária são praticamente equivalentes a quase 90% de tudo que foi arrecadado pelos estados e municípios juntos, estimados em 638,0 bilhões de reais."[96]

Um estudo particularmente interessante é da *Global Financial Integrity*, coordenado por Dev Kar, *Brasil: Fuga de Capitais, Fluxos Ilícitos e as Crises Macroeconômicas*, 1960-2012. Trata-se de uma sangria de recursos por evasão, estimada em cerca de 35 bilhões de dólares por ano entre 2010 e 2012, mais de 100 bilhões de reais/ano. São 2% do nosso PIB que se evaporam anualmente, só nestas operações. São recursos que por sua vez irão alimentar em boa parte o estoque da ordem de 1,7 trilhão de reais em paraísos fiscais, do qual já falamos. Segundo o relatório, "o governo deve fazer muito mais para combater tanto o subfaturamento de exportações como o superfaturamento de importações, adotando ativamente medidas dissuasivas adicionais em vez de punições retroativas." (GFI, 2014)

---

[96] 78 - Sindicato Nacional dos Procuradores da Fazenda Nacional - SINPRO-FAZ *Sonegação no Brasil – Uma Estimativa do Desvio da Arrecadação do Exercício de 2016* - Brasília/DF, março de 2017, p. 27 - http://www.quantocustaobrasil. com.br/artigos-pdf/sonegacao-no-brasil%E2%80%93uma-estimativa-do-desvio- -da-arrecadacao-do-exercicio-de-2016.pdf – Note-se que a pesquisa americana do TJN estima a evasão fiscal brasileira em US$280 bilhões em 2010, nível muito mais elevado do que a estimativa do Sinprofaz. - *The cost of Tax Abuse: the Cost of Tax Evasion Worldwide*, 2011,ver tabela da p. 4 - http://www.taxjustice.net/wp-content/uploads/2014/04/Cost-of-Tax-Abuse-TJN-2011.pdf

Na realidade, os lucros realizados pelo sistema financeiro não só não são investidos na economia, como em grande parte sequer pagam impostos. Uma placa interessante surgiu nas manifestações pró-golpe na Av. Paulista: "Evasão fiscal não é roubo". Naturalmente, os que são afortunados e evadem o fisco acham também muito bom poder ter os filhos matriculados na Universidade de São Paulo (USP), estudando com os recursos dos outros. A ética das elites costuma ser flexível.

No plano dos fluxos para o exterior, o controle das saídas poderia ser bastante melhorado, em particular do sub e sobrefaturamento. O relatório da GFI aponta essas possibilidades e reconhece fortes avanços do Brasil até 2012. No plano internacional, surge finalmente em 2016 o BEPS (*Base Erosion and Profit Shifting*), acordo endossado por 40 países que representam 90% do PIB mundial, que visa organizar o controle e gradual redução da evasão fiscal pelas empresas transnacionais. A resistência dos grandes grupos internacionais promete ser feroz. A eleição de Trump nos Estados Unidos reduz muito o espaço deste acordo. (OCDE, 2014)

No plano interno, a própria estrutura e incidência tributária no Brasil é surrealista. Pesquisa do Instituto de Estudos Socioeconômicos (Inesc) mostra que "a tributação sobre o patrimônio é quase irrelevante no Brasil, pois equivale a 1,31% do PIB, representando apenas 3,7% da arrecadação tributária de 2011. Em alguns países do capitalismo central, os impostos sobre o patrimônio representam mais de 10% da arrecadação tributária, como, por exemplo, Canadá (10%), Japão (10,3%), Coreia (11,8%), Grã--Bretanha (11,9%) e EUA (12,15%)." (Inesc, 2014, p.21).

Se somarmos a baixa alíquota do imposto sobre a renda, a isenção de imposto sobre lucros e dividendos, a inexistência do imposto sobre a fortuna e o fato dos impostos indiretos representarem 56% da arrecadação, além do fato dos grandes devedores recorrerem de forma massiva à evasão fiscal, temos no conjunto uma situação que clama por mudanças.

Incidência de Impostos no Brasil – 2011

	% da arrecadação	% do PIB
Consumo	55,7	19,7
Renda	30,5	10,8
Patrimônio	3,7	1,3
Outros	10,1	3,6
Total	**100**	**35,4**

Fonte: Instituto de Estudos Socioeconômicos, Implicações do Sistema Tributário Brasileiro, setembro de 2014, tab. 1 p. 13

"Convém destacar que a carga tributária é muito regressiva no Brasil, pois está concentrada em tributos indiretos e cumulativos que oneram mais os/as trabalhadores/ as e os mais pobres, uma vez que mais da metade da arrecadação provém de tributos que incidem sobre bens e serviços, havendo baixa tributação sobre a renda e o patrimônio. Segundo informações extraídas da Pesquisa de Orçamento Familiar (POF) de 2008/2009 pelo Ipea, estima-se que 10% das famílias mais pobres do Brasil destinam 32% da renda disponível para o pagamento de tributos, enquanto 10% das famílias mais ricas gastam 21% da renda em tributos." (Inesc, 2014, p.6) Lembremos ainda que os assalariados têm os seus rendimentos declarados na fonte, enquanto o mundo corporativo e das grandes fortunas tem à sua disposição a ajuda da própria máquina bancária, com especialistas em evasão ou elisão fiscal, como se vê nos dados do HSBC publicados no início de 2015.

O descontrole é impressionante. Temos portanto o imenso estoque de recursos em paraísos fiscais, equivalente a 28% do PIB (estoque, não fluxo anual); um fluxo de evasão por meio de fraude em notas fiscais da ordem de 2% do PIB ao ano; uma evasão fiscal geral estimada aqui de forma conservadora em 9,1% do

PIB. Acrescente-se o fato que a própria incidência da tributação é profundamente deformada, centrada em impostos indiretos sobre o consumo com muita fragilidade de tributação sobre lucros e dividendos. Inexiste o imposto sobre a fortuna, é muito limitada a tributação sobre a herança, enquanto trabalhadores assalariados têm o seu imposto retido na fonte. A combinação desses elementos torna-se desastrosa para o funcionamento do sistema financeiro em geral, deformando radicalmente um ponto de referência chave para qualquer raciocínio econômico: a proporcionalidade entre quem enriquece e quanto, e a contribuição para o crescimento econômico.

Não há como evitar a constatação de que estamos literalmente recompensando parasitas. Não se trata de deformações pontuais. Quando vemos como os juízes aumentam os seus próprios já impressionantes salários, constatamos que se trata de uma cultura de organização de nichos de privilégios que torna solidários entre si bancos, deputados, desembargadores, gigantes da mídia e muitos grupos internacionais. Em nome, evidentemente, do bem estar da nação, cujo desenvolvimento paralisaram.

CAPÍTULO 13
A CRONOLOGIA DO DESASTRE

A crise que atingiu o Brasil a partir de 2013 se deu na sequência de um conjunto de avanços que é preciso aqui qualificar. Uma cronologia das transformações das três últimas décadas ajuda a ter uma visão de conjunto, necessária se quisermos ir além da busca de culpados e da novela das perseguições.

O marco institucional

O ponto de partida para o processo atual é a Constituição de 1988. No artigo 192, em particular, definiu-se a utilidade econômica e social do sistema financeiro nacional como eixo norteador, e um teto máximo de taxa de juros anual de 12% acima da inflação (seria hoje da ordem de 18%). Com um conjunto de normas mais equilibradas, depois de anos de arbítrio e violência, o país voltava a ter regras do jogo, retornava ao universo das democracias.

Entre 1993 e 1994, derrotou-se a hiperinflação, elemento chave para se recuperar a gestão econômica tanto dos governos como das empresas e das famílias, ao se resgatar finalmente a moeda como referência estável de medição de valor. Lembremos que havia na época, segundo The Economist, 44 países com hiperinflações, como por exemplo a Argentina, México, Israel e numerosos outros. A hiperinflação foi liquidada em todos eles entre 1993 e 1995. Os bancos perderam uma grande fonte de lucros, que seria compensada nos anos seguintes.

Em 26 de dezembro de 1995, com a Lei nº 9.249, o governo isentava de impostos lucros e dividendos, monumental deformação que privilegiaria diretamente o conjunto de intermediários financeiros. Os afortunados que fazem grandes aplicações financeiras passaram a ser isentos. O tributo de 15% passou a onerar apenas a pessoa jurídica. Eu, professor da PUC, pago 27.5%, descontados na folha.

Em julho de 1996 o governo estabeleceu o sistema de taxas elevadas de juros sobre a dívida pública, permitindo aos bancos se financiarem aplicando em títulos em vez de procurar fomentar a economia. A remuneração dos títulos se situou, desde o início, em níveis acima de 20%, tendo chegado a 46% no pico. O que os bancos perderam com a quebra da hiperinflação voltariam a recuperar com a nova taxa Selic. A partir desse momento, para os aplicadores financeiros, passou a ser mais rentável aplicar em títulos públicos, remunerados com os nossos impostos, do que buscar projetos, investir e fomentar a economia. O economista Luiz Gonzaga Belluzzo calcula que a média real (descontada a inflação) no período FHC remunerava os bancos na ordem de 20%, sobre dinheiro que aliás era dos clientes.

Em 1997, como vimos, foi aprovada a lei que autorizava as corporações a financiar campanhas eleitorais. Com o poder do seu dinheiro, os grupos econômicos puderam eleger seus representantes, transformando em ficção a cláusula básica da nossa Constituição, de que todo poder emana do povo. Essa captura do poder teve evidentemente impactos dramáticos sobre a política brasileira, deformando ainda mais a representatividade dos eleitos, até o STF tomar a decisão óbvia de que essa lei era inconstitucional. O Congresso eleito pelas corporações comanda o retrocesso atual. (Cruz, 2010)

Em 1999, com a Proposta de Emenda Constitucional (PEC) 53/1999, depois transformada na Emenda Constitucional 40/2003 revogava-se o conjunto dos parágrafos do artigo 192 da Constituição, que regulamentava o sistema financeiro nacional. A data coincide com a revogação, nos EUA, da Lei Glass-Steagall, que vinha assegurando um mínimo de regulação e disciplina no sistema financeiro americano e no resto do mundo. Explode com toda força a globalização financeira sem barreiras. As finanças deixam de fomentar a economia, aqui como em outros países, travando o desenvolvimento. Não custa lembrar que o artigo 192 da nossa Constituição terminava determinando que "a cobrança acima deste limite [12% ao ano mais inflação] será conceituada como crime de usura, punido em todas as suas modalidades, nos termos que a lei determinar". A lei, com o congresso eleito pelo dinheiro das corporações, não determinou nada, revogou simplesmente o artigo. O caminho ficou livre.

Em junho de 2002, em evento no Parque Anhembi em São Paulo, o então candidato à presidência Lula lê a *Carta aos Brasileiros*, em que se compromete a respeitar o sistema financeiro como tinha sido constituído. Ao assumir, o presidente Lula manteve a elevada taxa Selic, nomeou um banqueiro para gerir as finanças públicas, e os bancos entraram numa espiral de elevação de juros privados para pessoa física e pessoa jurídica, aprofundando a financeirização. O compromisso era claramente condição da elegibilidade, não em termos legais, mas em termos de relações reais de poder.

Apesar da roupa estreita em que foi colocada a presidência a partir de 2003, com recursos relativamente limitados e mantendo-se a sangria pelo setor financeiro, foi possível implementar uma política de inclusão em escala até então desconhecida. Inicia-se uma política de redução geral das desigualdades que hoje é inspiração de inúmeros atores políticos e econômicos no mundo. Não vamos entrar aqui no detalhe do imenso sucesso que esses dez anos, entre 2003 e 2013, representaram para o Brasil. Os eventuais céticos são essencialmente desinformados, e a desinformação é compreensível se considerarmos o papel do oligopólio da mídia.

Nos dois governos Lula e no primeiro governo Dilma houve claramente uma política de Estado de inclusão social e de modernização da economia. Mas não se tocou no marco estrutural. Não se promoveram as eternamente adiadas reformas de base, cuja mera aparição no horizonte político gerou sucessivos golpes, a começar pela destituição e suicídio de Getúlio Vargas. O importante para nós é entender que o marco institucional no qual se desenvolveu o imenso esforço de inclusão no país era bastante estreito, vigiado por interesses políticos, financeiros e midiáticos mais amplos. Tirou-se o máximo que se podia tirar no marco institucional vigente. Mas claramente não houve forças para transformar o próprio quadro. E o endividamento, público e privado, foi se avolumando.

A lógica das conquistas

Ajuda muito ver com tranquilidade a amplitude do que se conseguiu. O *Atlas de Desenvolvimento Humano no Brasil 2013* apresenta a evolução dos indicadores nos 5.570 municípios do país. A confiabilidade é aqui muito importante. No caso, trata-se de um trabalho conjunto do Programa das Nações Unidas para o Desenvolvimento (PNUD), que tem anos de experiência internacional e nacional de elaboração de indicadores de desenvolvimento humano, do Ipea e da Fundação João Pinheiro de Minas Gerais, além de numerosos consultores externos. Os dados são do IBGE. Não há como manipular cifras, ou dar-lhes interpretação desequilibrada, com esse leque de instituições de pesquisa.

Outro fator importante, o estudo cobre os anos 1991 a 2010, o que permite olhar um período suficientemente longo para ter uma imagem de conjunto, em vez de dramatizar cada oscilação segundo os interesses midiáticos. O fato de avaliar duas décadas também favorece uma interpretação mais isenta em termos políticos, pois se trata de administrações diferentes. Basicamente, os dois fatores fundamentais, a Constituição de 1988 e a quebra da hiperinflação, permitiram começar um processo que se fortaleceu a partir do governo Lula e continuou com o governo Dilma, basicamente até 2013.

Para os leigos, lembremos que o Índice de Desenvolvimento Humano (IDH) apresenta a evolução combinada da renda *per capita*, da educação e da saúde. Isto permite desde já ultrapassar em parte a deformação ligada às estatísticas centradas apenas no PIB, que mede a intensidade de uso dos recursos e não os resultados. Um desastre ambiental como o vazamento de petróleo no Golfo do México, só para dar um exemplo, elevou o PIB dos Estados Unidos ao gerar gastos suplementares com a descontaminação, "aquecendo" a economia. O fato de prejudicar o meio ambiente e a população não entrou na conta. A criminalidade também aumenta o PIB. Em 2013, a Grã-Bretanha e outros países incluíram a prostituição e o tráfico de drogas como contribuição ao PIB, o que faz entender a que ponto se trata de um indicador de pouca base científica e de muito valor de manipulação ideológica.[97]

O dado mais global mostra que nestas duas décadas o IDH Municipal passou de 0,493, ou seja, "Muito Baixo", para 0,727, "Alto". Isto representa um salto de 48% no período. Em 1991 o Brasil contava com 85,8% de municípios brasileiros no grupo "Muito Baixo", portanto abaixo de 0,50, e em 2010 apenas 231 municípios, 4%. É um resultado absolutamente impressionante, pois o IDH abaixo de 0,50 é um buraco negro, e em áreas tão essenciais como renda, educação e saúde. Os avanços são impressionantes, mas o caminho que temos pela frente ainda é muito grande. O Nordeste ainda apresenta 1.099 municípios, 61,3% do total, com índice Baixo, na faixa dos 0,50 a 0,59 no

---

[97] Sobre a deformação contábil que representa o PIB, veja a minha nota técnica de 2009, *O Debate Sobre o PIB: Estamos Fazendo a Conta Errada,* nota curta que traz as principais referências sobre as mudanças propostas, inclusive da Comissão Stiglitz, Amartya Sen e Jean Paul Fitoussi.

IDHM. No geral, a mudança é imensa, com a ampla interiorização do desenvolvimento, como grande é o caminho pela frente.

A esperança de vida ao nascer passou de 64,7 anos em 1991 para 73,9 em 2010, o que significa que na média o brasileiro ganhou nove anos extras de vida. Ao incluirmos 2012, podemos dizer que o brasileiro passou a ter dez anos de vida a mais para comentar como estava ruim o nosso processo de desenvolvimento. Ganhar tantos anos de vida em tão pouco tempo é muito significativo, porque envolve um conjunto complexo de fatores como crianças que comem melhor, famílias que moram em casas mais decentes e assim por diante. A economia é para isto, não para contar apenas a porcentagem do PIB.

No plano da educação, passamos de 30,1% de adultos com mais de 18 anos que tinham concluído o ensino fundamental, para 54,9%. Em termos de fluxo escolar da população jovem, segundo indicador do item educação, passamos do indicador 0,268 em 1991 para 0,686 em 2010, o que representa um avanço de 128%. A área de educação foi a que mais avançou, mas também continua a mais atrasada, pelo patamar de partida particularmente baixo que tínhamos. E em termos de renda mensal *per capita*, passamos de 0,647 para 0,739 no período, o que representou um aumento de 346 reais. Pode parecer pouco para quem ganha muito, mas para uma família de quatro pessoas são 1.384 reais a mais. No andar de baixo da sociedade isso é uma revolução, e contribui para explicar os dez anos de vida a mais.

TABELA 1: IDHM DO BRASIL – 1991, 2000 E 2010

DIMENSÃO	ÍNDICES E INDICADORES	1991	2000	2010
	IDHM	0,493	0,612	0,727
Longevidade	IDHM Longevidade	0,662	0,727	0,816
	Esperança de vida ao nascer (anos)	64,7	68,6	73,9
Educação	IDHM Educação	0,279	0,456	0,637
	Subíndice: Escolaridade da população adulta	0,301	0,398	0,549
	População com 18 anos de idade ou mais que concluiu o ensino fundamental (%)	30,1	39,8	54,9
	Subíndice: Fluxo escolar da população jovem	0,268	0,488	0,686
	População de 5 a 6 anos de idade frequentando a escola (%)	37,3	71,5	91,1
	População de 11 a 13 anos de idade frequentando os anos finais do ensino fundamental*(%)	36,8	59,1	84,9
	População de 15 a 17 anos de idade com o ensino fundamental completo (%)	20,0	39,7	57,2
	População de 18 a 20 anos de idade com o ensino médio completo (%)	13,0	24,8	41,0
Renda	IDHM Renda	0,647	0,692	0,739
	Renda mensal per capita (R$)	447,56	592,46	793,87

*Anos finais: 6º ao 9º ano do ensino fundamental   Fonte: IPEA, PNUD e FJP

Fonte: Instituto de Pesquisa Econômica Aplicada, O Índice de Desenvolvimento Humano Municipal Brasileiro, 2013, p. 41: https://goo.gl/cCRESb[98] p. 41

São avanços extremamente significativos. Pela primeira vez o Brasil começou a resgatar sistematicamente a sua imensa dívida social. Aqui não houve voo de galinha, e sim um progresso consistente e sustentado. Por outro lado, os mesmos dados mostram o quanto temos de avançar ainda. É característico o dado da população de 18 a 20 anos de idade com o ensino médio completo: 13,0% em 1991, 41,0% em 2010. Grande avanço, e imenso campo pela frente. Não ver os progressos é cegueira, e achar que a dinamização da economia pela base da sociedade se esgotou é não ver o imenso caminho que ainda temos para construir um país decente.

A avaliação do desempenho do Brasil pelo Banco Mundial é contundente: "Até o final dos anos 1990, pouco progresso foi feito em termos de se reduzir as desigualdades de renda no Brasil, mas na década passada o progresso socioeconômico do Brasil foi notável e apreciado internacionalmente. A partir de 2003, o país passou a ser reconhecido pelo seu sucesso em reduzir a pobreza e desigualdade e sua habilidade de criar empregos. Políticas inovadoras

---

[98] *Link* original: http://www.ipea.gov.br/portal/images/stories/PDFs/130729_AtlasPNUD_2013.pdf

e eficazes para reduzir a pobreza e assegurar a inclusão de grupos previamente excluídos tiraram milhões de pessoas da pobreza. No entanto, mesmo hoje [2016] no Brasil 5% da população recebe 30% da renda gerada (junto com a Colômbia a proporção mais elevada para qualquer país da América Latina)." (World Bank, 2016, p.xv) Aqui, com toda clareza, o imenso progresso e o tamanho do caminho a percorrer para reduzir a desigualdade e sair da pré-história.

A avaliação do papel internacional exercido pelo Brasil é igualmente explícita: "O Brasil também tem assumido as suas responsabilidades globais. Teve sucesso em promover a prosperidade econômica ao mesmo tempo que protegia o seu patrimônio natural único. O Brasil se tornou um dos mais importantes doadores internacionais emergentes, com amplos compromissos em particular na África Subsahariana, e um *player* de vanguarda nas negociações climáticas internacionais. O caminho do desenvolvimento do Brasil na década passada mostrou que o crescimento com prosperidade compartilhada, mas equilibrado com o respeito pelo meio ambiente, é possível. Os brasileiros têm razão em se orgulhar desses êxitos internacionalmente reconhecidos."(World Bank, 2016, p.xv)

O relatório do Banco Mundial é de Maio de 2016, e portanto avalia o que travou o sucesso do que qualifica "a década dourada" de 2003 a 2013. Com a crise e recessão, a avaliação é a seguinte: "Neste quadro, alguns brasileiros agora perguntam se os ganhos da década passada poderiam ter sido uma ilusão, criada pelo *boom* de *commodities*, mas insustentável no ambiente internacional mais desfavorável da atualidade. A resposta que trazemos no presente *Systematic Country Diagnostic (SCD)* é um claro não (*a qualified no*). Não há razão para que os recentes ganhos socioeconômicos sejam revertidos; na realidade, podem inclusive ser ampliados com as políticas adequadas."(World Bank, 2016, p. xvi)

Os avanços são baseados numa premissa que funciona: o dinheiro que vai para a base da sociedade tem um efeito multiplicador, em termos de crescimento econômico, muito maior do que o dinheiro que vai para o topo. Os de baixo compram, geram espaço para inúmeros pequenos negócios, o que vai estimular emprego (um objetivo em si) e com isto mais demanda. O resultado é um círculo virtuoso. E gera desenvolvimento sustentável, pois melhora as condições de vida dos que mais precisam ter a vida melhorada. O 1%, ou os 10% dos mais ricos tendem hoje a fazer aplicações financeiras, e o que poderia se tornar investimento e acumulação de capital se torna apenas patrimônio sob forma de mais papéis. Resulta um baixo crescimento e a esterilização da poupança. Finalmente, o dinheiro que vai para o Estado por meio de impostos, pode ser excepcionalmente produtivo quando transformado em políticas sociais e infraestruturas. Mas não, evidentemente, quando é transformado em juros que voltam para os banqueiros, gerando mais papéis. Ninguém come títulos. Mas os que vivem de títulos têm muita força. Podem desarticular o círculo virtuoso e transformá-lo num processo cumulativo de desorganização política e econômica.

O travamento I: a dívida pública

Nas últimas décadas, tivemos um avanço estrutural extremamente positivo que elevou a economia brasileira para um novo patamar. A partir de 2008, com a crise financeira mundial, esse avanço se tornou mais irregular. Em 2013, constatamos um relativo travamento no quadro de uma ofensiva do sistema financeiro, que essencialmente intensificou o desvio dos recursos das atividades produtivas para atividades especulativas. Isso levou à estranha situação em que o PIB parou de crescer mas os intermediários financeiros tiveram, nos últimos anos e inclusive em 2016, um aumento impressionante dos lucros. O fato dos intermediários financeiros terem lucros que crescem na faixa de 20% ao ano, enquanto o PIB não cresce, sinaliza o porquê do travamento da economia.

No plano político gerou-se uma aliança entre interesses internacionais (em particular ligados às finanças, ao petróleo e aos grandes grupos mundiais da construção), o oligopólio da grande mídia comercial, segmentos do Judiciário e evidentemente o Legislativo. Este último, como vimos, passou a ser eleito essencialmente com dinheiro corporativo, aprofundando os sistemas já muito tradicionais de corrupção. Deixo para especialistas em ciência política o esmiuçar de quem comprou quem no imenso troca-troca que se tornou o sistema político-eleitoral. Fica aqui apenas minha recomendação geral de que quando ouvimos "pega ladrão", é de prudência elementar checar quem está gritando. As expressões de elevada indignação ética que tanto vemos hoje na realidade tampouco me deixam muito emocionado. Questão de vivência ou de idade talvez. O que interessa mesmo é entender os mecanismos.

A política econômica do governo atual (2017) está baseada numa imensa farsa: a de que as políticas redistributivas da era progressista quebraram o país enquanto o novo poder, com banqueiros no controle do dinheiro, iria reconstruí-lo. Segundo o conto, como uma boa dona de casa, vão ensinar responsabilidade, gastar apenas o que se ganha. A grande realidade é que os juros extorquidos pelos banqueiros geraram o rombo. A boa dona de casa que nos governa se juntou aos banqueiros e está aumentando o déficit. Aqui vai a conta explicitada, não precisa ser economista ou banqueiro. E usaremos os dados do Banco Central, a partir da tabela original, pois confiabilidade, nesta era melindrada, é fundamental. Para ver os dados no próprio Banco Central, é só clicar no *link* embaixo da tabela, abrindo "Séries Históricas: Estrutura Nova", buscando a tabela 4.1.

Resultado Primário do Governo Central - Brasil

Discriminação	2012 R$ Milhões	2012 %PIB	2013 R$ Milhões	2013 %PIB	2014 R$ Milhões	2014 %PIB	2015 R$ Milhões	2015 %PIB	2016 R$ Milhões	2016 %PIB	2017 R$ Milhões	2017 %PIB
I. RECEITA TOTAL	1.059.889,4	22,0%	1.178.983,2	22,1%	1.221.474,1	21,1%	1.247.789,3	20,8%	1.314.952,9	21,0%	1.383.081,6	21,1%
II. TRANSF. POR REPARTIÇÃO DE RECEITA	171.394,4	3,6%	181.895,0	3,4%	198.461,5	3,4%	204.684,3	3,4%	226.835,3	3,6%	228.335,3	3,5%
II.4 Compensações Financeiras	22.614,6	0,5%	23.441,1	0,4%	25.151,0	0,4%	18.836,9	0,3%	15.240,7	0,2%	22.184,8	0,3%
II.5 CIDE - Combustíveis	1.117,9	0,0%	57,3	0,0%	116,1	0,0%	448,0	0,0%	1.239,3	0,0%	1.698,7	0,0%
II.6 Demais	672,6	0,0%	800,3	0,0%	1.014,9	0,0%	1.235,7	0,0%	1.290,7	0,0%	1.471,5	0,0%
III. RECEITA LÍQUIDA (I-II)	888.495,0	18,5%	997.088,3	18,7%	1.023.012,6	17,7%	1.043.105,1	17,4%	1.088.117,6	17,4%	1.154.746,3	17,6%
IV. DESPESAS	815.907,0	16,9%	924.929,1	17,3%	1.046.495,0	18,1%	1.164.462,3	19,4%	1.249.393,2	20,0%	1.279.007,8	19,5%
IV.1 Benefícios Previdenciários	316.589,5	6,6%	357.003,1	6,7%	394.201,2	6,8%	436.090,1	7,3%	507.871,3	8,1%	557.234,8	8,5%
IV.2 Pessoal e Encargos Sociais	188.394,5	3,9%	205.152,9	3,8%	222.375,4	3,8%	238.499,0	4,0%	257.871,8	4,1%	284.041,1	4,3%
IV.3 Outras Despesas Obrigatórias	105.868,1	2,2%	133.442,0	2,5%	160.358,0	2,8%	236.586,6	3,9%	199.949,6	3,2%	185.190,4	2,8%
IV.4 Despesas Discricionárias - Todos os Poderes	205.054,9	4,3%	229.331,1	4,3%	269.560,4	4,7%	253.286,5	4,2%	283.700,4	4,5%	252.541,4	3,8%
V. FUNDO SOBERANO DO BRASIL	12.400,0	0,3%	0,0	0,0%	0,0	0,0%	855,0	0,0%	0,0	0,0%	0,0	0,0%
VI. PRIMÁRIO GOVERNO CENTRAL	84.988,0	1,8%	72.159,1	1,4%	-23.482,4	-0,4%	-120.502,2	-2,0%	-161.275,6	-2,6%	-124.261,5	-1,9%
VII.1 AJUSTE METODOLÓGICO ITAIPU [11/]	1.313,8	0,0%	858,4	0,0%	0,0	0,0%	3.888,4	0,1%	3.721,9	0,1%	4.461,7	0,1%
VII.2 AJUSTE METODOLÓGICO CAIXA-COMPETÊNCIA	0,0	0,0%	0,0	0,0%	0,0	0,0%	0,0	0,0%	161,7	0,0%	3.115,6	0,0%
VIII. DISCREPÂNCIA ESTATÍSTICA	-215,7	0,0%	2.273,1	0,0%	3.010,7	0,1%	-41,8	0,0%	-2.081,4	0,0%	-1.758,1	0,0%
IX. RESULTADO PRIMÁRIO DO GOVERNO CENTRAL (VI + VII + VIII) [11/]	86.086,0	1,8%	75.290,7	1,4%	-20.471,7	-0,4%	-116.655,6	-1,9%	-159.473,4	-2,5%	-118.442,2	-1,8%
X. JUROS NOMINAIS [12/]	-147.267,6	-3,1%	-185.845,7	-3,5%	-251.070,2	-4,3%	-397.240,4	-6,6%	-318.362,1	-5,1%	-340.907,3	-5,2%
XI. RESULTADO NOMINAL DO GOVERNO CENTRAL (IX + X) [12/]	-61.181,7	-1,3%	-110.554,9	-2,1%	-271.541,9	-4,7%	-513.896,0	-8,6%	-477.835,5	-7,6%	-459.349,5	-7,0%
Memorando												
PIB Nominal [13/]	4.814.760,0	-	5.331.619,0	-	5.778.953,0	-	5.995.787,0	-	6.259.227,8	-	6.559.940,3	-

Fonte: Banco Central do Brasil, Resultado Fiscal do Governo Central - Estrutura Nova (Jan/1997-Abr/2018), tabela 4.1: https://goo.gl/HHZk5W[99]

A tabela, tal como aparece no *site* do Banco Central, parece complexa, mas é de leitura simples. Na linha IX, "Resultado Primário do Governo Central" é possível acompanhar a evolução dos números. O resultado primário é a conta básica de quanto o governo recolheu com os impostos e acabou gastando nas atividades propriamente de governo, investindo em educação, saúde, segurança etc. Ou seja, em políticas públicas.

Quando se diz que o governo deve ser responsável, não gastar mais do que ganha, é disto que estamos falando. Confira a tabela abaixo, extraída da tabela principal: trata-se apenas de melhorar a legibilidade.

Linha IX - Resultado Primário do Governo Central

2010	2011	2012	2013	2014	2015	2016	2017
78.723,3	93.035,5	86.086,0	75.290,7	- 20.471,7	- 116.655,6	- 159.473,4	- 118.442,2
2,0%	2,1%	1,8%	1,4%	- 0,4%	- 1,9%	- 2,5%	- 1,8%

[99] *Link* original: http://www.tesouro.fazenda.gov.br/pt_PT/resultado-do-tesouro-nacional

No caso, houve um superávit nos anos 2010 até 2013 (gastou menos do que recolheu) e um déficit insignificante de 20 bilhões em 2014, e moderado em 2015, 116 bilhões de reais, 2% do PIB, perfeitamente normal. Na União Europeia, por exemplo, um déficit de até 3% do PIB é considerado normal, com variações entre um ano e outro. Ou seja, fica claro, note-se que ao contrário do que dizem os gastos com as políticas públicas não causaram nenhum "rombo" como tem sido qualificado. E em termos políticos é importante ressaltar que em 2013, quando começam as grandes denúncias contra a "gastança" e a guerra contra o governo, ainda temos um bom superávit de 75 bilhões.

Em 2015, já com o banqueiro Joaquim Levy, o déficit atinge 2,0% do PIB, e sobe para 159 bilhões em 2016, para retornar para 1,8% do PIB em 2017. De toda forma, a realidade é que o poder dos banqueiros não reduziu aqui nenhum déficit, e que o déficit da era Dilma era incomparavelmente mais baixo, 0,4%. A justificativa econômica para o golpe, na sua dimensão financeira, e tão amplamente difundida, de que Dilma tinha quebrado as contas públicas é simplesmente uma farsa, ou como hoje se chama, uma narrativa.

A linha seguinte da tabela, X – "Juros Nominais", dá a chave da quebra e da recessão. Os juros nominais representam o volume de recursos que o governo gastou com os juros sobre a dívida pública. Esta é a caixa preta que trava a economia na dimensão pública.

Linha X - Juros Nominais

2010	2011	2012	2013	2014	2015	2016	2017
- 124.508	- 180.553	- 147.267	- 185.845	- 251.070	- 397.240	- 318.362,1	- 340.907,3
- 3,2%	- 4,1%	- 3,1%	- 3,5%	- 4,4%	- 6,6%	- 5,1%	- 5,2%

Fonte: Banco Central do Brasil, Resultado Fiscal do Governo Central - Estrutura Nova, tabela 4.1: https://goo.gl/ifQyza

Trata-se da parte dos nossos impostos que, em vez de ser aplicada em infraestruturas e políticas sociais, é transferida para os bancos e outros intermediários financeiros, além de um volume pequeno de aplicadores individuais no Tesouro Direto. Com boa rentabilidade assegurada sem esforços, os grupos financeiros que manejam o grosso dessa dívida reaplicam os juros devidos na própria dívida pública, aumentando o fluxo.

A dívida pública é normal em inúmeros países, assegurando aplicações financeiras com risco zero e liquidez total, e por isto pagando em geral na faixa de 0,5% a 1% o ano, nos mais variados países, inclusive evidentemente nos EUA e UE. Não é para aplicar e ficar rico, é para ter o dinheiro seguro enquanto se busca em que investir.

No Brasil, o sistema foi criado em julho de 1996, pagando uma taxa Selic fantástica de mais de 15% já descontada a inflação. Instituiu-se assim por lei um sistema de transferência de recursos públicos para os bancos e outros aplicadores financeiros. Com juros deste porte, rapidamente o governo ficou apenas rolando a dívida, pagando o que conseguia de juros, enquanto o que não conseguia pagar aumentava o estoque da dívida. Nada que qualquer família brasileira não tenha conhecido quando pega dívida para saldar outra dívida. O processo vira, obviamente, uma bola de neve.

Em 2003 Lula assume o governo com uma taxa Selic pagando 24,5%, quando a inflação estava em 6%. Importante notar que são lucros gigantescos para os bancos e os rentistas em geral, sem nenhuma atividade produtiva correspondente. E nenhum benefício para o governo ou a população, pois o governo, com este nível de juros, apenas rola a dívida.

O sistema é absolutamente inviável a prazo. E ilegítimo, pois se trata de ganhos sem contrapartida produtiva, gerando uma contração econômica. Ciente do impasse, na passagem de 2012 para 2013 o governo Dilma começa a reduzir progressivamente a taxa de juros sobre a dívida pública, chegando ao nível de 7,5% ao ano, para uma inflação de 5,9%, aproximando-se das taxas praticadas na quase totalidade dos países. Isto gerou uma revolta por parte dos bancos e por parte dos rentistas em geral. A revolta dos banqueiros e da classe média alta, fortemente interessados no rendimento do Tesouro Direto, levou a que a taxa voltasse para o nível de 12%, mas o próprio governo que resultou do golpe teve de reduzir gradualmente para 6,5% em meados de 2018. Essa redução em termos reais é apenas parcial, pois com a inflação caindo para 3%, a remuneração real ainda continua elevada, e em particular sobre um estoque da dívida que aumentou fortemente. As transferências de juros para os bancos e os aplicadores financeiros em geral continuam na faixa de 350 bilhões de reais por ano, sem contrapartida produtiva, aplicação financeira e não investimento produtivo, desvio dos impostos que poderiam servir para políticas sociais e investimentos públicos.

Porque tantos países mantêm uma taxa de juros sobre a dívida pública da ordem de 1% ou menos? Porque um juro baixo sobre a dívida pública estimula os donos dos recursos financeiros a buscar outras aplicações mais rentáveis, em particular investimentos produtivos, que geram ganhos ao mesmo tempo que tendem a fomentar a economia. Aqui, estimulou-se o contrário: para que um empresário se arriscar em investimentos produtivos se aplicar na dívida pública rende mais?

A revolta dos banqueiros e outros rentistas levou a uma convergência com outras insatisfações, inclusive oportunismos políticos, provocando os grandes movimentos de 2013. E com um Legislativo eleito pelo dinheiro das corporações, atacou-se no Legislativo e na mídia a tentativa de reduzir os juros e resgatar a política econômica do governo. Futuros candidatos também viram aí brechas oportunas. O governo recuou, iniciando um novo ciclo de elevação da taxa Selic, reconstituindo a bonança de lucros sem produção, essencialmente para bancos e outros rentistas.

Difícil dizer o que causou o recuo do governo. O fato é que desde meados de 2013 instalou-se a guerra política e o boicote. Não houve praticamente um dia de governo, seguindo-se a eleição e a desarticulação geral da capacidade de promover qualquer política pública. O essencial, para nós, é que não houve uma quebra financeira de governo em termos de gastos com políticas públicas, pois neste plano o equilíbrio foi mantido. O que travou o sistema e, fato essencial, está aprofundando a crise, é o volume de transferências de recursos públicos para bancos e outros intermediários financeiros essencialmente improdutivos. Foi justamente a tentativa correta de restabelecer o equilíbrio reduzindo os juros que levou à guerra, boicote e logo recuperação dos juros para manter os interesses dos intermediários financeiros.

Com a Selic elevada, o governo transferiu em 2010, nas contas do Banco Central, 125 bilhões de reais sobre a dívida pública. Em 2011, este montante se elevou para 181 bilhões, caindo para 147 bilhões em 2012 com a redução dos juros Selic (a 7,5%) por parte do governo Dilma. Em 2013 começa o drama: sob pressão dos bancos, voltam a subir os juros sobre a dívida pública, e o dinheiro transferido ou reaplicado pelos rentistas sobe para 186 bilhões em 2013. Na fase Levy, portanto, com um banqueiro tomando conta do caixa, esse valor explode para 251 bilhões em 2014, e para 397 bilhões em 2015. Veja-se que o rombo criado pelos altos juros da dívida é incomparavelmente superior ao déficit das políticas públicas propriamente ditas, na linha IX "Resultado primário do governo central" visto acima. Em 2016, as transferências se reduzem para 318 bilhões, de toda forma mais do dobro de 2012, último ano de normalidade do governo Dilma, e em 2017 sobe para 341 bilhões. Lembremos que o Bolsa Família, que tanto foi apresentado como causa do desastre, era da ordem de 30 bilhões, 10 vezes menos do que essa "Bolsa Banqueiro".

Aqui são praticamente 400 bilhões de reais que poderiam se transformar em investimentos em infraestruturas e em políticas sociais. E são apropriados não por produtores mas, essencialmente, por intermediários financeiros como bancos, fundos e inclusive aplicadores estrangeiros. Isto gerou o rombo que agora vivemos e que aumenta ainda mais em 2016, pois continuamos com banqueiros no controle do sistema.

Confira, agora, a linha XI – Resultado Nominal do Governo Central, que vai apontar o rombo crescente. Trata-se do déficit já incorporando o gasto com juros sobre a dívida pública, hoje os mais altos do mundo. Veja o déficit gerado na tabela abaixo:

Linha XI – Resultado Nominal do Governo Central

2010	2011	2012	2013	2014	2015	2016	2017
- 45.785	- 87.517,6	- 61.181,7	- 110.554,9	- 271.541	- 513.896	- 477.835,5	- 459.349,5
- 1,2%	- 2,0%	- 1,3%	- 2,1%	- 4,8%	- 8,7%	- 7,6%	- 7,0%

Fonte: Banco Central do Brasil, Resultado Fiscal do Governo Central - Estrutura Nova, tabela 4.1: https://goo.gl/QLQ3GR[100]

Ele passa de 46 bilhões em 2010, explodindo para 272 bilhões em 2014 já com a política econômica controlada pelos banqueiros, e chegando a astronômicos 514 bilhões em 2015, já com políticas confortavelmente orientadas para desviar recursos públicos para intermediários financeiros. Em 2016 atinge 478 bilhões, e em 2017 459 bilhões. O rombo simplesmente continua, não consertaram nada, e a economia continua no marasmo.

---

[100] *Link* original: http://www.tesouro.fazenda.gov.br/pt_PT/resultado-do-tesouro-nacional

Essas três linhas da tabela do Banco Central mostram o equívoco do chamado "ajuste fiscal" do governo. E permitem entender, de forma clara, que não se tratou, de maneira alguma, de um governo que gastou demais com as políticas públicas, e sim de um governo em que os recursos foram desviados das políticas públicas para satisfazer o sistema financeiro.

A porcentagem do PIB gasta em juros sobre a dívida pública, ou seja, o volume de recursos transferidos para os grupos financeiros passou de 3,2% do PIB em 2010 e 3,1% em 2012, para 6,7% do PIB em 2015, 5,1% em 2016 e 5,2% em 2017. A festa continua.

Em nome da austeridade e de "gastar responsavelmente o que se ganhou", aumentaram em 2016 o déficit primário para R$ 159 bilhões, voltando em 2017 para o nível de 118 bilhões. Isso repassando dinheiro para deputados e senadores (emendas parlamentares), aumentando os salários dos juízes e de segmentos de funcionários públicos (em nome da redução dos gastos), enquanto a população arca ainda com a explosão dos juros para pessoa física e jurídica.

Ponto chave: a Emenda Constitucional 55/2016 trava os gastos com políticas públicas. São gastos que incidem sobre o resultado primário, ou seja, onde o déficit é muito limitado e a utilidade e efeito multiplicador do investimento público é grande, tanto em termos econômicos como sociais. Mas esta EC não limita os gastos com a dívida pública, que é onde ocorre o verdadeiro e imenso rombo. O novo governo simplesmente aprofundou a transferência de recursos da sociedade para os grupos financeiros. A inflação caiu sem dúvida, não porque a taxa Selic está alta, mas porque a economia está parada. E com a redução da inflação e aumento do volume da dívida pública, o que se reduziu da taxa Selic não significa uma mudança do processo de transferência de recursos públicos para rentistas. Nessa área essencial de políticas públicas (saúde, educação, segurança, infraestrutruas etc.) reduziram o investimento, mas como a crise gerada reduziu as receitas do Estado, o déficit se mantém: temos o desequilíbrio das contas em a vantagem das políticas. É a idiotice implícita das políticas de austeridade.

Não se tratou aqui, com esta medida do novo governo, de reduzir os gastos do Estado, mas de aumentar os gastos com juros, que alimentam aplicações financeiras, em detrimento do investimento público e dos gastos sociais. Trata-se simplesmente de aprofundar ainda mais o próprio mecanismo que nos levou à crise.[101]

Seriedade? Gestão responsável? A imagem da dona de casa que gasta apenas o que tem? Montou-se uma farsa. Os números aí estão. Assim o país afunda ainda mais e eles querem que o custo da lambança saia dos direitos sociais, das aposentadorias, da terceirização e outros retrocessos. Isto reduz a demanda e o PIB, e consequentemente os impostos, aumentando o rombo. Esta conta não fecha, nem em termos contábeis nem em termos políticos. Aliás, dizer que os presentes trambiques se espelham no modelo da boa dona de casa constitui uma impressionante falta de respeito à imagem dos economistas e, sobretudo, da própria boa dona de casa.[102]

---

[101] Bresser Pereira é contundente: *"Não existe explicação econômica; a causa fundamental dos altos juros no Brasil é o poder de rentistas e financistas."* Pereira, Luiz Carlos Bresser - *Juros e Indignação Cidadã* - Artigo publicado no *Valor Econômico*, 06 de março de 2017

[102] Para uma visão mais ampla, há um excelente documento *Austeridade e Retrocesso*, que traz a análise financeira completa. O documento é de outubro de 2016, 50p, disponível em http://brasildebate.com.br/wp-content/uploads/Austeridade-e-Retrocesso.pdf

O travamento II: dívida das famílias e das empresas

O travamento do consumo das famílias e das atividades empresariais pelos juros extorsivos teve um papel decisivo na crise a partir de 2013, e merece um detalhamento relativamente ao que vimos acima. Os dados são do Banco Central Operações de crédito do sistema financeiro de 26/03/2018. Basear-se em fonte primária não é uma precaução secundária, sabemos como é importante ser cuidadoso nesta era de manipulação de números.[103]

O montante de crédito em mãos de pessoas físicas e de pessoas jurídicas, ou seja, o estoque de dívidas das famílias e das empresas em fevereiro de 2018 era de 3.062 bilhões de reais, o que representa uma relação crédito sobre PIB de 46,4%. Não é particularmente elevado. Esta dívida se reparte basicamente meio a meio entre PJ e PF: respectivamente 1.404 e 1.658. Outra repartição é entre crédito livre e crédito direcionado, respectivamente 1.568 e 1.493 bilhões, também meio a meio.

O montante da dívida não é particularmente elevado, pelo contrário, em comparação com outros países onde frequentemente ultrapassa os 100% do PIB. O escândalo está nos juros. Fazendo a média entre crédito livre e crédito direcionado, para PF e PJ, o BC apresenta o juro médio de 26,9%. Ou seja, o juro extraído do estoque de 3.062 bilhões de dívida é de 823 bilhões de reais por ano. Trata-se do montante que famílias e empresas pagam com juros, e que deixa de se transformar em consumo ou em investimento pelo setor privado da economia. Isto representa 13% do PIB, apropriado pelo próprio sistema de intermediação financeira.

---

[103] BCB – Operações de crédito do sistema financeiro – 26/03/2018 - http://www.bcb.gov.br/htms/notecon2-p.asp - Note-se que os dados de maio 2018 já não apresentam o mesmo detalhe, e dificultam os cruzamentos, ficamos portanto com a Nota do BCB de março 2018

A média de 26,9% recobre uma enorme diferença entra crédito livre, com um taxa de juros média de 42,2%, e o crédito direcionado com 9,7%. A taxa de juros para crédito imobiliário no Canadá, para dar um exemplo, é da ordem de 2,27% a ano. Em todos os casos, livre ou direcionado, e em que pese a inflação, os números são impressionantes.

Para as pessoas físicas, as taxas de juros incidem sobre uma dívida de 1.658 bilhões, na média 33,3%, dos quais 856 bilhões em recursos livres, pagando uma taxa de 57,7%, e 802 bilhões em recursos direcionados, pagando 8,2% ao ano. Os juros pagos pelas famílias atingem portanto 494 bilhões de reais no crédito livre, e 66 bilhões no crédito direcionado, um total de 560 bilhões, cerca de 8% do PIB. A casa própria, com juros relativamente muito mais baixos, pode ter um efeito de dinamização da economia. Já os 494 bilhões, 7,5% do PIB, que pesam sobre o consumo familiar mais corrente é uma punção muito grande sobre um volume de compras relativamente pequeno, pelo encarecimento que resulta dos juros.

Para as pessoas jurídicas, os juros que incidem sobre uma dívida de 1.404 bilhões, na média 17,9%, sendo que 712 bilhões constituem recursos livres, pagando que pagam juros médios de 22,2%, e 691 bilhões em recursos direcionados, que pagam juros de 12,2%. Os juros pagos pelas empresas são assim de 158 bilhões sobre crédito livre, e 84 bilhões sobre o crédito direcionado, um total de 242 bilhões, como ordem de grandeza 4% do PIB.

Os ganhos dos bancos que se evidencia no spread atinge impressionantes 20,4%, sendo que no crédito direcionado o spread é de 5,1%, perfeitamente respeitável em termos internacionais, enquanto a autêntica lambança vem no crédito livre, onde o spread atinge 34,1%, isso trabalhando com dinheiro dos outros, é invejável.

Finalmente, a desculpa de juros elevados pelo drama da inadimplência é simplesmente falsa. No sistema, apenas 3,4% tiveram atrasos de mais de 90 dias, sendo de 3,7% para pessoas físicas e 3,1% no caso das empresas. A inadimplência que há, obviamente, está situada essencialmente no crédito livre, com 5,0%, enquanto no crédito direcionado é de apenas 1,8%.

Visão de conjunto: um volume de crédito relativamente pequeno, o que não estimula a economia, mas pagando juros exorbitantes, autêntica agiotagem, o que transforma o crédito – em particular na sua dimensão livre mas também no direcionado – em fator de travamento da economia, de extração em vez de fomento. Lembremos ainda que os 13% do PIB aqui comentados se referem ao crédito para pessoa jurídica e pessoa física. O fluxo de juros sobre a dívida pública que vimos acima, essencialmente pago com os nossos impostos, representa algo como 6,7% do PIB, e agrava a situação.

❧

Voltemos à dinâmica geral. A força propulsora das exportações está fragilizada por transformações que não estão no nosso controle. O que torna muito mais importante a dinâmica econômica interna. Neste plano, o principal motor, a demanda das famílias, foi travado pelos altos juros, com um endividamento brutal não pelo volume das compras e das dívidas, mas por juros que constituem agiotagem em qualquer definição que se busque. Lembremos que em fins de 2016 chegava a 58,3 milhões o número de adultos com nome sujo. Nenhum dos agiotas aparece com nome sujo. O terceiro motor, a produção e investimento empresarial, está travado por três razões: fragilidade da demanda, juros elevados, e a alternativa de ganhar dinheiro sem risco aplicando na dívida pública em vez de investir. E o quarto motor, o investimento público em políticas sociais e infraestruturas, foi travado pelo desvio de recursos para o serviço da dívida. Com um sistema tributário que não só não corrige como agrava o desequilíbrio, o conjunto torna-se disfuncional. Não há economia que funcione com esta articulação perversa de interesses.

A corrupção é importante? Sem dúvida. Mas descobrir que há corrupção nos grandes contratos de infraestruturas e no setor de petróleo é francamente pouco inovador. Nos meus hoje mais de trinta anos de experiência com planejamento e contratos em numerosos países, no quadro das Nações Unidas, não conheci um país sem que este problema se apresentasse em grande escala. O modo como se negociam contratos deste tipo foi amplamente descrito no excelente e muito confiável relato de John Perkins, um grande negociador de contratos, em *Confissões de um Assassino Econômico,* livro de grande impacto internacional, já que se tratava de alguém no topo do processo, economista-chefe de grandes empresas de construção.[104] Foi uma confissão sem contrapartida, um curioso e raro surto de ética.

"Conforme eu avançava com o meu trabalho", escreve Perkins, "comecei a juntar duas listas para cada um dos projetos que eu visionava: uma para os contratos do tipo 'design e construção', e outra para acordos de serviço e gestão de longo prazo. MAIN, Bechtel, Brown & Root, Halliburton, Stone & Webster, e muitas outras empresas americanas de engenharia e construção teriam lucros generosos para as décadas seguintes. A expansão das firmas era acompanhada da negociação da sua proteção militar, evidentemente apresentada como segurança do país, convenientemente ameaçado pelas tensões regionais. A sua presença (da indústria da defesa) iria requerer uma outra fase de engenharia e construção,

---

[104] John Perkins, *Confessions of an Economic Hit-Man,* Berrett Koehler, San Francisco, 2004. Veja resenha do livro em http://dowbor.org/2005/01/confessions-of-an-economic-hit-man-confisoes-de-um-agressor-economico-250-p.html/; publicado no Brasil pela Cultrix

projetos, incluindo aeroportos, *sites* de mísseis, bases de pessoal militar, e toda a infraestrutura associada com estas instalações". Um dos chefes do Perkins se referia ao reino da Arábia Saudita como "a vaca que iremos ordenhar até que o sol se ponha sobre a nossa aposentadoria". (p.87) Soa familiar? Outro vórtice de corrupção é a área de energia, em particular do petróleo: hoje um dos poderosos chefões, Rex Tillerman da Exxon, foi nomeado para dirigir a política externa dos EUA.

O combate à corrupção não se dá com medidas teatrais e uma novela de que "encontramos o culpado", o que leva à catarse popular de ódio acumulado contra alguns, e sim instalando e aplicando leis de transparência. O que constitui um golpe paralelo é o fato de se ter paralisado empresas nacionais que exerciam forte concorrência a outras corporações transnacionais da área, enquanto nenhuma das transnacionais presentes no Brasil, e que negociam contratos e propinas rigorosamente com os mesmos procedimentos, sequer foi denunciada (a não ser no caso do Metrô de São Paulo, caso devidamente enterrado). O fato é que a desmontagem destas empresas nacionais custou muito mais à nossa economia do que o volume dos recursos desviados. Proclamar a prisão de alguns corruptos não muda nada no sistema. Para quem conhece a forma como se negociam contratos em grande escala, há pouca dúvida de que se trata de um teatro jurídico que leva os conhecedores a sorrir e balançar a cabeça.[105]

---

[105] No meu livro *A reprodução social,* ainda em 1999, eu apresentava o desenho da grande corrupção nas empreiteiras no Brasil, mas também como o Brasil acompanha aqui as práticas de outros países. Nos ministérios de planejamento em que trabalhei, só variava o grau, não a substância. A solução está na regulação e na obrigação de contas abertas, transparência que as novas tecnologias permitem. Não no espetáculo. Veja L. Dowbor, *A reprodução social,* 1a edição, Vozes, Petrópolis 1999, p. 171 e seguintes. Sobre os próprios mecanismos de corrupção o Brasil, veja Dowbor, *Os Estranhos Caminhos do Nosso Dinheiro,* Fundação Perseu Abramo, São Paulo, 2015 - http://www.fpabramo.org.br/forum2013/wp-content/uploads/2013/12/colecaooquesaber-01.pdf

Aqui abordamos a questão central dos juros sobre a dívida pública, visando mostrar o absurdo dos argumentos de que os governos Lula e Dilma "quebraram" a economia. Mas é essencial ver o fluxo financeiro integrado, pois os juros drenam também a capacidade de consumo das famílias, além da produção e investimento empresarial. O travamento sistêmico por meio de processos financeiros sequer constitui originalidade nossa. A financeirização e os seus malefícios se tornaram um problema mundial. Importante também mencionar que o próprio volume (estoque) da dívida pública, da ordem de 60% do PIB (e muito menos para a dívida líquida), não é particularmente maior do que a de outros países, e muito menor, por exemplo, do que a dos EUA ou do Japão.[106]

As aplicações financeiras podem ser muito lucrativas, mas geram lucros de transferência, e não por criação de riqueza suplementar. Se eu compro dólares por prever que a moeda vai subir, e acertei na aposta, poderei revendê-los com proveito, e comprar mais coisas. A pessoa que os vendeu viu pelo contrário a sua capacidade de comprar baixar na mesma proporção: ela agora tem reais, e o dólar está mais caro. No país não se produziu um par de sapatos a mais, não se construiu uma casa a mais, a riqueza acumulada do país continua idêntica por mais que façamos frenéticas transações financeiras. São ganhos de transferência, de direitos sobre o produto que já existe, ou no caso de processos especulativos como os mercados de futuros, sobre um produto que ainda sequer for produzido, mas já passa a ter dono.[107]

---

[106] Para uma visão mais ampla, há um excelente documento, *Austeridade e Retrocesso,* que traz a análise financeira bem pesquisada. O documento é de outubro de 2016 (50p.) e está disponível em http://brasildebate.com.br/wp--content/uploads/Austeridade-e-Retrocesso.pdf

[107] Michael Hudson: "Um século de economistas clássicos definiu a renda econômica como um meio extrativo (*extractive*) de aumentar a riqueza...Hoje usam um jargão com expressões como 'atividades de soma zero' ou 'pagamentos de transferência' (*transfer payments*) para diferenciar a busca de renta e a

Agora seu eu realizo efetivamente o que pode ser qualificado de investimento, o que tanto pode ser por meio da criação de uma fábrica de sapatos como do financiamento de um curso de formação tecnológica para pequena e média empresa, estou criando riqueza, aumentando o capital do país. No caso do investimento, mesmo que eu construa casas que depois tenha de vender com perdas, o país ganhou casas onde pessoas poderão morar. O estoque de riqueza do país aumentou. Se eu invisto o meu patrimônio estou transformando-o em capital que gera mais riqueza. Se eu faço uma aplicação financeira estou possivelmente aumentando o meu patrimônio, mas não criando capital no sentido produtivo.

Quem viu *Uma Linda Mulher* lembrará como o aplicador financeiro, quando perguntado pela prostituta o que ele faz na vida, responde de maneira direta: "Eu faço o mesmo que você, eu f... com as pessoas por dinheiro" (*Same as you, I screw people for money*). Ele sabe perfeitamente que não está criando riqueza nenhuma, e sim está se apropriando da que foi criada por outros. David Ruccio, para o *Real World Economics*, explicita isto claramente: "As finanças podem ser muito lucrativas, tanto para as instituições bancárias como para estudantes de Harvard, mas a única coisa que fazem é capturar parte do valor criado em outro lugar na economia. Em vez de criar riqueza os rentistas simplesmente a transferem – dos outros para si." Hoje, entre as grandes fortunas, muito poucos são os que criam riqueza, pois tende a ser muito mais lucrativo transferir para si a riqueza produzida por outros. Para um capitalismo cuja justificativa básica de existência era de que pode ser injusto mas é produtivo e no longo prazo positivo para a sociedade, é tempo de buscar novos caminhos, e não só novas justificativas.

---

riqueza real baseada em produção de bens de consumo tangíveis e bens de capital." Hudson, *J is for Junk Economics,* 2017, p. 8)

CAPÍTULO 14
VISÃO GERAL: RECUPERAR A PRODUTIVIDADE DO SISTEMA

Façam-se as contas da maneira que for: o fato é que a economia brasileira está sendo sangrada por intermediários que pouco ou nada produzem, e corroída por ilegalidades escandalosas. Se somarmos as taxas de juros à pessoa física, o custo dos crediários, os cartões, os juros à pessoa jurídica, o dreno por meio da dívida pública e a evasão fiscal por meio dos paraísos fiscais e das transferências ilícitas, além de uma tributação que não só não restabelece os equilíbrios mas agrava a desigualdade, temos uma deformação estrutural dos processos produtivos.

Esta conta não é complicada. É só lembrar que em vez da conta como fazemos em casa, usando como unidade mil reais, no país se trata de bilhões. O PIB do Brasil, arredondando, são seis trilhões, ou seja, seis mil bilhões. Os juros extraídos pelos intermediários financeiros das pessoas físicas e das pessoas jurídicas atingem um trilhão, um mil bilhões. Isso representa cerca de 15% do PIB. Os juros extraídos através da dívida pública, cerca de 400 bilhões de reais, representam 7% do PIB. A evasão fiscal, avaliada em 570 bilhões em 2016, representa 9% do PIB. Isso que a tributação já é desigual para ricos e pobres, e é fácil constatar que são justamente os ricos, e em particular os que controlam os sistemas financeiros, que têm maior facilidade para sonegar. Acrescente-se que esses grupos têm no exterior, em paraísos fiscais, cerca de 500 bilhões de dólares (um estoque de recursos, não o que sai todo ano) o que equivale a cerca de 1.600 bilhões de reais, cerca de 28% do PIB. Aqui podemos discutir se algum número

| 247

é mais elevado ou mais baixo, ou ainda acrescentar tarifas e outros penduricalhos, que os banqueiros chamam simpaticamente de 'reciprocidades'. Mas no conjunto, com esses números, não é difícil constatar que o sistema econômico do país foi invadido, e está sendo paralisado, por dinâmicas financeiras que pouco têm a ver com o capitalista produtor de bens e serviços tradicional. A economia está sendo drenada por parasitas.

Tentar dinamizar a economia enquanto arrastamos esse entulho especulativo preso nos pés fica muito difícil. Há mais mazelas na nossa economia, mas aqui estamos falando de uma massa gigantesca de recursos necessários ao país. É tempo do próprio mundo empresarial – aquele que efetivamente produz riquezas, em particular a pequena e média empresa, – acordar para os desequilíbrios e colocar as responsabilidades onde realmente estão. O resgate organizado do uso produtivo dos nossos recursos financeiros é essencial.

É tempo dos sindicatos e dos movimentos sociais ampliarem a compreensão de que a forma tradicional de mais-valia – o patrão que produz mas paga mal, ensejando lutas por melhores salários - ainda que subsista, foi brutalmente agravada por um sistema mais amplo de extração do excedente produzido pela sociedade, em que todos somos explorados, em cada compra ou transação, seja através dos crediários, dos cartões, tarifas e juros abusivos, seja na estrutura injusta da tributação. O rentismo é hoje sistemicamente mais explorador, e pior, um entrave aos processos produtivos e às políticas públicas. O seu poder é grande, trata-se da estrutura de poder mais presente nos processos decisórios públicos e privados. Mas a sua grande vulnerabilidade está no fato de ser improdutivo, de constituir dominantemente uma dinâmica de extração sem contrapartida à sociedade.

O eixo central de orientação é a busca da produtividade do sistema financeiro, o chamado retorno social sobre investimento

(*Social Return On Investment, SROI*). É curioso que tenhamos tantos estudos da evolução ou retrocesso da produtividade de cada setor industrial ou agrícola, mas não temos nenhum estudo da produtividade do sistema financeiro. A interessante iniciativa do Ipea, já mencionada, de estimar quanto rende um real investido no Bolsa Família (positivo) e um real aplicado na dívida pública (negativo) é um ponto de partida, mas tem de ser expandida e gerar a compreensão e acompanhamento dos diversos subsistemas financeiros. E a regulação do sistema deve estar centrada no efeito multiplicador econômico e social de cada real investido. Os mais de 700 bilhões de reais em fundos de pensão complementar, por exemplo, podem ser induzidos a realizar investimentos produtivos. É absurdo o Conselho Monetário ter autorizado esses fundos a aplicar até 100% do estoque de recursos que controla em títulos da dívida pública, dinheiro que sai dos nossos bolsos e com impacto econômico negativo, para financiar aposentadoria de terceiros.

As propostas do ponto de vista do bom funcionamento podem ser vistas como mais ou menos realistas, conforme a visão que temos das relações de força existentes na sociedade. As pessoas podem se sentir mais à esquerda ou mais à direita do que aqui propomos, mas tudo depende também do horizonte de tempo que consideramos e de como vemos o que é viável. Piketty, Stiglitz e outros podem ser vistos como teóricos que buscam apenas um capitalismo mais civilizado. Mas não é questão de "legitimidade" esquerdista, e sim de ver o que pode ser feito. Em particular, nos interessam medidas que ao introduzir transformações geram espaço para transformações ulteriores. Medidas estruturantes, por assim dizer. Ou, na expressão interessante de Gar Alperovitz, medidas que abrem espaço para uma revolução progressiva.[108]

---

[108] Gar Alperovitz e Lew Daly – *Apropriação Indébita: Como os Ricos Estão Tomando a Nossa Herança Comum* – Ed. Senac, São Paulo, 2010. Segundo Kenneth Arrow, Nobel de Economia de 1972, os autores *"se baseiam em fontes*

Inspirar-se com experiências positivas

Temos de nos debruçar em particular sobre exemplos que funcionam em outros países. Há condições específicas, sem dúvida, mas o mundo financeiro é basicamente um só. Não tentar aprender com os outros, nesta era de busca por novos caminhos, seria pouco inteligente. E o critério básico é que o recurso financeiro tem de ser produtivo, vetor de aumento da riqueza social. E o princípio básico dos juros é simples: o custo financeiro deve ser menor do que o aumento de produtividade que permite. Acima disso, é produtividade líquida negativa, parasitismo econômico.

Não é mais possível sustentar o nosso grau de desconhecimento de como funciona a China que, com 20% da população mundial, apresentou de longe o sistema mais eficiente de gestão econômica e social, hoje gradualmente investindo na dimensão ambiental. O sistema financeiro chinês é dominado pelo Bank of China, com poderosa ferramenta de orientação de grandes fluxos, enquanto o conjunto do sistema público de financiamento é radicalmente descentralizado, permitindo uma gestão local flexível e eficiente.

Arthur Kroeber, editor do *China Economic Quarterly* e autor de *China's Economy,* não é mais uma pessoa que passou um tempo na China e escreveu um livro.[109] Vivendo em Beijing e Nova Iorque, Kroeber talvez tenha a visão um pouco deformada pelo *a priori* de que a privatização é a salvação da lavoura, mas, no conjunto, ele comprova que o equilíbrio construído pela China entre políticas públicas, setor público empresarial, inte-

---

impecáveis e as usam com maestria. Todo mundo irá aprender ao ler este livro". Veja resenha em http://dowbor.org/2010/11/apropriacao-indebita-como-os-ricos-estao-tomando-a-nossa-heranca-comum.html/

[109] Kroeber, Arthur - *China's Economy* – Oxford University Press, 2016 - ver resenha em português em http://dowbor.org/2016/11/arthur-r-kroeber-chinas-economy-oxford-oxford-university-press-2016-isbn-978-0-19-023903-9-320-p.html/

resses empresariais privados e grupos internacionais, em última instância assegurou o sucesso do conjunto. É uma arquitetura diferente de poder e de gestão, aparentemente muito mais equilibrada do que as nossas economias ditas "ocidentais". Aliás, Kroeber faz prova de um bom senso impressionante: "Em qualquer país os verdadeiros inimigos na luta por uma prosperidade de base ampla não são os competidores internacionais, mas elites domésticas que batalham constantemente para preservar os seus próprios privilégios às custas de todos os outros. Inovação, educação, abertura e um Estado redistributivo constituem armas confiáveis nesta batalha."(p.256)

Interessa-nos em particular a gestão. Todos tentamos desenhar mentalmente o tipo de arquitetura organizacional que a China criou e o tipo de tigre que disso resulta. "A China é formalmente centralizada, mas na prática altamente descentralizada... Na dimensão quantitativa, pela proporção de rendimentos e gastos fiscais manejados pelos governos locais, a China é por uma ampla margem o país mais descentralizado na terra, com a participação dos governos locais nos rendimentos e nos gastos mais do dobro das que são típicas nos países desenvolvidos da OECD, que por sua vez tendem a ser mais descentralizados do que nações em desenvolvimento."(p.111) Este ponto é absolutamente central, pois aqui se articulou uma forte capacidade de orientação política central, com uma radical flexibilidade local na aplicação das orientações, somando-se coerência sistêmica com agilidade administrativa. É uma lição essencial inclusive para o Brasil, que tem um governo muito centralizado e finanças locais frágeis e recentemente ainda mais reduzidas quando não espoliadas.

Herdando um mundo essencialmente rural, Deng Xiaoping promoveu uma dinamização econômica e social centrada em melhorar as condições econômicas desta imensa base de agricultura familiar, com suporte à produção local, comercialização, financiamento, acesso à terra e expansão de direitos sociais. Foi assim uma construção do país pela base, sendo os excedentes produtivos essenciais para o segundo eixo de expansão que seriam as cidades, ao mesmo tempo que do lado da demanda se criava uma ampla base de consumo popular. Assim a expansão da produção assegurou o seu complemento simétrico de expansão da demanda. Como vimos, segundo o Banco Mundial, das cerca de 1 bilhão de pessoas tiradas da pobreza no mundo nas últimas décadas, 700 milhões são chinesas.

Um segundo eixo consistiu no forte investimento em infraestruturas, em particular conectando as áreas rurais numa rede de energia e transporte que tende a aumentar a produtividade geral. Assim um país ainda relativamente pobre e com salários baixos teria "uma combinação provavelmente não igualada de custos baixos de mão-de-obra com boas infraestruturas, praticamente de país rico."(p.45) Uma segunda geração de infraestruturas, em particular com trens de grande velocidade, viria já neste milênio, mas no conjunto o essencial é que esta parte do desenvolvimento foi rigorosamente planejada, de forma a assegurar a sinergia entre as redes e de tornar as empresas e regiões mais produtivas.(p.83) Hoje a China está expandindo as infraestruturas no sentido das conexões com o resto da Ásia e Europa, na linha do que tem chamado de "diplomacia de infraestruturas", inclusive com a constituição do AIIB (Asian Infrastructure Investment Bank), ao qual já se associaram 60 países. (p.245)

As bases financeiras e os equilíbrios macroeconômicos desses esforços foram assegurados por um sistema financeiro fortemente controlado e orientado pelo interesse público. "Os que orientavam a política econômica acreditavam que o controle direto do governo sobre o sistema bancário era crucial para que a política macroeconômica fosse efetiva."(p.93) Aqui também nota-se uma busca de equilíbrio, com as grandes empresas estatais podendo administrar os recursos de maneira flexível por meio de instrumentos financeiros próprios (*in-house finance company*), mas com o governo evitando "perder o controle sobre o sistema financeiro caso se permitisse que as companhias financeiras corporativas se transformem em bancos plenos (*full-fledged banks*)." (p.98) No conjunto, o acesso ao financiamento, em particular para os governos locais, foi baseado em taxas de juros ultrabaixas (*ultralow interest rates*). (p.84)

As boas infraestruturas, um amplo mercado interno e mão-de-obra barata foram irresistíveis para as corporações internacionais, que foram autorizadas a se instalar, mas com termos de referência definidos em grande parte pelos próprios chineses, por meio de zonas econômicas especiais. De forma parecida com a experiência da Coreia do Sul, na China a capacidade financeira, organizacional e tecnológica das corporações internacionais foi utilizada para formar gradualmente capacidades próprias, e em particular para servir de base exportadora, o que geraria superávits comerciais e capacidade de importação complementares à matriz produtiva interna. Usando os aportes externos para dinamizar capacidades próprias, gerou-se um processo de restauração de equilíbrios e não de dependência. Em 2014 o investimento externo direto se limitava a 3% do investimento. (p.55)

Finalmente, joga um papel essencial o processo de urbanização, gigantesco movimento que levou centenas de milhões de pessoas para as cidades, exigindo a expansão da produção de cimento, aço e outros materiais básicos (essencialmente nas mãos de grandes empresas estatais), e também maior capacidade de construção de infraestruturas locais, levando gradualmente à intensificação da produção de equipamento doméstico básico, e a transição para o consumo popular urbano de massa atual. Na visão do autor, a redução do ritmo de crescimento de mais de 10% durante várias décadas para os atuais 6-7% caracteriza esta última transição, com a gradual redução do ritmo de crescimento bruto de edifícios e infraestruturas correspondentes.

Um sentimento agradável na leitura resulta da seriedade com a qual Kroeber demonstra a futilidade dos argumentos ideológicos simplificadores sobre a China, inclusive apontando as pesquisas externas que demonstraram que as sugestões de que o país trambicava as suas estatísticas eram falsas. Estas alegações, como as de se tratar de uma ditadura, simplesmente não se sustentam, e em geral resultam apenas de desconhecimento. É diferente, tem muitos defeitos, e funciona. Não se trata de ser contra ou a favor, de se satisfazer com reações ideológicas: se trata de entender como funciona. Uma política financeira que funciona durante décadas e para mais de um bilhão de habitantes é interessante.

Visão política geral? "Politicamente, a China é um sistema autoritário resiliente cuja legitimidade é baseada em governança eficiente (*effective*) mais do que em eleições democráticas. Este sistema se fortaleceu substancialmente desde a crise política de 1989, conseguiu três transições pacíficas de liderança, respondeu de maneira competente às circunstâncias cambiantes, e aparentemente goza de uma elevado nível de apoio cidadão ou pelo menos aceitação." (p.253).

Não é só a China, evidentemente. Ellen Brown escreveu uma pérola de livro, *The Public Bank Solution* (*A Solução pelo Banco Público*), que parte da visão óbvia que os recursos, que são nossos, e não dos bancos que foram apenas autorizados a geri-los, devem ser produtivos para a sociedade. Não custa lembrar mais uma vez que o artigo 192º da nossa Constituição rezava que o sistema financeiro nacional seria "estruturado de forma a promover o desenvolvimento equilibrado do país e a servir aos interesses da coletividade." Esta parte inicial do artigo, que sobreviveu e que definiu a orientação geral e o princípio que deve reger o sistema financeiro, coloca simplesmente na ilegalidade o conjunto do sistema atual de agiotagem.

Ellen Brown vai direto ao ponto: "Os bancos são de propriedade e controle privados, com o mandato de servir aos interesses limitados dos seus acionistas; e esses interesses e o interesse público frequentemente entram em conflito. O que é bom para Wall Street não é necessariamente bom para a economia... O edifício bancário privado constitui uma máquina massiva cujo objetivo principal é o de se manter a si mesmo. O que está sendo preservado é uma forma extrativa de atividade bancária que está se provando ser insustentável, e que atingiu os seus limites matemáticos. Um parasita que devora a sua fonte de alimentação e que perecerá junto com a sua fonte de alimentação". (p.419) Temos aqui um visão muito próxima, na imagem do parasita, do trabalho de Michael Hudson visto antes, *Killing the Host,* e em bom português: matando o hospedeiro.

O que é particularmente interessante para nós é que Brown traz inúmeros exemplos das formas como se organizam os sistemas financeiros. A primeira parte é um resgate do processo histórico, de Wall Street a Beijing, o que ajuda a entender como se articulam as instituições criadas e os grandes grupos de interesses. Os inúmeros exemplos tanto das iniciativas de regulação como da organização diferenciada segundo os países – a Alemanha com os seus *sparkassen,* a Polônia com as suas cooperativas de crédito, a China com os seus sistemas descentralizados de gestão financeira, a França com o seu sistema de ONGs de intermediação financeira local (*Placements éthiques*), o próprio papel da nossa Caixa Econômica Federal (hoje em perigo) e muito outros – ajudam a entender que este universo pode sim ser resgatado, com soluções de comprovada eficiência. O estudo fecha com propostas de uma nova teoria monetária, que ajuda muito. Um glossário de termos técnicos e uma excelente bibliografia fazem deste livro uma ferramenta de primeira utilidade.

O exemplo alemão é particularmente estudado[110]: "Na Alemanha, grandes bancos de alcance nacional representam apenas 13% do sistema bancário, que é esmagadoramente baseado nas localidades, dando suporte à pequena e média empresa que gera 80% do emprego em qualquer economia. Setenta por cento dos bancos são de propriedade e controle local (42,9% caixas de poupança e 26,6% bancos cooperativos). Esses bancos e caixas têm obrigação legal de investir localmente, não fazem empréstimos especulativos e sim para empresas produtivas que aumentam o PIB real. Para crescer e prosperar, precisam fazê-lo em parceria com a economia produtiva local. É um sistema que não extrai, mas dá suporte e é sustentável". (p.269) A Alemanha passou bem pela crise de 2008 não só por ter uma sólida base produtiva, mas porque esta base produtiva é densamente financiada pela rede pública de financiamento. As especulações do Deutsche Bank e suas sucessivas condenações por fraudes encontraram um contrapeso estabilizador na rede de bancos locais. As poupanças sendo da população, o banco tem de prestar contas do que com elas promove.

As caixas de poupança municipais, *Sparkassen*, na Alemanha têm forte tradição. Já eram 2.834 em 1903, e atualmente são mais de 15 mil, empregando 250 mil pessoas e distribuídas em todos o território. Nas regiões, como se fossem bancos estaduais, são sete bancos também públicos, os *Landesbanken*, que funcionam como bancos universais, inclusive tendo de prestar

---

[110] Ellen Brown – *The Public Bank Solution: From Austerity to Prosperity* – Third Millenium Press, Louisiana, 2013 - http://dowbor.org/2015/08/ellen-brown-the-public-bank-solution-from-austerity-to-prosperity-third-millenium-press-baton-rouge-2013-471p-isbn-978-0-9833308-6-8.html/

contas aos bancos locais. Esses bancos públicos funcionam em rede, o que lhes permitiu resistir à ofensiva da liberalização e da globalização financeira. O fato essencial é que os bancos alemães servem à comunidade, tornam as poupanças e as emissões de dinheiro úteis. Exemplos como este da Alemanha, das *Cajas de Ahorro* da Espanha, das 470 cooperativas de crédito da Polônia, ou da própria China como vimos antes indicam que a apropriação, ou reapropriação do uso dos nossos recursos financeiros pela sociedade é essencial.

E temos evidentemente que resgatar as experiências que deram muito certo no Brasil. Aqui temos os exemplos impressionantes da efetividade do microcrédito produtivo desenvolvido pelo Banco do Nordeste, mostrando como recursos pequenos, mas capilares, chegando ao pequeno produtor com juros baixos, podem ter efeitos multiplicadores impressionantes. A própria experiência da Caixa Econômica Federal na área da habitação ou a do Banco do Brasil na área rural constituiram um acúmulo de conhecimentos práticos que são preciosos e que podem ser resgatados. As iniciativas como a dos Bancos Comunitários de Desenvolvimento, hoje mais de 100, estudadas em pesquisa da USP, têm resultados impressionantes em termos de retorno social sobre os pequenos investimentos. Constituem também espaços inovadores preciosos, em particular com a flexibilidade que as moedas virtuais podem hoje oferecer.[111] O conhecimento e sistematização das experiências que dão certo na área crucial do acesso aos recursos financeiros tornou-se essencial: muito além do equilíbrio fiscal, o objetivo é canalizar os recursos financeiros para onde são úteis e geram efeitos multiplicadores.

---

[111] *Banco Palmas 15 Anos* – Inst. Palmas e NESOL-USP (Orgs.) – A9 Editora, São Paulo, 2013, 178 p.

As propostas brasileiras

As alternativas são bastante óbvias. Consistem em aprofundar a dinâmica estrutural que deu certo, reforça o modelo centrado no mercado interno, no consumo de massas e na inclusão produtiva, e retoma a redução das desigualdades gritantes que persistem. Em termos muito amplos, isto significa basear a dinâmica econômica do país na oportunidade que representa o imenso mercado interno de consumo individual e social. No plano político e social, isto representa um imenso esforço que permita criar um conjunto de regras do jogo mais justas, em particular pela reforma tributária e reorientação do sistema financeiro nacional. E no plano ambiental temos de voltar a lembrar que o país não pertence apenas à nossa geração. A retomada do desmatamento da Amazônia e a liberação da venda das terras para grupos internacionais constituem um crime contra o futuro.

O ataque que a partir de 2013 travou os nossos avanços não apresenta algum programa alternativo coerente. Pelo contrário, aprofunda os privilégios e a desigualdade. Enfrentamos uma aliança do sistema financeiro (nacional e internacional) com o oligopólio de mídia comercial, segmentos do Judiciário e grande parte do Legislativo. Aliás, o Poder Legislativo atual, eleito sobre a base do já inconstitucional financiamento corporativo das campanhas, é fruto de uma deformação profunda do sistema de representação.Temos uma bancada ruralista potente, mas também a bancada das montadoras, da grande mídia comercial, dos bancos – e ficamos à procura da representação dos interesses do cidadão e da nação. Aqui, e lamentavelmente em outros países também, é a própria democracia que está em xeque.

Não é o objetivo aqui avaliar as iniciativas do governo ilegítimo que assumiu no Brasil. Mas é bom lembrar como contraste o que vai ter de ser refeito. Recorro aqui ao útil e eloquente resumo que me mandou Roberto Malvezzi: "A maioria das propostas já conhecemos: desmonte do Sistema Único de Saúde (SUS) em favor da medicina privada; modificações draconianas para o povo na Previdência Social em favor da previdência privada; modificações dos tempos da revolução industrial na legislação trabalhista em favor do capital privado; entrega do pré-Sal; desmonte da educação pública – inclusive universidades – em favor da educação privada; entrega das terras públicas aos estrangeiros; repressão dos movimentos sociais; supressão de verbas para pesquisas científicas; crescimento da intolerância fascista; assim ao infinito. As políticas sociais ficarão apenas como marketing, não mais com a proposta da inclusão social. Fim dos 15 anos do desenvolvimento da política de Convivência com o Semiárido." Por trás de cada uma dessas iniciativas de desmonte, interesses claramente identificados. Rapina generalizada.

As propostas do ponto de vista do bom funcionamento podem ser vistas como mais ou menos realistas conforme as relações de força existentes na sociedade. Em particular, é essencial construir um discurso explicativo que permita ampliar o círculo de pessoas que entendam e que possam se mobilizar para as transformações e a reconstrução necessárias.

É importante lembrar que o presente estudo não é contra os bancos e o sistema de crédito, e sim contra a deformação do seu uso, por grupos nacionais e internacionais que transformaram o potencial das nossas poupanças em dreno, em vez de utilizá-las para fomentar o desenvolvimento. É um sistema baseado no lucro de curto prazo que viola radicalmente as bases jurídicas que regem as suas funções, além de alimentar um cassino internacional cujas ilegalidades são generalizadas. Temos de lembrar aqui que um banco, mesmo privado, funciona sobre a base de uma carta patente que o autoriza a trabalhar com o dinheiro da sociedade, com lucro que é legítimo quando exerce a sua função sistêmica social de promoção do desenvolvimento. Este ponto é essencial, pois se um banco tira o seu lucro apropriando-se de uma parcela do produto adicional gerado na sociedade por financiamentos produtivos que ajudou a organizar, é perfeitamente legítimo e positivo para a sociedade. Mas se obtém o seu lucro a partir de movimentações especulativas e juros que travam o investimento e a demanda, cobrando pedágio e dificultando o acesso, o resultado é um poderoso entrave ao desenvolvimento.

Na realidade, temos hoje no Brasil uma capacidade instalada impressionante em termos de infraestrutura de gestão financeira, com uma grande densidade de agências pelo país afora, com ampla rede informática, excelentes técnicos e mão-de-obra formada e experiente. Temos também uma grande capacidade potencial de regulação pelo Banco Central, além de economistas de primeira linha que podem ajudar na reformulação. É a orientação do uso deste capital de conhecimentos, de infraestrutura e de organização que precisa ser revista. Neste sentido trata-se de uma reforma financeira, que não exige grandes investimentos, pois a máquina está constituída, mas sim um grande esforço político para sua reorientação produtiva.

Trabalhando com juros decentes, mas com uma massa muito maior de crédito, os bancos e outros intermediários financeiros poderiam ter lucros legítimos. Reinvestindo no país em bens e serviços de verdade, em vez de multiplicar produtos financeiros, encontrarão a sua viabilidade econômica no longo prazo e de maneira sustentável. Financiando atividades produtivas no Brasil e fomentando assim a economia, deverão sem dúvida pagar impostos, mas a prazo a opção atual pelos paraísos fiscais, ilícita quando não ilegal, não é sustentável, e o argumento de "todo mundo faz" é escorregadio. Aliás, lucrar honestamente é saudável para todos.

Trata-se aqui não de realizar gigantescos investimentos inovadores, mas de utilizar de forma inteligente o que já temos.

Apresentamos abaixo algumas propostas que parecem as mais óbvias, e conformes à visão geral do presente estudo. Deixamos aqui o conjunto de reformas estruturais mais amplas que o Brasil sempre adia. Mas me permito afirmar minha convicção de que qualquer governo que queira funcionar para o país, e não apenas para elites, terá de revogar o conjunto do entulho jurídico que está se acumulando desde o golpe de 2016.

Redução geral das taxas de juros

No plano interno, as medidas não podem ser diretas. A Anefac, conforme vimos acima, deixa claras as limitações de um sistema que é formalmente regido pelo direito privado. "Destacamos que as taxas de juros são livres e as mesmas são estipuladas pela própria instituição financeira, não existindo assim qualquer controle de preços ou tetos pelos valores cobrados. A única obrigatoriedade que a instituição financeira tem é informar ao cliente quais as taxas que lhe serão cobradas caso recorra a qualquer tipo de crédito." Naturalmente, como se trata de um cartel, o tomador de crédito não tem opção. As recomendações da Anefac são muito simples: "Se possível adie suas compras para juntar o dinheiro e comprar o mesmo à vista evitando os juros." Ou seja, não use o crédito. Isto, recomendado pela Associação dos Executivas de Finanças, Administração e Contabilidade, é impressionante.

Mas o governo tem armas poderosas. A primeira é retomar a redução progressiva da taxa Selic, o que obrigaria os bancos a procurar aplicações alternativas, voltando a irrigar iniciativas de empreendedores, e reduzindo o vazamento dos recursos públicos para os bancos. A segunda é reduzir as taxas de juros ao tomador final na rede de bancos públicos, conforme foi ensaiado em

2013, mas persistindo desta vez na dinâmica. É a melhor forma de introduzir mecanismos de mercado no sistema de intermediação financeira, contribuindo para fragilizar o cartel e obrigando-o a reduzir os juros estratosféricos: o tomador final voltaria a ter opções. O procedimento técnico desta opção é perfeitamente claro, o que falta é força política organizada para fazer contrapeso à classe de especuladores e rentistas do país, que em 2013, com apoio da mídia em particular, conseguiu travar o processo. No Brasil, a taxa Selic pode perfeitamente ser utilizada como termômetro da força das oligarquias mais retrógradas do país.

Reconversão da especulação para o fomento econômico

Numa visão mais ampla, é essencial entender que a intermediação financeira não é produtiva como atividade, pois é uma atividade-meio. A sua produtividade se dá de forma indireta, quando investe os recursos captados da economia para financiar atividades produtivas, estimulando a economia real, as chamadas atividades-fins. Ao agregar as nossas poupanças para fomentar a economia, cumpre um papel positivo. Se as drena para fins especulativos, fragilizando a demanda e o investimento, é contraprodutiva, assume um papel de atravessador. É o nosso caso. Como são poucos e grandes os principais bancos, a cartelização torna-se natural, e a cooptação do Banco Central como órgão regulador fecha o círculo. A capacidade de gerar crises sistêmicas, na linha do *too big to fail* constatado nos EUA e na Europa em particular, adquiriu aqui feições diferentes, mas funções iguais, pela capacidade real de chantagem política.

Redução da evasão fiscal

É importante levarmos em conta o contexto internacional e os limites que impõe à atuação do governo. Enquanto existir a tolerância de fato, por parte das elites americanas e europeias, dos paraísos fiscais, inclusive nos próprios EUA como é o caso do Estado de Delaware, e na Europa como é o caso de Luxemburgo e da Suíça, dificilmente haverá qualquer possibilidade de controle real. A evasão fiscal torna-se demasiado simples, e a possibilidade de localizar os capitais ilegais muito reduzida. De toda forma, o volume gigantesco de evasão fiscal, da ordem de 10% do PIB, é insustentável, em particular porque se trata em geral de quem mais pode pagar, dos grandes que têm mais poder político e mais capacidade de recorrer aos sistemas de "otimização fiscal" como é simpaticamente chamada a evasão. O BEPS, que vimos no Capítulo 6, acordo internacional de controle dos fluxos, e que sequer ainda entrou em vigor, se vê fortemente fragilizado pela eleição populista nos EUA.

Reforma tributária

É vital resgatar um mínimo de equilíbrio tributário. Não se trata de aumentar os impostos, mas de racionalizar a sua incidência e de fiscalizar o pagamento. Taxar o capital financeiro improdutivo, em particular, constituiria um excelente estímulo para que busquem investir e fomentar a economia. Odilon Guedes e outros organizaram as grandes linhas que são conhecidas: buscar a justiça social estabelecendo a progressividade do imposto em vez da atual regressividade (os pobres pagam proporcionalmente mais), ampliar impostos diretos e diminuir os impostos indiretos, e introduzir impostos decentes sobre a fortuna e sobre a herança: se trata de favorecer quem produz, e de taxar quem apenas acumula.[112]

---

[112] Odilon Guedes (e outros) - *Reforma Tributária com Transparência das Contas Públicas: a Sociedade e o Estado* - http://dowbor.org/2015/04/a-reforma--tributaria-abril-2014-7p.html/

Sistemas financeiros locais

Trata-se de ampliar, tanto em termos de escala como de capilaridade, o conjunto dos sistemas locais de financiamento, as chamadas finanças de proximidade. Voltando ao exemplo visto rapidamente neste capítulo, o sistema alemão de crédito, muito descentralizado e constituindo um poderoso vetor de dinamização da pequena e média empresa, é um ponto de referência interessante. Também mostramos a importância dos sistemas locais de financiamento da China e de outros países.

O Brasil já tem 114 bancos comunitários de desenvolvimento e interessantes programas de microcrédito, mas é essencial compreender que o próprio sistema bancário e de intermediação financeira em geral, que hoje constitui um número limitado de gigantes econômicos e se comporta como oligopólio, tem de passar a contribuir para a dinamização produtiva do país. Os sistemas locais e regionais são simplesmente drenados na sua capacidade de financiamento, porque o endividamento público em geral desequilibra o conjunto. Marcio Pochmann apresenta os números: em 1997 os estados deviam 111 bilhões de reais, em valores atualizados, e em 2016 este montante atingiu 476 bilhões, envolvendo pagamentos elevados de amortização da dívida, "esterilizados no superávit primário".[113]

Reorientar as aplicações dos fundos de pensão

Centenas de bilhões de reais são aplicados pelos fundos de pensão. Estes fundos tanto podem buscar aplicações lucrativas em termos financeiros, por exemplo os títulos da dívida pública, como podem contribuir para o fomento econômico ao investir na economia real. Que impacto têm estes fundos sobre a economia,

---

[113] Marcio Pochmann, entrevista, *Carta Capital*, 18 de fevereiro de 2017

de dreno ou de fomento, e quais são os montantes? Em 2015 são 733 bilhões de reais, 12% do PIB, dos quais 65% aplicados em renda fixa, e nestes 78% em títulos da dívida pública. Apenas 3% podem ser considerados como fomentando a economia real. O CMN autoriza os fundos a aplicar até 100% dos recursos em títulos da dívida pública. Mudar estas regras poderia estimular os fundos a investir em atividades produtivas. (ver Resolução 3792 do CMN, art. 35, 24 de setembro de 2009). Um raciocínio semelhante tem de presidir à análise das seguradoras, e dos sistemas parafinanceiros como são os planos de saúde e outros sistemas de apropriação privada de bens de consumo coletivo.

Transparência dos fluxos financeiros

Pela importância que adquiriu a intermediação financeira, é preciso dinamizar um conjunto de pesquisas sobre os fluxos financeiros internos, e disponibilizá-lo amplamente, de maneira a gerar uma transparência maior nesta área. Para criar a força política capaz de reduzir o grau de cartelização, reintroduzindo mecanismos de mercado e transformando o sistema de intermediação financeira, é preciso ter uma população informada. Uma das coisas mais impressionantes, nesta área vital para o desenvolvimento do país, é o profundo silêncio sobre o processo escandaloso de deformação da economia pelo sistema financeiro. Um silêncio não só da mídia mas também da academia e dos institutos de pesquisa. O fato dos grupos financeiros serem grandes anunciantes na mídia evidentemente não contribui para a transparência. E o fato de termos uma economia nacional cuja dinâmica financeira está profundamente entrelaçada com o sistema financeiro internacional tampouco ajuda.

Um bom sistema de intermediação financeira é aquele que promove a saúde econômica de quem a ele recorre. É deste ponto de vista que devem ser organizadas as estatísticas financeiras e as medidas da produtividade do sistema financeiro nacional. Temos de gerar um instrumento estruturado de seguimento do fluxo financeiro integrado do país, com o olhar já não só para o equilíbrio financeiro das próprias instituições financeiras. Mais importante é poder avaliar de maneira coerente o impacto do fluxo financeiro sobre a demanda das famílias, o investimento privado, o investimento público e as atividades exportadoras, os quatro motores da economia. O enfoque geral que precisamos desenvolver não é mais apenas medir a produtividade de uma atividade de intermediação financeira para a própria instituição de intermediação, e sim quanto contribui para a economia, concretamente, nos seus diversos setores.[114]

Enfrentamento da corrupção

A grande corrupção faz parte do sistema de captura do poder que descrevemos. Os princípios básicos da corrupção, no entanto, precisam ser entendidos para que o combate tenha resultados. Um princípio básico é que o político que se corrompe e a empresa que o financia fazem parte do mesmo sistema. Uma mão segura a outra, focar apenas as dimensões da política e não na cultura empresarial apenas substituirá um corrupto por outro. Segundo, no plano da responsabilização deve-se punir os corruptos responsabilizando-os diretamente, sem desestruturar as

---

[114] Comentário interessante de Stiglitz e Pieth sobre a transparência: *"Na Noruega, Suécia e Finlândia, as declarações de imposto de renda são publicadas na internet. A atitude deles é: o que as pessoas têm a esconder? Se elas ganham sua renda de forma honesta, por que não a divulgar? (...) Para que uma sociedade funcione bem, todos têm que contribuir com seu justo quinhão. Porém, alguns indivíduos gostam de viajar de graça, de aproveitar-se da oferta de bens públicos e de não pagar. Se permitirmos que isso ocorra, todo o contrato social poderá ruir."*(8) A globalização resultou em uma economia global, mas não em um governo global. Joseph E. Stiglitz e Mark Pieth – *Superando a Economia Paralela* – Friedrich Ebert Stiftung – Fev. 2017

entidades às quais pertencem. Atacar e desorganizar as empresas, para facilitar a sua aquisição por outros grupos, constitui apenas outro grau de corrupção. A Alemanha em 2016 puniu diretores na Volkswagen sem destruir a empresa nem liquidar os empregos. Mas o principal eixo de ação consiste em repensar o sistema de gestão que permite que a corrupção se generalize. Aqui, a aplicação efetiva da Lei da Transparência de 2012 pode ajudar muito. O grande show de prisão de corruptos gera sem dúvida ampla catarse social e permite o surgimento de novos núcleos de poder, mas não muda nada se não houver instauração generalizada de transparências nas contas. Um corrupto é preso mas o sistema permanece, e agradece.[115]

Em termos mais amplos é essencial entender que a grande corrupção gera a sua própria legalidade, ao permitir agiotagem dos bancos, impostos absurdamente baixos para os que mais deveriam pagar, privatizações que entregam patrimônio público a preço de banana, ou o financiamento corporativo de campanhas, autêntica compra de candidatos, que vigorou entre 1997 e 2016. Enfim, em nível mais amplo ainda, é preciso constatar que enquanto houver livre acesso a cerca de 60 paraísos fiscais no mundo, onde hoje a maioria das grandes corporações faz transitar parte dos seus fluxos financeiros, não haverá capacidade por parte de órgãos de fiscalização exercer as suas funções com um mínimo de eficiência. Mais do que fazer show midiático com os corruptos presos e destruir empresas, é preciso rever o sistema de prestação de contas. E muito preocupante é o fato das empresas multinacionais instaladas no país utilizarem rigorosamente os mesmos métodos de corrupção utilizados pelas grandes empre-

---

[115] Apresentamos os mecanismos de corrupção em pequeno livro editado pela Perseu Abramo, *Os Estranhos Caminhos do Nosso Dinheiro,* Fundação Perseu Abramo, São Paulo, 2013, 70p. - http://www.fpabramo.org.br/forum2013/wp--content/uploads/2013/12/colecaooquesaber-01.pdf

sas nacionais. No entanto, nenhuma delas aparece no radar: o próprio sistema judiciário precisa resgatar o respeito da lei.

⁊

Não se trata de ser contra os bancos, e sim de batalhar a sua reconversão no sentido de se tornarem vetores de desenvolvimento. Neste sentido, o conjunto de avanços tecnológicos, as infraestruturas, os conhecimentos adquiridos nos mecanismos financeiros e de que hoje o sistema financeiro nacional dispõe podem todos ser aproveitados numa reconversão que os torne uma alavanca poderosa de desenvolvimento.

As propostas acima são pouco profundas, não estamos aqui discutindo as mudanças que nos aguardam no plano estrutural, que envolvem desde a reforma tributária no seu conjunto até a redefinição do pacto federativo e a retomada de uma política nacional soberana. Temos trabalhado estas visões em outros estudos, em particular o próprio conceito de equilíbrio entre Estado, setor privado e sociedade civil; o potencial de uma descentralização política radical na base da sociedade; as novas oportunidades de mudança estrutural que abrem as tecnologias de informação e comunicação; o potencial da economia colaborativa nesta era da conectividade. Focamos aqui o dilema do vazamento dos recursos, e os mecanismos das novas formas de expansão do capital improdutivo. Mas a realidade é que resgatar o controle do sistema financeiro é uma condição necessária para qualquer opção mais ampla que queiramos assumir, pois se trata de resgatar os meios que permitem assegurar a produtividade do conjunto.

CONCLUSÃO

O fato da exploração tradicional dos trabalhadores por meio de baixos salários ter sido ampliada e reforçada radicalmente através de mecanismos financeiros de apropriação do que a sociedade produz tem fortes implicações políticas e exige uma mudança no discurso. A luta contra o estrangulamento financeiro das famílias, mas também da pequena e média empresa é central não só para tirar as pessoas do sufoco, mas também para recuperar o mercado interno, e com isto o emprego, a principal angústia do grosso da população. O caráter estratégico desta dimensão da luta resulta em particular do fato desta forma mais recente de exploração se dar por grupos financeiros e rentistas que não investem, não produzem, e ganham rios de dinheiro. Como vimos, o rentismo improdutivo é mais complexo de denunciar, mas é politicamente mais vulnerável. Não à toa hoje bancos começaram a colocar a possibilidade de "renegociar a sua dívida" nas publicidades.

É importante concebermos o sistema financeiro nacional de forma integrada, no conjunto dos fluxos. Os recursos financeiros são apenas papéis, mas podem tanto exercer um papel de paralisação das atividades econômicas, quando a economia real é apropriada por intermediários financeiros ou rentistas improdutivos, como podem exercer um efeito multiplicador poderoso, quando asseguram crédito barato e descentralizado a milhões de famílias, pequenas e médias empresas, expansão do acesso universal à saúde e educação.

A institucionalidade do sistema financeiro é aqui essencial. E não se trata apenas dos bancos: se trata do sistema tributário que tem de favorecer o produtor e cobrar do rentista que ganha sem produzir; se trata de assegurar que os fundos de pensão invistam os recursos que pagamos em atividades produtivas; se trata de permitir que os poderes locais, em particular de nível municipal, possam investir localmente as poupanças, hoje drenadas para grandes centros e para o exterior. O critério básico das mudanças, é que o dinheiro tem de se tornar vetor de dinamização da produção e dos equilíbrios econômicos e sociais, e não vetor de exploração e apropriação por minorias que não produzem.

Este enfoque é reforçado pelo fato desta forma hoje dominante de exploração ter se tornado um processo mundial. O fato novo e absolutamente escandaloso de oito famílias terem patrimônio maior do que a metade mais pobre da população mundial, e de 1% das famílias mais ricas terem mais patrimônio do que os demais 99% já não é do conhecimento apenas de minorias informadas, está se generalizando. Esta dimensão da luta permite articulações internacionais importantes. Faz parte desta aberração o fato de, por exemplo, o sistema financeiro ter passado de 10% para 42% do lucro das corporações, nos Estados Unidos em poucas décadas. E de o Brasil apresentar retrocesso econômico ao mesmo tempo em que explodem os lucros financeiros. O sistema que tomou conta dos nossos recursos não é apenas escandalosamente injusto, é economicamente inoperante.

Estamos destruindo o meio ambiente, a base natural sobre a qual a humanidade está condenada a sobreviver, esgotando os recursos, contaminando as águas, gerando caos climático, numa corrida desenfreada de produção e consumismo absurdo. Ao mesmo tempo, criou-se um precipício de desigualdades que só pode levar ao caos político, o que por sua vez trava as dinâmicas econômicas. Somos sistemicamente disfuncionais.

Uma constatação básica é que enquanto fazer aplicações financeiras, especular com mercados do futuro, praticar juros abusivos e outras práticas renderem mais do que realizar investimentos produtivos, o dinheiro tenderá a se dirigir para mais aplicações financeiras: o dinheiro atrai o dinheiro.

Uma implicação direta desta dinâmica é que enquanto os rendimentos financeiros forem mais elevados do que o aumento de produção que o acesso aos recursos financeiros permite, em termos líquidos o sistema financeiro terá impacto negativo sobre a economia. Torna-se um parasita dos processos produtivos. Para dar uma imagem simples, se o dinheiro emprestado para uma costureira comprar uma boa máquina de costura custa mais do que o aumento de produtividade correspondente, não é mais um processo de investimento, e sim de captura financeira. A costureira ficará tão presa no serviço da dívida quanto o camponês no sistema do 'barracão', em que se via sempre endividado no armazém da fazenda.

O caráter parasitário do sistema financeiro tem como único contrapeso possível a capacidade pública de controle e regulação, tanto limitando os juros como orientando o capital para investimentos produtivos e cobrando impostos sobre patrimônio financeiro improdutivo. A captura do poder político pelos gigantes financeiros, que se evidenciou em particular com a crise de 2008, e com as impressionantes transferências de recursos públicos para grupos privados, torna hoje a capacidade de regulação do estado particularmente precária. É a dimensão política da deformação econômica.

Um sistema que funcione tem de remunerar os agentes econômicos com um mínimo de compatibilidade entre a remuneração e os aportes. Aqui se constata que a remuneração vigente dos esforços se dá não de acordo com a contribuição produtiva, mas sim o grau de controle financeiro sobre os próprios sistemas produtivos, incluindo-se aí tanto os trabalhadores como empresas e governos. Isto afeta tanto o motor econômico que representa o consumo das famílias como o investimento empresarial e as políticas sociais e investimentos públicos dos governos. A lógica de remuneração que prevalece constitui uma aberração sistêmica.

Não é a falta de capacidade econômica que trava o progresso – falta de recursos no sentido amplo que envolve tanto os avanços tecnológicos e educacionais como os recursos financeiros – e sim a lógica do processo decisório, o tipo de capitalismo monofásico que considera positiva e legítima qualquer atividade que gere lucro, ainda que constitua um entrave em termos econômicos, sociais e ambientais.

A propriedade privada e a liberdade de iniciativa, que constituem as colunas básicas da nossa organização econômica e social, não podem mais ser dissociadas da responsabilidade no uso da propriedade, e da incorporação dos impactos econômicos, sociais e ambientais no uso das liberdades. O rio de discursos e regulamentações como as diversas "ISOs", declarações sobre governança corporativa e códigos de ética continuará sem dentes enquanto a remuneração dos agentes econômicos não incorporar os custos gerados pelas suas decisões. O próprio conceito de direito comercial, que torna central nas decisões corporativas a remuneração dos acionistas e outros aplicadores financeiros, precisa ser evidentemente revisto.

A tentativa de se incorporar no processo decisório das corporações a visão do desenvolvimento equilibrado – economicamente viável, socialmente justo e ambientalmente sustentável – se vê paralisada também pela contabilidade macroeconômica que privilegia o Produto Interno Bruto, em vez de adotar a contabilidade completa que leve em conta os custos econômicos, ambientais e humanos. Assim, tanto no nível das decisões das corporações como dos governos, há um desajuste profundo entre o que se pretende e o que se faz. A qualidade de vida humana e o enriquecimento da nossa herança natural planetária fazem parte sem dúvida dos documentos da ONU e dos Objetivos do Desenvolvimento Sustentável, mas não se ajustaram os mecanismos e processos decisórios nem das corporações nem dos governos.

Estranhamente, o caos planetário no qual gradualmente afundamos se dá no contexto de uma explosão de capacidades científicas, de inovações tecnológicas, de conectividade planetária e de imensos potenciais de colaboração em rede. O hiato (*gap*) dramático que se gerou entre os potenciais e as realizações se deve essencialmente ao fato que os sistemas de governança tanto do setor público como das corporações privadas não acompanharam a revolução tecnológica, e não permitem que esses potenciais sejam aproveitados para um progresso sistêmico real. O sistema está travado num marco institucional do século passado e em teorias econômicas do século anterior.

A economia não é um sistema de leis naturais – visão que gerou esta estranha criatura que chamamos de 'ciência econômica', implicando que somos obrigados a seguir estas leis – e sim um sistema de regras do jogo negociadas e pactuadas na sociedade. Essas regras do jogo precisam ser revistas. Só temos este planeta, a população mundial aumenta em 80 milhões ao ano, e a própria visão de um "Ocidente" que se protege, se cerca de muros, tentando viver como num condomínio, clube dos ricos que usa o resto do mundo apenas como fonte de recursos, nos leva a um impasse. O resto do mundo está impaciente e se agita. Quando até o Fórum Econômico Mundial afirma que a desigualdade é o desafio principal, significa que as próprias elites estão sentindo o calor cada vez mais perto.

O fato dos processos econômicos reais funcionarem em função de regras do jogo pactuadas na sociedade, e não de misteriosas leis naturais, nos leva evidentemente de volta aos clássicos e ao conceito de economia política. O chamado bem comum não se dará mais como resultante natural da busca individual de vantagens, e sim da construção colaborativa de um futuro que a humanidade hoje conhece bem, e que está perfeitamente desenhado nos 17 objetivos e 169 metas dos Objetivos de Desenvolvimento Sustentável, aliás legalmente vinculantes para o Brasil. O que constatamos no presente estudo, no entanto, é a profunda dissonância entre os Objetivos e a lógica de tomada de decisão e de remuneração dos fatores na economia moderna.

A imensa pergunta que permanece é quem serão os atores sociais a promover as mudanças. Os partidos, os governos – mesmo democraticamente eleitos – e até os sindicatos estão fragilizados e sem credibilidade. O que era uma classe trabalhadora relativamente homogênea e com capacidade de articulação em torno da remuneração hoje é extremamente diversificada pela multiplicidade e complexidade de inserção nos processos produtivos. Os prejudicados do sistema são a imensa maioria, e não faz sentido o 1% pesar mais do que os 99%. Em particular quando o 1% tem um peso líquido negativo no desenvolvimento econômico e social do conjunto. Mas o peso articulado e organizado do 1% é mais forte do que os interesses difusos e desorganizados da imensa maioria. E tem mais: este 1% não precisa mais de democracia, e o revela de maneira cada vez mais agressiva.

A relação subjetiva no endividamento é particularmente importante. Quando se trata de negociar o reajuste salarial numa empresa, bem ou mal temos os sindicatos, e a força do conjunto dos trabalhadores de defenderem objetivos comuns e até de paralisarem uma empresa, o que fortalece a organização. No caso do crédito, a pessoa está sozinha com o endividamento cumulativo pendurado no pescoço. Não vemos manifestação de endividados frente ao banco, inclusive porque são milhares de agências, pontos de referência dispersos. E a vítima da agiotagem encontra-se sozinha, com a vergonha dos mecanismos de pressão se não paga, com o sentimento perdido de quem não entende os cálculos nem da loja nem do banco, e se sente responsável porque de alguma forma foi ela quem contraiu a dívida. E cai como uma luva para os bancos, paradoxalmente, o argumento ético: se você deve, tem de pagar. A imensa falcatrua financeira feita com a Grécia é recebida no resto da Europa com elevado julgamento moral: quem mandou se endividar, agora paguem!

Os juros que se acumulam e a incapacidade de saldar a dívida fazem parte da história da humanidade, entrando nos códigos mais antigos, nas religiões, nas diversas culturas. O ano de 'jubileu' era o ano em que se cancelavam todas as dívidas, para romper a paralisia geral do endividamento que passava a prejudicar inclusive os credores. Recentemente, no nível internacional se adotou o 'perdão da dívida' para os países menos avançados, cujo endividamento travava o desenvolvimento e portanto reduzia mais ainda a capacidade de pagar. O *write down* das dívidas ou a sua renegociação fazem parte hoje da cultura bancária, pois as instituições financeiras se dão conta que matar o hospedeiro não ajuda.

Um estudo interessante publicado na Polônia em 2016, *Dyktadura Dlugu,* ditadura da dívida, mostra uma conotação interessante no próprio conceito de dívida: você *deve,* ou seja, pagar está ligado ao *dever,* ao fazer o que se deve, obrigação moral. Temos obrigações morais com o agiota? Rafal Wos lembra que "até nos debates econômicos a dívida é tratada como um problema não tanto econômico como moral. Em alemão a mesma palavra, *Schuld,* significa dívida e pecado." Aqui não há pecado, pois quem oferece o crédito tem de arcar com riscos, e se há algum problema moral não é por parte de quem não consegue pagar juros de agiota e sim de quem lucra com este tipo de crédito. O princípio básico aqui é que pagar o que se deve é correto, mas pagar juros de agiota sobre o devido é recompensar uma atividade criminosa. No entanto, quem se endivida fica inevitavelmente, em particular na cultura brasileira, com o sentimento de culpa. Já entra na renegociação fragilizado. O capitalismo encontrou a forma ideal de extorsão, a criminalidade construiu a sua ética.

Há mudanças no horizonte? Das conversas que tenho com pesquisadores ou pessoas comuns sobressai uma ideia geral: só o aprofundamento das tensões é que gerará força política capaz de reverter as tendências. Foi o estarrecimento e indignação generalizados das populações europeias com os massacres e atrocidades da II Guerra Mundial que gerou força política para que se criasse a União Europeia, as políticas socialdemocratas de inclusão social e produtiva, a própria ONU e as instituições de Bretton Woods. Regras para um convívio civilizado. Com um razoável estímulo da ameaça da União Soviética. A crise pode ser portadora de mudanças.

A indiferença com a qual observamos na tevê as pessoas que se afogam no Mediterrâneo e as crianças que passam frio e fome nos inúmeros acampamentos de refugiados não leva ao otimismo. Bilhões de pessoas ainda não têm acesso à luz elétrica, cozinham com lenha, morrem de causas ridículas, se desesperam impotentes, e acham cada vez mais ridículas as opções de voto entre um candidato e outro. Enquanto isso as televisões nos entretêm com novelas, a possível descoberta de vida em outros planetas, e o que o mercado financeiro acha do PIB e da cotação do dólar. A erosão da governança é planetária, estamos perdendo as rédeas.

Estamos perdendo as rédeas nos Estados Unidos, no Brasil, na Turquia, na França, nas Filipinas, nas Argentina, na Venezuela, na Hungria, na Polônia, na Nigéria, nos países árabes e tantos outros.

Privilegiamos aqui a conscientização sobre a exploração financeira como eixo de articulação de forças para mudanças políticas. A razão é simples: o controle dos recursos financeiros não é apenas controle sobre dinheiro. Trata-se do controle sobre as capacidades de transformação que o acesso aos recursos permite. Inclusive, o resgate dos processos democráticos que a submissão dos recursos às necessidades do desenvolvimento equilibrado permite.

Batalhar por juros decentes e pela racionalidade do sistema financeiro nas suas diversas dimensões tornou-se tão estratégico como batalhar por salários dignos. E combater o sistema de agiotagem que tomou conta do país é uma condição básica de qualquer recuperação do processo de desenvolvimento.

ANEXO – ESBOÇO DE UMA AGENDA[116]

Este livro sobre as novas arquiteturas do poder mostra, sem dúvida, que enfrentamos um sistema planetário sistemicamente disfuncional. Uma estranha mistura de abundância de meios e fragilidade nos objetivos. Somos tecnologicamente poderosos, mas politicamente incapazes de gerar uma sociedade civilizada. Há alguns anos, nos juntamos com Ignacy Sachs, um grande pensador hoje residente na França, e Carlos Lopes, um brilhante pesquisador africano, até recentemente subsecretário geral da ONU e hoje professor na universidade de Cape Town, para desenhar o que seriam os grandes traços de uma sociedade que funcione. Não os ideais das inúmeras utopias que povoam os nossos sonhos, mas um tipo de mínimo múltiplo comum, o básico para que esta sociedade não desande de vez.

Há alguns anos, em Salvador, no quadro de uma das reuniões do Fórum Social Mundial, passamos dias discutindo esses "grandes traços" com pesquisadores de diversas origens e orientações, e se constatou que se tratava de um bom ponto de partida. Se há uma filosofia por baixo destas ideias, é que este pobre *homo sapiens* tende a se glorificar e a ser glorificado pelo quanto consegue arrebanhar neste pobre planeta, ostentando as suas fortunas como tantos estandartes que conseguiu arrancar do inimigo. A realidade é que não há inimigo, neste plano nos bastamos a nós mesmos. Numa visão minimamente realista, o sucesso se deslo-

---

[116] As propostas abaixo fazem parte do texto *Crises e Oportunidades em Tempos de Mudança*, publicado em numerosas editoras e idiomas. O texto completo em português pode se encontrado em Ignacy Sachs, *Desenvolvimento, Inovação e Sustentabilidade: Contribuições de Ignacy Sachs*, da Garamond, Rio de Janeiro 2014.

ca do quanto conseguimos arrancar para o quanto conseguimos contribuir, deixando por exemplo um futuro um pouco melhor, um planeta em melhor estado, uma sociedade menos inimiga de si mesma, aos nossos filhos e netos. Pasteur não precisou ser rico para ser um homem de sucesso. É hoje lembrado e respeitado pelos aportes, não pelo tamanho da fortuna.

Mas a materialização de um universo social menos destrutivo passa por soluções institucionais. Se um outro mundo é possível, temos de mostrar que uma outra forma de organização social realista permite o seu surgimento. A visão dicotômica, que nos deu o estado burocrático do Leste Europeu de um lado, e a arrogância corporativa exemplificada por Wall Street por outro, é que está em crise. A sociedade complexa moderna já não comporta este tipo de simplificação. Temos de desenvolver processos mais flexíveis e diferenciados de regulação, não estrangulando os processos decisórios, mas aproximando-os das necessidades reais da sociedade, com mais transparência e democracia. Como sociedade, desejamos não somente sobreviver, mas viver com qualidade de vida. E isto implica elencar de forma ordenada os desafios e as respostas. São os resultados mínimos a serem atingidos, com os processos decisórios correspondentes.

As propostas, ou linhas de ação sugeridas a seguir, têm um denominador comum: todas já foram experimentadas e aplicadas em diversas regiões do mundo, setores ou instâncias de atividade. São iniciativas que deram certo, e cuja generalização é hoje viável, com as devidas adaptações e flexibilidade em função da diversidade planetária. Não temos ilusões relativamente à distância entre a realidade política de hoje e as medidas sistematizadas abaixo. Mas pareceu-nos essencial, de toda forma, elencar de forma organizada as medidas necessárias, pois ter um norte mais claro ajuda na construção de uma outra governança planetária. Não estão ordenados por objetivos, pois a maioria tem implicações simultâneas e dimensões interativas. São pontos de referência.

1. Resgatar a dimensão pública do Estado

Como podemos ter mecanismos reguladores que funcionem se é o dinheiro das corporações a regular que elege os reguladores? Se as agências que avaliam risco são pagas por quem cria o risco? Se é aceitável que os responsáveis de um banco central venham das empresas que precisam ser reguladas, e voltem para nelas encontrar emprego?

Uma das propostas mais evidentes da última crise financeira, e que encontramos mencionada em quase todo o espectro político, é a necessidade de reduzir a capacidade das corporações privadas ditarem as regras do jogo. A quantidade de leis aprovadas no sentido de reduzir impostos sobre transações financeiras, de reduzir o poder da regulação do banco central, de autorizar os bancos a fazerem toda e qualquer operação, somada com o poder dos *lobbies* financeiros, tornam evidente a necessidade de resgatar o poder regulador do Estado. Para isto os políticos devem ser eleitos por pessoas de verdade e não por pessoas jurídicas, que constituem ficções em termos de direitos humanos. Enquanto não tivermos controle sobre o financiamento das campanhas, prevalecerão os interesses econômicos de curto prazo e a corrupção, em vez de políticas que representem os interesses dos cidadãos. A captura do poder político precisa ser revertida.

Uma dimensão amplamente subestimada deste resgate é o potencial da descentralização do processo decisório e dos recursos para o nível local. A urbanização generalizada do planeta abre grandes perspectivas da política se deslocar para as cidades, onde a escala menor, as economias de proximidade e o contato direto entre os agentes do desenvolvimento permitem uma racionalidade incomparavelmente maior. E também procedimentos muito mais democráticos, como se constata em muitos países desenvolvidos e em inúmeras cidades pelo planeta afora. Aqui o resgate da dimensão pública do estado evolui na mesma proporção em que a política é apropriada pela cidadania

2. Refazer as contas

As contas têm de refletir os objetivos que visamos. O PIB indica a intensidade do uso do aparelho produtivo, mas não nos indica a utilidade do que se produz, para quem, e com que custos para o estoque de bens naturais de que o planeta dispõe. Conta como aumento do PIB um desastre ambiental, o aumento de doenças, o cerceamento de acesso a bens livres. O IDH já foi um imenso avanço, mas temos de evoluir para uma contabilidade integrada dos resultados efetivos dos nossos esforços, e particularmente da alocação de recursos financeiros, em função de um desenvolvimento que não seja apenas economicamente viável, mas também socialmente justo e ambientalmente sustentável.

As metodologias existem, aplicadas parcialmente em diversos países, setores ou pesquisas. A ampliação dos indicadores internacionais como o IDH, a generalização de indicadores nacionais como os Calvert-Henderson Quality of Life Indicators nos Estados Unidos, as propostas da Comissão Stiglitz/Sen/Fitoussi, o movimento FIB – Felicidade Interna Bruta – todos apontam para uma reformulação das contas. A adoção em todas as cidades de indicadores locais de qualidade de vida – veja-se os Jacksonville Quality of Life Progress Indicators, ou os indicadores IRBEM do movimento Nossa São Paulo – tornou-se hoje indispensável para que seja medido o que efetivamente interessa: o desenvolvimento sustentável, o resultado em termos de qualidade de vida da população. Muito mais do que o *output*, trata-se de medir o *outcome*.

3. Assegurar a renda básica

A pobreza crítica é o drama maior, tanto pelo sofrimento que causa em si como pela articulação com os dramas ambientais, o não acesso ao conhecimento, a deformação do perfil de produção que se desinteressa das necessidades dos que não têm capacidade aquisitiva. Tirar os pobres da miséria constitui custos ridículos quando se considera os trilhões transferidos para grupos econômicos financeiros no quadro da última crise financeira. O benefício ético é imenso, pois é inaceitável morrerem de causas ridículas milhões de crianças por ano. O benefício de curto e médio prazo é grande, na medida em que os recursos direcionados à base da pirâmide dinamizam imediatamente a micro e pequena produção, agindo como processo anticíclico, como se tem constatado nas políticas sociais de muitos países. Ao dinamizar a demanda na base da sociedade, as transferências geram a dinâmica econômica que termina por cobrir os seus custos. É um ganha-ganha.

No mais longo prazo, será uma geração de crianças alimentadas decentemente, o que se transforma em melhor aproveitamento escolar e maior produtividade na vida adulta. Em termos de estabilidade política e de segurança geral, os impactos são óbvios. Trata-se do dinheiro mais bem investido que se possa imaginar, e as experiências brasileira, mexicana e de outros países já nos forneceram todo o *know-how* correspondente. A teoria tão popular de que o pobre se acomoda se receber ajuda é simplesmente desmentida pelos fatos: sair da miséria estimula, a miséria é que trava as oportunidades.

4. Assegurar o direito de ganhar a vida

Toda pessoa que queira ganhar o pão da sua família deveria ter acesso ao trabalho. Num planeta onde há um mundo de coisas a fazer, inclusive para resgatar o meio ambiente, é absurdo o número de pessoas sem acesso a formas organizadas de produzir e gerar renda. Temos os recursos e os conhecimentos técnicos e organizacionais para assegurar, em cada vila ou cidade, acesso a um trabalho decente e socialmente útil. As experiências de Maharashtra na Índia demonstraram a sua viabilidade, como o mostram as numerosas experiências brasileiras, sem falar no New Deal da crise dos anos 1930. São opções onde todos ganham: o município melhora o saneamento básico, a moradia, a manutenção urbana, a policultura alimentar. As famílias passam a poder viver decentemente; e a sociedade passa a ser melhor estruturada e menos tensionada. Os gastos com seguro-desemprego se reduzem. No caso indiano, cada vila ou cidade é obrigada a ter um cadastro de iniciativas intensivas em mão-de-obra.

Dinheiro emprestado ou criado desta forma representa investimento, melhoria de qualidade de vida, e dá excelente retorno. E argumento fundamental: assegura que todos tenham o seu lugar para participar na construção de um desenvolvimento sustentável. Na organização econômica, além do resultado produtivo, é essencial pensar no processo estruturador gerado. A pesca oceânica industrial pode ser mais produtiva em termos de volume de peixe, mas o processo é desastroso, tanto para a vida no mar como para centenas de milhões de pessoas que viviam da pesca tradicional. A dimensão de geração de emprego de todas as iniciativas econômicas tem de se tornar central. Ter um emprego é mais do que dinheiro no bolso, é ter um lugar na sociedade.

5. Reduzir a jornada de trabalho

A subutilização da força de trabalho é um problema planetário, ainda que desigual na sua gravidade. No Brasil, com 100 milhões de pessoas na população economicamente ativa (PEA), temos menos de 50 milhões formalmente empregadas no setor privado, e 9 milhões de empregados públicos. E os outros? A conta não bate. O setor informal situa-se na ordem de 40% da PEA. Apesar dos grandes avanços no período 2003/2013, uma imensa parte da nação "se vira" para sobreviver. No lado dos empregos de ponta, as pessoas não vivem por excesso de carga de trabalho. Não se trata aqui de uma exigência de luxo. São incontáveis os suicídios nas empresas onde a corrida pela eficiência se tornou simplesmente desumana. O *stress* profissional está se tornando uma doença planetária, e a questão da qualidade de vida no trabalho passa a ocupar um espaço central. A redistribuição social da carga de trabalho é uma necessidade.

As resistências são compreensíveis, mas a realidade é que com os avanços da tecnologia, em particular da robótica, os processos produtivos tornam-se cada vez menos intensivos em mão-de-obra, e reduzir a jornada é uma questão de tempo. Não podemos continuar a basear o nosso desenvolvimento em ilhas tecnológicas ultramodernas enquanto se gera uma massa de excluídos, inclusive porque se trata de equilibrar a remuneração e, consequentemente, a demanda. A redução da jornada não reduzirá o bem estar ou a riqueza da população, e sim a deslocará para novos setores mais centrados no uso do tempo livre, com mais atividades de cultura, economia criativa e lazer. Não precisamos necessariamente de mais carros e de mais bonecas Barbie, precisamos sim de mais qualidade de vida.

6. Favorecer a mudança do comportamento individual

Neste planeta de 7,4 bilhões de habitantes, com um aumento anual da ordem de 80 milhões, toda política envolve também uma mudança de comportamento individual e da cultura do consumo. O respeito às normas ambientais, a moderação do consumo, o cuidado no endividamento, o uso inteligente dos meios de transporte, a generalização da reciclagem, a redução do desperdício – há um conjunto de formas de organização do nosso cotidiano que passa por uma mudança de valores e de atitudes frente aos desafios econômicos, sociais e ambientais. Esta dimensão da solução dos problemas é essencial, e envolve tanto uma legislação adequada como, sobretudo, uma participação ativa dos meios de comunicação.

Hoje 95% dos domicílios no Brasil têm televisão, e o uso informativo inteligente deste e de outros meios de comunicação tornou-se fundamental. Frente aos esforços necessários para reequilibrar o planeta, não basta reduzir o martelar publicitário que apela para o consumismo desenfreado, é preciso generalizar as dimensões informativas dos meios de comunicação. A mídia científica praticamente desapareceu, os noticiários navegam no atrativo da criminalidade, quando precisamos vitalmente de uma população informada sobre os desafios reais que enfrentamos. Grande parte da mudança do comportamento individual depende também de ações públicas: as pessoas não deixarão o carro em casa (ou deixarão de tê-lo) se não houver transporte público adequado, não farão reciclagem se não houver sistemas correspondentes de coleta reutilização e assim por diante. Precisamos de uma política pública de mudança do comportamento individual.

7. Racionalizar os sistemas de intermediação financeira

A alocação final dos recursos financeiros deixou de ser organizada em função dos usos finais de estímulo e orientação de atividades econômicas e sociais, para obedecer às finalidades dos próprios intermediários financeiros: é a financeirização. A atividade de crédito é sempre uma atividade pública, seja no quadro das instituições públicas, seja no quadro dos bancos privados que trabalham com dinheiro do público, e que para tanto precisam de uma carta-patente que os autoriza a ganhar dinheiro com dinheiro dos outros. A crise financeira de 2008 demonstrou com clareza o caos gerado pela ausência de mecanismos confiáveis de regulação no setor. Nas últimas duas décadas temos saltado de bolha em bolha, de crise em crise, sem que a relação de forças permita a reformulação do sistema de regulação em função da produtividade sistêmica dos recursos. Enquanto não se gera uma relação de forças mais favorável, precisamos batalhar os sistemas nacionais de regulação financeira. O dinheiro não é mais produtivo onde rende mais para o intermediário. Devemos buscar a produtividade sistêmica de um recurso que é público.

A Coréia do Sul abriu um financiamento de 36 bilhões de dólares para financiar transporte coletivo e alternativas energéticas, gerando com isto 960 mil empregos. O impacto positivo é ambiental pela redução de emissões, é anticíclico pela dinamização da demanda, é social pela redução do desemprego e pela renda gerada, é tecnológico pelas inovações que gera nos processos produtivos mais limpos. Tem inclusive um impacto raramente considerado, que é a redução do tempo vida que as pessoas desperdiçam no transporte. Trata-se aqui, evidentemente, de financiamento público, pois os bancos comerciais não teriam esta preocupação, nem esta visão sistêmica. Em última instância, os recursos devem ser tornados mais acessíveis quando os objetivos do seu uso são mais produtivos em termos sistêmicos, visando um desenvolvimento mais inclusivo e mais sustentável. A intermediação financeira é um meio, não é um fim. No caso brasileiro, gerou-se um sistema legalizado de agiotagem.

8. Taxação das transações especulativas

Uma das alternativas mais frequentemente sugeridas é a taxação das transações especulativas. Na linha da antiga proposta de James Tobin, uma taxa de por exemplo 0,20% sobre cada transação reduziria drasticamente a lucratividade dos que têm como atividade o constante movimento de capitais. Esta movimentação é apresentada pelos especuladores como um ganho na fluidez do mercado, quando na realidade gera comportamentos de manada, que jogam preços de papéis e de *commodities* para cima e para baixo e desorganizam qualquer atividade de planejamento organizado da produção e do investimento produtivo. Um segundo importante efeito de uma taxa deste tipo é que todas as transações passariam a ser registradas, o que reduziria drasticamente os imensos volumes de movimentos ilegais, em particular a evasão fiscal e o uso de paraísos fiscais. Trata-se de uma medida necessária, ainda que não suficiente, para a desintermediação das transações, e redução dos diversos tipos de atividades alavancadas que hoje constituem o principal eixo de atividades das instituições financeiras. Gerar transparência é essencial. Não há razão para ocultar ganhos honestos.

Particular atenção precisa ser dada aos intermediários que ganham apenas nos fluxos entre outros intermediários – com papéis que representam direitos sobre outros papéis – e que têm tudo a ganhar com a maximização dos fluxos, pois são remunerados por comissões sobre o volume de transações. Geram portanto volatilidade e dinâmicas de instabilidade, com os monumentais volumes que nos levam por exemplo a valores em derivativos da ordem de 450 trilhões de dólares em dezembro de 2016, para um PIB mundial de 80 trilhões. A intermediação especulativa – diferentemente da intermediação de compras e vendas entre produtores e utilizadores finais – apenas agrava a desigualdade e insegurança, além de desorganizar os mercados e as políticas econômicas.

9. Repensar a lógica dos sistemas tributários

Uma política tributária equilibrada na cobrança e reorientada na aplicação dos recursos constitui um dos instrumentos fundamentais de que dispomos, sobretudo porque pode ser promovida por mecanismos democráticos. O eixo central não está na redução dos impostos e sim na cobrança socialmente mais justa e na alocação mais produtiva em termos sociais e ambientais. A taxação das transações especulativas (nacionais ou internacionais) deverá gerar fundos para financiar uma série de políticas essenciais para o reequilíbrio social e ambiental. O imposto sobre grandes fortunas é hoje essencial para reduzir o poder político das dinastias econômicas (1% das famílias do planeta é dono de mais patrimônio do que as 99% restantes). O imposto sobre a herança é fundamental para dar chance a partilhas mais equilibradas para as sucessivas gerações. O imposto sobre a renda deve adquirir mais peso relativamente aos impostos indiretos, com alíquotas que permitam efetivamente redistribuir a renda. Em particular, precisamos taxar o capital improdutivo. Enquanto fazer aplicações financeiras render mais do que investir na produção, o sistema continuará travado: o dinheiro vai naturalmente para onde rende mais.

É importante lembrar que as grandes fortunas do planeta em geral estão vinculadas não a um acréscimo de capacidades produtivas do planeta, e sim à aquisição maior de empresas por um só grupo, gerando uma pirâmide cada vez mais instável e menos governável de propriedades cruzadas, impérios onde a grande luta é pelo controle do poder financeiro, político e midiático. O sistema tributário tem de ser reformulado no sentido anticíclico, privilegiando atividades produtivas e penalizando as especulativas; no sentido do maior equilíbrio social ao ser fortemente progressivo; e no sentido de proteção ambiental ao taxar emissões tóxicas ou geradoras de mudança climática.

Particular atenção deverá ser dada às taxas sobre emissão de gases do efeito estufa, que deverão desempenhar um papel importante em termos de captação de recurso, e poderão constituir um fundo de primeira importância, para o equilíbrio ambiental. Está se tornando evidente que o mercado de carbono simplesmente não é suficiente como mecanismo de dissuasão das emissões. A aplicação de taxas sobre as emissões – já em curso na Suécia, na Noruega, ou na Itália – é tecnicamente simples, e o seu uso generalizado permite que os usuários particulares ou industriais sejam obrigados a incorporar nas suas decisões econômicas os custos reais indiretamente gerados para toda a sociedade, inclusive as futuras gerações.

10. Repensar a lógica orçamentária

O poder redistributivo do Estado é grande, tanto pelas políticas que executa – por exemplo os investimentos em infraestruturas e em políticas sociais como saúde, educação, saneamento e outros que melhoram o nível de consumo coletivo – como pelas que pode fomentar, como opções energéticas, inclusão digital e assim por diante. Fundamental também é a política redistributiva que envolve política salarial, de previdência, de crédito, de preços, de emprego.

A forte presença das corporações junto ao poder político constitui um dos entraves principais ao equilíbrio na alocação de recursos. O essencial é assegurar que todas as propostas de alocação de recursos sejam analisadas pelo triplo enfoque econômico, social e ambiental. No caso brasileiro, constatou-se com as políticas sociais (Bolsa-Família , políticas de previdência etc.) que volumes relativamente limitados de recursos, quando chegam à "base da pirâmide", são incomparavelmente mais produtivos, tanto em termos de redução de situações críticas e consequente aumento de qualidade de vida, como pela dinamização de atividades econômicas induzidas pela demanda local. A democratização econômica aqui é fundamental. A apropriação dos mecanismos decisórios sobre a alocação de recursos públicos está no centro dos processos de corrupção, envolvendo as grandes bancadas corporativas, por sua vez ancoradas no financiamento privado das campanhas.

11. Facilitar o acesso ao conhecimento e às tecnologias sustentáveis

A participação efetiva das populações nos processos de desenvolvimento sustentável envolve um denso sistema de acesso público e gratuito à informação necessária. A conectividade planetária que as tecnologias digitais permitem constitui uma ampla via de acesso direto. O custo-benefício da inclusão digital generalizada é simplesmente imbatível, pois é um programa que desonera as instâncias administrativas superiores, à medida que as comunidades com acesso à informação se tornam sujeitos do seu próprio desenvolvimento. A rapidez da apropriação deste tipo de tecnologia até nas regiões mais pobres se constata na propagação do celular. O impacto produtivo é imenso para os pequenos produtores que passam a ter acesso direto a diversos mercados tanto de insumos como de venda, escapando aos diversos sistemas de atravessadores comerciais e financeiros. A inclusão digital generalizada é um vetor poderoso de um processo de mudança que hoje se torna indispensável.

O mundo frequentemente esquece que dois bilhões de pessoas ainda cozinham com lenha, área em que há inovações significativas no aproveitamento calórico por meio de fogões melhorados. Tecnologias como o sistema de cisternas do Nordeste, de aproveitamento da biomassa, de sistemas menos agressivos de proteção dos cultivos etc. constituem um vetor de mudança da cultura dos processos produtivos. A criação de redes de núcleos de fomento tecnológico *online*, com ampla capilaridade, pode se inspirar da experiência da Índia, onde foram criados núcleos em praticamente todas as vilas do país. Precisamos flexibilizar os sistemas de patentes no sentido de assegurar ao conjunto da população mundial o acesso às informações indispensáveis para as mudanças tecnológicas exigidas por um desenvolvimento sustentável. O principal fator de produção hoje é o conhecimento. E o conhecimento, contrariamente aos insumos físicos, constitui um fator de produção cujo consumo não reduz o estoque, pelo contrário. Estamos entrando numa nova lógica de organização econômica: é a sociedade do conhecimento.

12. Democratizar a comunicação

A comunicação é uma das áreas que mais avançou em termos de peso relativo nas transformações da sociedade. Estamos em permanência cercados de mensagens. As nossas crianças passam horas submetidas à publicidade ostensiva ou disfarçada. A indústria da comunicação, com sua fantástica concentração internacional e nacional - e a sua crescente interação entre os dois níveis - gerou uma máquina de fabricar estilos de vida, um consumismo obsessivo que reforça o elitismo, as desigualdades, o desperdício de recursos como símbolo de sucesso. O sistema circular permite que os custos sejam embutidos nos preços dos produtos que nos incitam a comprar, e ficamos envoltos em um carcarejo permanente de mensagens idiotas pagas do nosso bolso. Mais recentemente, a corporação utiliza este caminho para falar bem de si, para se apresentar como sustentável e, de forma mais ampla, como boa pessoa.

O espectro eletromagnético em que as mensagens navegam é público, e o acesso a uma informação inteligente e gratuita para todo o planeta é simplesmente viável. Expandindo gradualmente as inúmeras formas alternativas de mídia que surgem por toda parte há como introduzir uma cultura nova, outras visões de mundo, cultura diversificada e não pasteurizada, pluralismo em vez de fundamentalismos religiosos ou comerciais. Os gigantes corporativos da comunicação estão gerando uma sociedade desinformada e insegura, fórmula segura para o caos político. A radical descentralização e democratização da mídia liberará os imensos potenciais regionais e locais de criatividade, invertendo a pasteurização generalizada que hoje predomina.

13. Resgatar a capacidade pública de planejamento

Com uma população de 7,4 bilhões, e 80 milhões a mais a cada ano, pressão crescente sobre os recursos naturais, desigualdades explosivas e um sistema financeiro caótico, estamos voltando ao planejamento como um instrumento necessário de governança. Não é mais uma questão da eterna disputa ideológica sobre a dominância do estatal ou do privado mas uma compreensão de que, na sociedade mista realmente existente, as esferas empresarial, pública e da sociedade civil têm de construir um novo pacto social para o bem comum. O planejamento centralizado e controlado apenas pelo Estado mostrou as suas limitações, mas sem planejamento democrático, construção de consensos e geração de sinergias entre os diferentes agentes envolvidos não há perspectiva para a capacidade de governança que necessitamos. No quadro dos atuais desafios, o que nos falta não são os recursos mas sim instrumentos para utilizá-los de maneira mais organizada. O planejamento econômico, social e ambiental, ao colocar em público e antecipadamente as opções de desenvolvimento, e ao permitir que sejam discutidas, é uma condição necessária para um processo decisório mais democrático. O imenso progresso que já se conseguiu em termos de capacidade técnica de organizar informação e de torná-la disponível para todos os níveis da sociedade abre uma amplo leque de oportunidades para um sistema de alocação de recursos simultaneamente centrado no bem comum, na democracia econômica e na eficiência da gestão.

A lista de propostas e sugestões pode evidentemente alongar-se. O fato que mais inspira esperança é a multiplicação impressionante de iniciativas nos planos da tecnologia, dos sistemas de gestão local, da expansão dos movimentos sociais organizados, das iniciativas de economia solidária, do uso da internet para democratizar o conhecimento, da descoberta de novas formas de produção menos agressivas, de formas mais equilibradas de acesso aos recursos. O Brasil, neste plano, mostrou que começar a construir uma vida mais digna para o "andar de baixo", para os dois terços de excluídos, não gera tragédias para os ricos. Inclusive, numa sociedade mais equilibrada, todos passarão a viver melhor. A guerra das elites por travar a redistribuição e por concentrar mais privilégios apenas causa o caos para todos.

Com contribuições de:

Carlos Lopes, ex-subSecretário Geral da ONU, encarregado do UNITAR em Genebra (www.unitar.org) e da Escola de Líderes da ONU em Turim (www.unssc.org). Especialista em desenvolvimento pelo Instituto de Altos Estudos Internacionais e Desenvolvimento da Universidade de Genebra, tem também um Doutoramento em História pela Universidade de Paris 1, Panthéon-Sorbonne. Tem numerosa bibliografia publicada e faz parte de 12 conselhos acadêmicos. Hoje é professor universitário na África do Sul. As opiniões aqui expressas são pessoais.

Ignacy Sachs, ecossocioeconomista nascido na Polônia em 1927, com estudos superiores no Brasil, na Índia e na Polônia. Desde 1968, professor da Escola de Altos Estudos en Ciências Sociais em Paris (E.H.E.S.S.), onde criou e dirigiu sucessivamente o Centre International de Recherches sur l'Environnement et le Développement (C.I.R.E.D.) e o Centre de Recherches sur le Brésil Contemporain (C.R.B.C.). Consultor em várias ocasiões da Organização das Nações Unidas, tendo participado dos preparativos da Conferência de Estocolmo sobre o Meio Ambiente (1972) e da Cúpula da Terra de Rio de Janeiro (1992). A sua bibliografia é acessível no *site*: http://bit.ly/4AYaHu Ultimo livro publicado no Brasil: *A Terceira Margem - em Busca do Ecodesenvolvimento*, Companhia das Letras, São Paulo, 2009.

Ladislau Dowbor é professor titular no departamento de pós-graduação da Pontifícia Universidade Católica de São Paulo. É consultor de diversas agências das Nações Unidas, governos e municípios, bem como do Sebrae e outras instituições. Seus livros e artigos podem ser acessados na íntegra no *site* http:// dowbor.org, licenciados em Creative Commons (livre acesso não comercial). Contato: ladislau@dowbor.org

GLOSSÁRIO

Alavancagem: A lógica básica do crédito, tal como é apresentada e percebida, é que os bancos emprestam para terceiros o dinheiro que você depositou. A diferença entre os juros que pagam pela sua aplicação e quanto cobram ao emprestar para terceiros é que cobriria seus custos de intermediação e os lucros. Mas na realidade os bancos emprestam muito mais dinheiro do que o depositado, e este dinheiro, sem cobertura, vem com custo zero, literalmente é criação de moeda. O banco central alemão, o Bundesbank, achou por bem esclarecer o cidadão sobre como isso funciona: "Isso significa que os bancos podem criar moeda nos seus livros de contas simplesmente abrindo uma entrada. Isso refuta uma compreensão popular errada (*popular misconception*) de que os bancos agem simplesmente como intermediários no momento de emprestar, ou seja, de que os bancos só podem conceder um crédito utilizando os fundos aplicados com eles sob forma de depósitos por outros clientes."[117] O fato dos bancos poderem criar moeda sob forma de crédito, em volume muitas vezes maior do que os depósitos, constitui o poder de alavancagem. Emprestam com altos juros dinheiro que não têm, e que portanto não lhes custa nada. O Lehman Brothers, quando quebrou, tinha emprestado 27 vezes mais dinheiro do que tinha em depósitos. Literalmente emitem dinheiro.

Aplicação financeira e investimento: Se você for aplicar uma poupança no banco, o seu gerente irá lhe perguntar em qual produto você quer investir. Naturalmente não se trata aqui de ne-

---

[117] Bundesbank – *How money is created* - 25 de abril de 2017 - https://www. bundesbank.de/Redaktion/EN/Topics/2017/2017_04_25_how_money_is_ created.html

nhum *produto*, é apenas a geração de um direito de apropriação de bens e serviços que alguém irá produzir. Tampouco trata-se de *investimento*, mas sim de uma *aplicação financeira*. Você vai conceder ao banco o direito de usar o seu dinheiro em uma aplicação financeira, portanto não se trata de um investimento. Em francês fica muito claro: um *investissement* é diferente de *placement financier*, literalmente aplicação financeira. A sua aplicação financeira poderá, eventualmente, permitir que uma pessoa física ou jurídica use estes recursos para montar uma empresa e gerar produtos e empregos. Isso sim pode constituir um investimento, mas não foi você que o gerou. Quem decidirá o que vai fazer com o seu dinheiro é o banco. Tanto assim, que ele poderá colocar esta sua poupança para render em títulos públicos do governo, cuja remuneração sairá do seu bolso, sob forma de impostos que você paga para o governo. Ou seja, não se criou uma molécula de riqueza econômica a mais no país da aplicação financeira.

Capital, patrimônio e riqueza: Convenciona-se utilizar o conceito de capital como o conjunto dos recursos envolvidos no processo de produção de bens e serviços. Assim os recursos financeiros investidos em máquinas constituem um capital, como as próprias máquinas e instalações, os estoques de matéria-prima ou de produtos – enfim, o conjunto de fatores que entram no processo produtivo, permitindo a chamada acumulação de capital. Já o patrimônio constitui a riqueza apropriada individualmente, em geral avaliada como patrimônio familiar, o que por exemplo estuda o Crédit Suisse ao avaliar a desigualdade do patrimônio familiar acumulado no planeta. O conceito básico aqui é *net household wealth,* patrimônio familiar líquido (casas, ações, contas bancárias etc. menos dívidas). Riqueza, num conceito geral, é o que permite distinguir ricos e pobres, mas também países ricos e pobres. Em termos individuais, riqueza se refere ao mesmo patrimônio familiar que vimos acima. Como em inglês patrimônio e riqueza são cobertos pelo mesmo conceito de *wealth,* os conceitos se recobrem em grande parte.

Financiar e financeirizar: Amyra el-Khalili traz uma definição interessante: "Financiar é proporcionar um empréstimo para que a costureira compre uma máquina de costura e consiga pagá-la nas condições de sua produção. Já financeirizar significa emprestar o dinheiro para a costureira comprar a máquina, causando o endividamento e, consequentemente, fazendo com que ela não consiga cumprir com seu compromisso, tornando-a escrava da dívida". A diferença, evidentemente, está na taxa de juros: se o encargo com os juros ultrapassa o que a costureira conseguir ganhar com o investimento, o endividamento se aprofunda. A distinção, com outros termos, é muito antiga: é a diferença entre o crédito que financia a produção e a usura ou agiotagem que explora. Marx apresenta o exemplo dos "tecelões manuais aos quais o capitalista empresta a matéria-prima e os instrumentos. Descobre-se que a taxa de juros é tão elevada que depois de acertar completamente as contas, depois de ter reembolsado os avanços e acrescentado gratuitamente o seu próprio trabalho, o trabalhador encontra-se ainda em débito com o capitalista." A exploração financeira se perde na noite dos tempos. Hoje, com o dinheiro virtual e os novos sistemas tecnológicos, assumiu o comando. (K. Marx, Princípios de uma crítica...p. 246)

Excedente: O excedente aparece quando a produtividade ultrapassa o necessário para a reprodução simples. O agricultor que vendeu parte da sua safra, guardou o necessário para o consumo, cobriu os gastos de sobrevivência da sua família e a degradação dos seus equipamentos, e encontra sobras, gerou um excedente. Reinvestido na produção, por exemplo, com compra de mais equipamentos, este excedente levará a uma maior produtividade, à reprodução ampliada e acumulação de capital. Mas este excedente pode ser apropriado por terceiros, dando lugar a um conjunto de mecanismos de exploração por não produtores. Um senhor feudal se apropria em nome do seu direito (por vezes até divino) sobre a terra, gerando a renta sobre a terra. Na fase moderna, o que temos é uma explosão de mecanismos de apropriação do excedente já não apenas na unidade produtora, por baixo salário ou taxas de diversos tipos, mas por meio de mecanismos financeiros cada vez mais complexos. A inflação é um mecanismo tipicamente mais amplo, ao atingir toda a população que aufere uma remuneração fixa (salário, pensão etc.). Quando há inflação, esta população passa a poder comprar menos, enquanto os grandes produtores e intermediários comerciais e financeiros têm como elevar os preços quando sobem os seus custos. Na prática, gera-se uma transferência para os mais ricos. As taxas elevadas de juros representam evidentemente um mecanismo semelhante, reduzindo a capacidade real de consumo dos que recorrem ao crédito que cobra juros mais elevados. O rico compra à vista, usa o seu próprio dinheiro. Os altos juros para pessoa jurídica transferem para intermediários financeiros os lucros do empresário produtor. Os seguros, os planos de saúde, as pensões complementares, os oligopólios (pense no que você paga no celular), os monopólios de demanda (você tem de usar o Word que os outros usam, pois precisa comunicar), os sistemas de patentes abusivos (em particular na área farmacêutica), a apropriação de recursos naturais (veja o papel dos *traders*), a evasão fiscal (o assalariado é descontado na fonte, a evasão fiscal é essencialmente dos ricos), as elevadas remunerações e bônus extorsivos nos grandes grupos econômicos (salários milionários) – constituem mecanismos que navegam amplamente na erosão da concorrência, na desinformação da população, e nas leis que protegem mais o intermediário do que o produtor. Entender quem se apropria do excedente social, com que mecanismos, em que montante e com que impacto para a economia, a sociedade e o meio ambiente, tornou-se essencial. Temos de assegurar uma proporcionalidade razoável entre quem produz o excedente e quem dele se apropria. A produtividade social resulta da alocação produtiva dos recursos. O rentismo hoje penetra nas mais variadas dimensões do nosso cotidiano, e suga.

Governança: O conceito de governança ajuda muito a entender os nossos desafios. O relatório *World Development Report 2017* das Nações Unidas traz uma explicitação útil: "Governança é o processo que permite que atores do Estado e não-estatais interajam e implementem políticas no quadro de um conjunto de regras formais e informais que conformam o poder, e por ele são conformadas (...) Dependendo do contexto, os atores públicos jogarão um papel mais ou menos importante com respeito aos atores não estatais tais como organizações da sociedade civil ou *lobbies* de negócios. Além disso, a governança se situa em diversos níveis, desde organizações internacionais a instituições estatais nacionais, agentes de governo local, comunidades ou associações comerciais. Essas dimensões frequentemente se sobrepõem, criando uma rede complexa de atores e interesses". (*World Devt. Report* 2017, p.2) O conceito é muito útil. Sabemos o que é governo, a máquina administrativa pública. Governança é a capacidade de o governo, junto com outros atores da sociedade, gerar uma capacidade de gestão equilibrada para o conjunto.

Mais-valia e apropriação do produto social: A exploração dos trabalhadores e dos "99%" em geral se dá por meio de três mecanismos básicos: o pagamento de salários baixos, a redução de acesso a bens e serviços públicos e a exploração por meio de juros elevados. O pagamento de baixos salários nos é familiar, gera a mais-valia para os proprietários de meios de produção. A redução de acesso aos bens e serviços públicos afeta indiretamente a renda da população: na

Suécia ou no Canadá os salários podem ser mais baixos do que nos EUA, mas o salário indireto sob forma de educação, saúde, infraestruturas públicas de lazer e outros, com acesso universal gratuito, mais do que compensa a diferença, porque a educação privatizada, por exemplo, drena os salários dos trabalhadores. Os planos privados de saúde igualmente. A exploração pelas taxas de juros elevadas, por sua vez, drena a capacidade de consumo das famílias, a capacidade de investimento e produção das empresas, bem como o investimento em infraestruturas e fornecimento de bens e serviços públicos por parte do Estado pelos juros elevados. Se o juro é mais elevado do que o impacto produtivo gerado, está se drenando a economia real em proveito de atravessadores financeiros.

Renda e rendimentos (ou renta): A literatura econômica brasileira não se apropriou da diferença entre *renda,* que resulta de aportes produtivos, e *renta,* que é um rendimento de transferência, ganho sobre o que outra pessoa perde, o chamado rendimento de *soma-zero.* Por mais que eu compre e venda papéis financeiros, ou até ganhe dinheiro nas operações, no país não apareceu nenhuma casa a mais, nenhum par de sapatos a mais. Eu posso ficar rico sendo um bom especulador e até chamar os papéis que compro e vendo de "produtos financeiros", mas não são produtos, não se consomem, não geram utilidade social. Em inglês, a distinção é fácil na medida em que *income* (renda) é um conceito claramente distinto de *rent* (renta) que é um ganho sem contribuição produtiva correspondente. Para deixar mais claro, Michael Hudson, Joseph Stiglitz, Gerald Epstein e tantos outros – e se quisermos voltar aos clássicos até Adam Smith e Ricardo – usam o conceito de *unearned income,* rendimento que não foi "ganho" (*earned*), no sentido bíblico do suor do seu rosto. De maneira mais popular, seria o caso dos *caronas,* ou *free-riders* da economia. Os aristocratas "viviam de rendas", como popularmente se dizia de pessoas que não precisavam se dar ao trabalho de ganhar a vida. Os *rentistas* atuais vivem dos juros e outras formas de *renta*. Viver de 'rendas' é o grande sonho das nossas elites, mas não gostam de ser consideradas improdutivas.

Renda e Riqueza (ou patrimônio): A renda é o que eu ganho por ano, por exemplo, com o meu trabalho de professor. Ela é calculada como fluxo anual. A riqueza, por sua vez, constitui o patrimônio que eu posso ter acumulado ao usar a minha renda para adquirir bens ou colocar dinheiro numa aplicação financeira. A distinção se tornou muito mais importante a partir das pesquisas mais recentes sobre desigualdade. A desigualdade de renda, calculada com o coeficiente Gini, mostra uma taxa elevadíssima de desigualdade na África do Sul (próximo de 0,60) ou do Brasil (próximo de 0,50) e mais recentemente dos EUA (cerca de 0,45). Para efeitos de comparação, o Gini dos países escandinavos, muito mais equilibrados, é da ordem de 0,25 a 0,30). Por outro lado, a desigualdade da riqueza é radicalmente maior, atingindo no mundo algo da ordem de 0,85. Isto porque os pobres consomem e não acumulam. Vivem de aluguel, por exemplo, e no fim do mês não sobra nada. O rico, depois de satisfeitas suas necessidades básicas e exigências de conforto ou até de luxo, ainda tem amplas sobras para fazer aplicações financeiras que rendem ainda mais. Um bilionário que aplica 1 bilhão a 5% ao ano em qualquer papel financeiro está aumentando o seu patrimônio em 137 mil por dia. Note que a desigualdade vira um processo cumulativo, gerando a situação surrealista atual: 1% do planeta tem mais riqueza acumulada do que os 99% restantes, sem ter precisado produzi-la.

Riqueza individual e riqueza do país: a distinção é importante. Se eu tenho milhões no banco, eu sou rico e posso comprar o que quero. Mas um país pode emitir rios de dinheiro e não haverá uma casa a mais, o país continuará pobre. A economia real exige investimentos, produção de bens e serviços, infraestruturas e políticas sociais de consumo coletivo. Se os ricos ganham apenas com papéis, eles estão acumulando direitos sobre produtos dos outros, sem produzir nada. Como vimos, este é o principal mecanismo de aprofundamento da desigualdade hoje. Mas se um governo emite papéis sob forma de crédito, por exemplo para elevar o nível tecnológico da agricultura familiar ou da pequena e média empresa, o dinheiro emitido se transformará não só em produto como em impostos que irão repor o dinheiro emitido. O conto da dona de casa é um conto de carochinha. Aqui, não é questão de gastar menos, mas de gastar bem.

Unearned income (rent): Conceito que, igualmente ao termo *renta*, define ganhos sem contrapartida produtiva, mas de forma ainda mais explícita. Em inglês, o conceito *unearned income* é bem claro, na medida em que *unearned* implica ausência de merecimento. Na realidade, trata-se de obter rendimentos e, portanto, direitos sobre produtos. Produtos, aliás, que são o resultado do trabalho de outras pessoas. Este tipo de rendimento caracteriza a *renta* (diferentemente de renda, veja acima). A renda resulta da contribuição produtiva do agente econômico. Esta distinção é fundamental para entendermos o principal fator de deformação da economia da atualidade que é a financeirização. Há pesquisadores que usam o conceito de "rendimentos" que resultam de ganhos sem contrapartida produtiva para diferenciar de "renda". Joseph Stiglitz propõe uma definição de *rent-seeking*: "A prática de obter riqueza não por meio de atividade economicamente válida mas extraindo-a de outros, frequentemente por meio de exploração. Os exemplos incluem o monopólio que cobra em excesso pelos seus produtos (rendimentos de monopólio) ou empresas farmacêuticas que conseguem que o Congresso passe uma lei que permite que cobrem preços muito altos, bem como fornecer menos bens, serviços e inovação efetiva no mercado." (Stiglitz, *Rewriting the Rules*, p. 14)

BIBLIOGRAFIA

ABECS – Associação Brasileira de Empresas de Cartões de Crédito e Serviços - http://www.abecs.org.br/indicadores-de--mercado

Addis Ababa Action Agenda of the Third International Conference on Financing Development (AAAA) – UN – 2015 - https://sustainabledevelopment.un.org/frameworks/addisaba-baactionagenda

Alperovitz, Gar e Lew Daly – *Apropriação indébita: como os ricos estão tomando a nossa herança comum* – Ed. Senac, São Paulo 2010

Anefac, Relatório sobre juros, tabelas das páginas 2, 3 e 5 http://www.anefac.com.br/uploads/arquivos/2014715153114381.pdf

Aron, Jacob - Capitalism's hidden web of power - *New Scientist, 23 May 2015*

Banco Central do Brasil – BCB/DEPEC - 2015 https://www3.bcb.gov.br/sgspub/localizarseries/localizarSeries.do?method=prepararTelaLocalizarSeries. Acesso em 03/06/2015.

Banco Central do Brasil – *Histórico da Taxa de Juros* – Selic - *http://www.bcb.gov.br/?COPOMJUROS* , 2014

BBC - *Deutsche Bank Reveals Radical Restructuring Plan* - 19 Oct. 2015 - http://www.bbc.com/news/business-34567868?ocid=global_bbccom_email_19102015_business

Bastos, Pedro Paulo Zahlut – *O que diz o PIB 2016* – Carta Capital, IHU – março 2017 - http://www.ihu.unisinos.br/565552-o-que-diz-o-pib-de-2016

Belluzzo, Luiz Gonzaga e Gabriel Galípoli – *Manda Quem Pode, Obedece Quem Tem Prejuízo* – FACAMP, Contracorrente, São Paulo 2017

Belluzzo, Luiz Gonzaga de Mello, e Pedro Zahlut Bastos (Orgs.) – *Austeridade Para Quem?* Carta Maior e Friedrich Ebert

Stiftung, São Paulo 2016, 352 p. http://cartamaior.com/_a/docs/2016/02/15.pdf

BIS Quarterly Review, June 2013, p.3 - http://www.bis.org/publ/qtrpdf/r_qt1306.pdf

Brown, Ellen – *The Public Bank Solution* – Third Millenium Press, Louisiana, 2013

Bundesbank – *How money is Created* - 25 de abril de 2017 - https://www.bundesbank.de/Redaktion/EN/Topics/2017/2017_04_25_how_money_is_created.html

Castro, Jorge Abrahão de, - *Política Social no Brasil: Direito Social, Distribuição de Renda e Crescimento Econômico* – Ipea, Brasilia 2013

Coletivo de economistas - *Austeridade e Retrocesso,* outubro de 2016, 50p, disponível em http://brasildebate.com.br/wp-content/uploads/Austeridade-e-Retrocesso.pdf

Corporate Research Project – *Corporate Rap Sheet* - http://www.corp-research.org/credit-suisse (banco de dados de criminalidade corporativa)

Costas, Ruth - *Porque os Bancos Brasileiros Lucram Tanto* - BBC Brasil em São Paulo – 23 de março de 2015 http://www.bbc.co.uk/portuguese/noticias/2015/03/150323_bancos_lucros_ru

Crédit Suisse – *Global Wealth Report 2016* - https://www.credit-suisse.com/us/en/about-us/research/research-institute/news-and-videos/articles/news-and-expertise/2016/11/en/the--global-wealth-report-2016.html

Cruz, Elaine Patricia da - *Entenda o Financiamento de Campanha no Brasil* - Revista Exame, 08/06/2010

DCI – *Metade do consumo é financiada por cartões* – 20 de agosto de 2014, p. B1 - https://www.google.com.br/search?q=metade+do+consumo+%C3%A9+financiada+por+-cart%C3%B5es&ie=utf-8&oe=utf-8&client=firefox-b&gws_rd=cr&ei=dFaCWIaMF8aYwgSywZbwBw

Dowbor, Ladislau – *A Captura do Poder pelo Sistema Corporativo,* 2016, http://dowbor.org/2016/06/a-captura-do-poder-pelo-sistema-corporativo.html/

Dowbor, Ladislau – *Os Estranhos Caminhos do Nosso Dinheiro* - Fundação Perseu Abramo, São Paulo 2015 - http://dowbor.org/blog/wp-content/uploads/2012/06/13-Descaminhos-do-dinheiro-público-16-julho.doc

Dowbor, Ladislau – *Os Irresponsáveis no Poder: Desmontando o Conto da Dona de Casa* - Nov. 2016, 4 p., - http://dowbor.org/2016/11/dowbor-os-irresponsaveis-no-poder-desmontando-o-conto-da-dona-de-casa-novembro-2016.html/

Dowbor, Ladislau – *Resgatando o Potencial do Sistema Financeiro no País* – outubro 2015, 39p. - http://dowbor.org/2015/10/ladislau-dowbor-resgatando-o-potencial-financeiro-do-pais-31p--junho-2015-texto-provisorio-em-construcao-ampliacao-do-artigo-sobre-o-sistema-financeiro-julho-2015-31p.html/

Dowbor, Ladislau - *Os Estranhos Caminhos do Nosso Dinheiro,* FPA, São Paulo, 2013, 70p. - http://www.fpabramo.org.br/forum2013/wp-content/uploads/2013/12/colecaooquesaber-01.pdf

The Economist, Giants of Global Finance are in Trouble, 7 de março, 2015 http://www.economist.com/news/finance-and-economics/21645807-giants-global-finance-are-trouble-world-pain

The Economist, 7 de dezembro, 2013 – *The Rise of Black Rock,* http://www.economist.com/news/leaders/21591174-25-years--blackrock-has-become-worlds-biggest-investor-its-dominance--problem

The Economist, The Missing $20 trillion, 16 de fevereiro, 2013, *Special Report on Offshore Finance*

Epstein, Gerald and and Juan Antonio Montecino – *Overcharged: the High Cost of High Finance* – The Roosevelt Institute, July 2016 – http://rooseveltinstitute.org/overcharged-high-cost-of-high-finance/

Fagnani, Eduardo – *Previdência* – Entrevista na Carta Capital – 17 de março de 2017 https://www.cartacapital.com.br/

politica/eduardo-fagnani-o-deficit-da-previdencia-e-uma-pos-
-verdade

Furtado, Celso – *Para Onde Caminhamos?* – artigo publicado no JB de 14 de nov. de 2004 http://www.centrocelsofurtado.
org.br/arquivos/image/201411191728100.Dossier%20CF%20
20%20nov%202014%20ArtigoJBNovembro2004.pdf

Khalili, el-, Amyra - IHU/Unisinos 11 fev. 2107

http://www.ihu.unisinos.br/564769-a-construcao-de-outro-
-modelo-de-financas-depende-de-uma-estrategia-socioambien-
tal-artigo-de-amyra-el-khalili

Global Environment Facility (GEF) – *Global Commons: the
opportunity of the commons* – Washington, 2017 https://www.
thegef.org/sites/default/files/publications/GEF_GlobalCommo-
nArticles_CRA_web.pdf

GFI - *Brasil: fuga de capitais* - Global Financial Integrity, Set.
2014 - http://www.gfintegrity.org/wp-content/uploads/2014/09/
Brasil-Fuga-de-Capitais-os-Fluxos-Il%C3%ADcitos-e-as-Cri-
ses-Macroecon%C3%B4micas-1960-2012.pdf ;

GPF - Global Policy Forum – *Fit for Whose Purpose?* - New
York, Sept. 2015 - https://www.globalpolicy.org/images/pdfs/
images/pdfs/Fit_for_whose_purpose_online.pdf

Greenwald, Glenn – *Sem Lugar para se Esconder,* Editora
Sextante, Rio de Janeiro 2014

The Guardian – 14 de janeiro de 2017 - https://www.
theguardian.com/business/2017/jan/14/moodys-864m-penal-
ty-for-ratings-in-run-up-to-2008-financial-crisis?CMP=share_
btn_fb

The Guardian – Dossiê sobre o HSBC - http://www.theguar-
dian.com/business/hsbcholdings

Odilon Guedes (e outros) - *Reforma Tributária com Transparência das Contas Públicas: a Sociedade e o Estado* - http://
dowbor.org/2015/04/a-reforma-tributaria-abril-2014-7p.html/

Haldane, Andy - *The Money Forecast,* New Scientist, 10 December 2012

Hanauer, Nick – *Beware, fellow plutocrats* - https://youtu.be/q2gO4DKVpa8 (TED Talks, 20 min., 2014)

Henderson, Hazel - *Fintech: Good and bad news for sustainable finance* - Ethical Markets Media, St. Augustine, Florida, 2016 - www.EthicalMarkets.com

Hinton, Elizabeth – *From the War on Poverty to the War on crime: mass incarceration in America* – Harvard University Press, 2016

Hudson, Michael – *Killing the Host: How Financial Parasites and Debt Destroy the Global Economy* - Islet, Baskerville, 2015 – www.michael-hudson.com

ICIJ - *International Consortium of Investigative Journalists, 2013-* www.icij.org/offshore/how-icijs-project-team-analyzed-o-ffshore-files

ICIJ – *Luxemburg Tax Files* - November 21014 - http://www.theguardian.com/business/2014/nov/05/-sp-luxembourg-tax-fi-les-tax-avoidance-industrial-scale (para os dados em português referentes ao |Itaú e Bradesco, ver artigo de Fernando Rodri-gues, Folha de São Paulo 5 de nov. 2014 http://www1.folha.uol.com.br/mercado/2014/11/1543572-itau-e-bradesco-econo-mizam-r-200-mi-em-impostos-com-operacoes-em-luxemburgo.shtml)

IEA – International Energy Agency – *The Mechanics of the Derivatives Markets* – 2011, IEA – p. 9 file:///C:/Users/Ladislau%20Dowbor/Downloads/The_Mechanics_of_the_De-rivatives_Markets.pdf

INESC - *As Implicações do Sistema Tributário Brasileiro na Desigualdade de Renda* – setembro de 2014, http://www.inesc.org.br/biblioteca/textos/as-implicacoes-do-sistema-tributario--nas-desigualdades-de-renda/publicacao/

IPEA – *Transformações na Indústria Bancária Brasileira e o Cenário de Crise* – Comunicado da Presidência, Abril de 2009, p. 15 http://www.ipea.gov.br/sites/000/2/pdf/09_04_07_Comu-nicaPresi_20_Bancos.pdf

IPS – *Indicadores de Progresso Social* 2014 - Resumo no Press Release: http://www.deloitte.com/view/pt_BR/br/imprensa/532aa1d16d825410VgnVCM1000003256f70aRCRD.htm; Relatório principal: http://www.socialprogressimperative.org/system/resources/W1siZiIsIjIwMTQvMDQvMDMvMTcvM-zEvNTQvNzcyL1NvY2lhbF9Qcm9ncmVzc19JbmRleF8yM-DE0X1JlcG9ydF9lXy5wZGYiXV0/Social%20Progress%20Index%202014%20Report_e%20.pdf

Khair, Amir – *A Borda da Cachoeira* – OESP, 01/02/2015 - http://economia.estadao.com.br/noticias/geral,a-borda-da-cachoeira-imp-,1627819

Kliass, Paulo - *Prazer com a Crise Vem de Longe* – Carta Maior, 19/06/2017 - http://www.cartamaior.com.br/?/Editoria/Politica/Prazer-com-a-crise-vem-de-longe/4/38278

Korten, David – *When Corporations Run the World* - Berrett-Koehler Publishers, San Francisco, 1995

Kroeber, Arthur - *China's Economy* – Oxford University Press, 2016 http://dowbor.org/2016/11/arthur-r-kroeber-chinas-economy-oxford-oxford-university-press-2016-isbn-978-0-19-023903-9-320-p.html/

Kurtzman, Joel - *The Death of Money: How the Electronic Economy has Destabilized the World's Markets and Created a Financial Chaos* - Simon & Schuster, New York 1993

Lacerda, Antonio Correia de, *Políticas Macroeconômicas para o Desenvolvimento brasileiro* – 2016 - p. 15 - Artigo apresentado no seminário o Futuro do Desenvolvimento Brasileiro no BNDES, 03/05/2016

Lumsdaine, R. L., D.N. Rockmore, N. Foti, G. Leibon, J.D. Farmer - *The Intrafirm Complexity of Systemically Important Financial Institutions* – 8 May 2015 – artigo completo disponível em http://arxiv.org/ftp/arxiv/papers/1505/1505.02305.pdf

Luyendijk, Joris – *Swimming with Sharks : My Journey into the World of the Bankers* – Guardian Books, London, 2015

Mattera, Philip – *Crédit Suisse: Corporate Rap sheet* – CRP (Corporate Research Project) - http://www.corp-research.org/credit-suisse

Michel, Anne – Le Monde – *SwissLeaks: HSBC – 2015* http://cartamaior.com.br/?/Editoria/Economia/SwissLeaks-HS-BC-o-banco-de-todos-os-escandalos/7/32913

Ministério da Fazenda, Tesouro Nacional – *Resultado Primário do Governo Central* - http://www.tesouro.fazenda.gov.br/pt_PT/resultado-do-tesouro-nacional - Tabela 4.1 - Resultado Primário do Governo Central, série anual.

Morin, François – *L'Hydre Mondiale: L'Oligopole Bancaire* – Lux Editeur, Québec, 2015, 165p. – ISBN 978-2-89596-199-4 - http://dowbor.org/2015/09/francoismorin-lhydre-mondiale-loligopole-bancaire-lux-editeur--quebec-2015-165p-isbn-978-2-89596-199-4.html/

New Scientist – *The Capitalist Network that Runs the World* – October 19, 2011- http://www.newscientist.com/article/mg21228354.500-revealed--the-capitalist-network-that-runs--the-world.html?DCMP=OTC-rss&nsref=online-news

OCDE – ICIJ - *BEPS: Base Erosion and Profit Shifting* – 2014 http://publicintegrity.us4.list-manage1.com/track/click?u=8dc6eceed67f7f012462d0b12&id=f388dc1436&e=-d256201ac5

OXFAM – *Uma economia para os 99%* - resumo executivo em português, janeiro de 2017, https://www.oxfam.org.br/sites/default/files/economia_para_99-sumario_executivo.pdf http://dowbor.org/2017/01/oxfam-uma-economia-para-os-99-2016-relatorio-10p.html/

Pereira, Luis Carlos Bresser - *Juros e indignação cidadã* , *Valor Econômico,* 6 de março de 2017

Perkins, John – *Confessions of an Economic Hitman* – Berrett-Koehler, San Francisco, 2004, http://dowbor.org/2005/01/confessions-of-an-economic-hit-man-confissoes-de-um-agressor-economico-250-p.html/

Piketty, Thomas – *Le Capital au XXI° Siècle* - Seuil, Paris, 2013

Piketty, Thomas; Emmanuel Saez and Gabriel Zucman – *Economic Growth in the United States: a Tale of two Countries* - 6 de dezembro de 2016 – Washington Center for Economic Growth (3p)

http://equitablegrowth.org/research-analysis/economic-growth-in-the-united-states-a-tale-of-two-countries/

Pochmann, Marcio, entrevista, *Carta Capital*, 18 de fevereiro de 2017

Provost, Claire and Matt Kennard – *The Obscure Legal System that lets Corporations sue Countries* – *The Guardian*, Junho de 2015 http://www.theguardian.com/business/2015/jun/10/obscure-legal-system-lets-corporations-sue-states-ttip-icsid#_=_ Em português http://cartamaior.com.br/?/Especial/O-golpe-fiscal-e-o-impeachment-do-Brasil/Assim-funcionam-as-cortes-de-excecao-do-capital/209/34806

Raworth, Kate - *Doughnut Economics: 7 ways to Think Like a 21st Century Economist* - Chelsea Green Publishihng, White River Junction, 2017 - www.chelseagreen.com

Ruggie, John Gerard – *Just Business: multinational corporations and human rights* – Norton, New York, 2013 - http://dowbor.org/2013/10/john-gerard-ruggie-just-business-multinational-corporations-and-human-rights-w-w-norton-new-york-ouctober-2013-3p.html/

Sachs, Ignacy – *Desenvolvimento, Inovação e Sustentabilidade: Contribuições de Ignacy Sachs* – Coletânea organizada pela Editora Garamond Universitária, Rio de Janeiro, 2014

Safatle, Vladimir - *Quem nos Governa?* Carta Capital 3 de abril de 2017 http://www.cartacapital.com.br/revista/837/quem-nos-governa-9428.html

Sassen, Saskia - *Territory, Authority, Rights: from medieval to global assemblies* – Princeton University Press, 2006

Schneyer, Joshua - *Commodity Traders: the Trillion Dollars Club* – http://dowbor.org/2013/09/joshua-schneyer-corrected-commodity-traders-the-trillion-dollar-club-setembro-201319p.html/ ou www.reuters.com/assets/print?aid=US-TRE79R4S320111028

Shaxson, Nicholas – *Treasure Islands: Uncovering the Damage of Offshore Banking and Tax Havens* - St. Martin's Press, New York, 2011 - http://dowbor.org/2015/10/nicholas-shaxson-treasure-islands-uncovering-the-damage-of-offshore-banking-and--tax-havens-st-martins-press-new-york-2011.html/

Sicsú, João – *O que é e o que Produz o Ajuste Fiscal* – Carta Capital 19/05/2015 https://www.cartacapital.com.br/economia/o-que-e-e-o-que-produz-o-ajuste-fiscal-2903.html

SINPROFAZ - Sindicato Nacional dos Procuradores da Fazenda Nacional - *Sonegação no Brasil – Uma Estimativa do Desvio da Arrecadação do Exercício de 2016* Brasília/DF, março de 2017 - http://www.quantocustaobrasil.com.br/artigos-pdf/sonegacao-no-brasil%E2%80%93uma-estimativa-do-desvio-da--arrecadacao-do-exercicio-de-2016.pdf

SPC – Serviço de Proteção ao Crédito - https://www.spcbrasil.org.br/imprensa/noticia/2415, 10 de janeiro de 2017

Stiglitz, Joseph – *Rewriting the Rules of the American Economy: an Agenda for Shared Prosperity* – New York, London, W. W. Norton &Company – 2015, 237 p. – ISBN 978-0-393-25405-1 - http://dowbor.org/2016/09/stiglitz-rewriting-the--rules-of-the-american-economy-an-agenda-for-shared-prosperity-new-york-london-w-w-norton-company-2015-237-p-isbn-978-0-393-25405-1.html/

Stiglitz, Joseph and Mark Pieth – *Superando a Economia Paralela* – Friedrich Ebert Stiftung – Fevereiro de 2017 - http://dowbor.org/2017/04/joseph-e-stiglitz-e-mark-pieth-superando--a-economia-paralela-friedrich-ebert-stiftung-fev-de-2017-36-p.html/

Tax Justice Network – James Henry, *The Price of Off-Shore Revisited* – http://www.taxjustice.net/cms/front_content.php?idcat=148; Os dados sobre o Brasil estão no Appendix III, (1) pg. 23 http://www.taxjustice.net/cms/upload/pdf/Appendix%203%20-%202012%20Price%20of%20Offshore%20pt%201%20-%20pp%201-59.pdf Ver também no *site* da TJN a atualização de junho de 2014, http://www.taxjustice.net/wp-content/uploads/2014/06/The-Price-of-Offshore-Revisited-notes-2014.pdf bem como *The cost of Tax Abuse: the Cost of Tax Evasion Worldwide,* 2011, http://www.taxjustice.net/2014/04/01/cost--tax-abuse-2011/

Time Magazine – Alexandra Sifferlin – *Breaking down Gla-xoSmithKline's Billion Dollar Wrongdoing* - 5 July 2012, http://healthland.time.com/2012/07/05/breaking-down-glaxosmi-thklines-billion-dollar-wrongdoing/ A Wikipedia em inglês traz dados muito atualizados sobre a evolução recente da GSK.

UN – *World Economic Situation and Prospects 2017* – New York, 2017 http://www.un.org/en/development/desa/policy/wesp/

UNEP - Aligning the Financial System with Sustainable De-velopment – 2015

Valor – *Grandes Grupos: 200 Maiores com Organogramas e Participações Acionárias* – São Paulo, dezembro de 2014

Vitali, S., J.B Glattfelder and S. Battiston – ETH, *The Network, of Global Corporate Control* . http://arxiv.org/pdf/1107.5728.pdf

Vitali,S., J.B Glattfelder e S. Battiston – *The Network, of Global Corporate Control* –Chair of Systems Design, ETH Zu-rich – corresponding author sbattiston@ethz.ch ; http://j-node.blogspot.com/2011/10/network-of-global-corporate-control.html ; ver resenha em http://dowbor.org/2012/02/a-rede-do-po-der-corporativo-mundial-7.html/

Warren, Elizabeth – *Rigged Justi-ce* - New York Times 29 Jan. 2016. http://www.warren.senate.gov/files/documents/Rigged_Justi-ce_2016.pdf

Wolf, Martin – *Financial Times* – In: Real World Econo-mics Review, 8 de setembro de 2016 - https://rwer.wordpress.com/2016/09/08/capitalism-vs-democracy/

World Bank, *Illicit Financial Flows,* April 2016 http://www.worldbank.org/en/topic/financialmarketintegrity/brief/illicit-fi-nancial-flows-iffs

World Bank – *World Development Report 2017: Governance and the Law* – Washington, 2017http://www.worldbank.org/en/publication/wdr2017 .

World Bank – *Brazil Systematic Country Diagnostic – Retaking the path to inclusion, gowth and sustainability* - May 2016 http://documents.worldbank.org/curated/en/180351467995438283/pdf/101431-REVISED-SCD-Brazil-SCD-Final-version--May-6-2016.pdf

World Economic Forum - *The Inclusive Growth and Development report 2017*, https://www.weforum.org/reports/the-inclusive-growth-and-development-report-2017

Títulos Semelhantes

Austeridade: A História de uma Ideia Perigosa
Autor: Mark Blyth

E os Fracos Sofrem O Que Devem?
Autor: Yanis Varoufakis

O Minotauro Global:
A verdadeira origem da crise financeira e o futuro da economia
Autor: Yanis Varoufakis

EDIÇÕES

OUTRASPALAVRAS

Comunicação Compartilhada e Pós-capitalismo

www.outraspalavras.net

conheça nossa livraria:

www.outraspalavras.net/outroslivros

A publicação deste livro contou com o apoio da
Fundação Perseu Abramo, instituída pelo
Diretório Nacional do Partido dos Trabalhadores
em maio de 1996.

Diretoria
Presidente: Marcio Pochmann
Vice-presidenta: Iole Ilíada
Diretoras: Fátima Cleide e Luciana Mandelli
Diretores: Kjeld Jakobsen e Joaquim Soriano

Editora Fundação Perseu Abramo
Coordenação editorial: Rogério Chaves
Assistente editorial: Raquel Maria da Costa

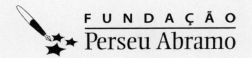

Fundação Perseu Abramo
Rua Francisco Cruz, 234 Vila Mariana
04117-091 São Paulo – SP
www.fpabramo.org.br

ESTE LIVRO FOI COMPOSTO EM FAIRFIELD LT STD E
IMPRESSO EM PAPEL AVENA PARA OUTRAS PALAVRAS E
AUTONOMIA LITERÁRIA EM JULHO DE 2017